LIFE IN THREE DIMENSIONS:

How Curiosity, Exploration,

and Experience Make a Fuller, Better Life

LIFE IN THREE DIMENSIONS

인생은 행복으로 완성되지 않는다

우리 삶에 우여곡절이 필요하다는 과학적 증명

오이시 시게히로 지음

신소희 옮김

위즈덤하우스

오랜 동료 연구자인 오이시 교수가 뛰어난 학자임은 이전부터 알고 있었다. 그러나 이 책을 통해 그의 철학적·예술적 해박함과 심리학 연구와 함께 엮어내는 탁월한 글쓰기 능력을 새롭게 알게 되었다. 이 책은 좋고 나쁨의 문제를 넘어 삶이란 귀한 여행을 무엇으로 어떻게 채울지를 생각하게 만든다. 상당히 정형화된 삶을 살며 고민에 빠지는 한국인들에게 특히 강력 추천하고 싶은 책이다. 삶이 다르게 보일 것이다. 더 넓고 깊고 풍성하게.

_서은국(연세대학교 심리학과 교수, 《행복의 기원》 저자)

내가 쓰고 싶었던 책에 가장 가까운 책이다. 이 책은 행복과 의미 너머, 삶의 제3의 길을 제시하며 우리의 선택지를 넓힌다. 우여곡절을 경험하며 흔들리면서 확장되는 삶 자체가 하나의 가치임을 설득하며, 독자에게 더 자유롭게 살아갈 권리와 상상력을 돌려준다.

_최인철(서울대학교 심리학과 교수, 《굿 라이프》 저자)

꽃길만 걸으라는 덕담… 꽃길만 걸으면 행복할까? 행복하면 잘 사는 걸까? 행복에 소질이 없어 의기소침하던 나는 이 책에서 희망적인 통찰을 만났다. 정신적으로 풍요로운 삶! 혹시 어떻게 살아야 할지 고민 중이라면 좋은 삶에 관한 새로운 지도가 돼줄 이 책을 바로 읽어볼 일이다.

_최인아(최인아책방 대표, 전 제일기획 부사장, 《내가 가진 것을 세상이 원하게 하라》 저자)

구글에서 17년 넘게 일하며 내가 요즘 내린 결론―'AI는 일하고, 인간은 산다.' 효율성과 생산성은 자연스럽게 AI의 몫이 될 것이다. 그렇다면 인간은 무엇을 할 것인가? 답은 단순하다. '사는 것' 이다. 하지만 그 삶이 단지 행복을 추구하고 의미를 찾는 데서 멈춘다면 어딘가 허전하다. 거기에 하나가 더 필요하다. 바로 정신적인 풍요로움이다. 몬테네그로에 2년 동안 평화봉사단으로 온 이유도 다양한 관심을 갖고, 불확실한 상황에서도 도전하며, 스스로 만들어가는 다채로운 삶을 살고 싶어서다. 그것이 AI 시대

인간에게 남겨진 가장 중요한 '사는'일이 아닐까. 이 책은 AI 시대에 우리가 어떤 방향으로 살아가야 하는지 막연했던 것들을 구체적으로 짚어준다.

많은 사람들이 삶에서 행복보다 더 많은 것을 바란다. 그들은 삶의 다양성과 가능성을 최대한 누리길 원한다. 자신의 삶이 위대하고 파란만장한 여정이자 다채롭고 아름다운 이야기가 되기를 꿈꾼다. 지금까지 이런 사람들은 심리학에서 많은 것을 찾지 못했고 그 대신 과거 수백 년간의 낭만주의 작가들에게서 조언과 공감을 구했다. 하지만 이제는 그렇지 않다. 이 책을 읽으면 나 자신에게 어떤 삶이 가장 적합할지 깨달을 뿐만 아니라, 나아가 좋은 삶의 다양한 방식을 새롭게 통찰할 수 있다.

삶에는 행복과 의미 이상의 목적이 있다는 게 밝혀졌다. 오이시 시게히로는 이 선구적인 연구로 좋은 삶의 세 번째 차원인 새롭고 흥미로운 경험의 가치를 밝혀냈다. 정신적으로 부유해지려면 무엇이 필요한지 알려주는 생생하고 통찰력 있는 책이다.

_애덤 그랜트(《싱크 어게인》《히든 포텐셜》 저자)

오이시 시게히로만큼 행복 과학에 박식한 사람은 없다. 이 멋진 책에서 그는 평생 축적해온 좋은 삶에 관한 성찰을 공유한다. 통찰력 있고 독창적이며 지혜롭다.

_대니얼 길버트(《행복에 걸려 비틀거리다》 저자)

정신적으로 풍요로운 삶이라는 오이시 시게히로의 관점은 내 마음에 쏙 드는 새로운 개념이자 행복 과학 분야에서 수십 년 만에 나타난 중요한 발전이다. 단언하건대 이 책은 여러분이 가장 바람직하고 충만하며 진실한 삶을 깨닫고 또 살아가도록 영감을 줄 것이다. 이 책을 사러 갈 때는 걷지 말고 달려가기를.

행복과 의미를 다룬 신간이 한 주가 멀다 하고 출간되는 상황에서 이 분야 도서가 눈에 띄기란 쉽지 않다. 그런데 유망한 심리학자 오이시 시게히로가 새로 내놓은 이 설득력 있고 참신하며 도발적인 책이 바로 그런 경우다. 이 책을 읽으면 좋은 삶을 산다는 것에 관한 생각이 확 바뀔 것이다.

오이시 시게히로는 행복과 의미뿐만 아니라 풍요로움도 좋은 삶의 방법이라는 타당한 주장을 펼치며 풍요롭게 살아가는 법을 알려준다. 갈 길을 잃은 모든 사람에게 깨달음을 줄 책이다.

경이롭고 페이지가 술술 넘어가는 책. 매력적인 서사와 통렬한 일화로 독자를 매료시킬 뿐만 아니라, 최신 과학 연구를 통해 정신적으로 풍요로운 삶의 지혜를 전달하여 우리가 살아가는 방식을 변화시킨다.

_티머시 윌슨(버지니아대학교 심리학과 명예교수, 《나는 왜 내가 낯설까》 저자)

일상을 더 많은 호기심과 탐험으로 풍요롭게 만들어야 할 이유를 유쾌하게 이야기한다. 더 좋게 살아갈 방법을 성찰하고 싶은 사람이라면 누구나 이 책을 읽어야 한다.

_로리 산토스(예일대학교 심리학과 교수)

정말 오랜만에 자기계발서를 읽으면서 참신함을 느꼈다. 이 책은 내가 어른이 된 후로 계속 마음속에 품어왔던 욕구와 생활 방식을 정확히 표현할 언어를 주었다. 여러분도 나처럼 유명해지거나 인정받기보다 다양한 경험에 기초한 광범위한 삶을 항상 추구해왔다면 이 책에 깊이 공감할 것이다. 반면 삶에 대해 막막하거나 권태롭거나 '정말로 이게 다야?'라고 느끼는 사람도 이 책에서 새로운 가능성을 찾을 것이다.

_문학 웹사이트 '북 라이엇Book Riot'

커다랗고 대담한 삶에 대한 저자의 열정은 전염성이 있다.

_《월스트리트저널》

남들이 가지 않은 길로 가보라는 설득력 있는 권고.

_《퍼블리셔스위클리》

행복하고 의미 있고 정신적으로 풍요롭게 살다 간

에드 디너에게 바칩니다.

저의 책을 선택해주셔서 감사합니다. 이 책은 현재 14개국에서 번역 출간되었지만, 한국이 저의 두 번째 고향이 된 만큼 한국어판은 제게 특별한 의미가 있습니다.

개인적·직업적 이유로 제 삶은 한국과 밀접하게 얽혀 있습니다. 1991년에 저는 한국에서 태어나고 자란 아내를 만났고, 이후로는 서울 교외에 살던 아내와 처가 식구들과 함께 몇 달씩 한국에 머물곤 했습니다. 당시 박사과정 학생이었던 연세대학교 서은국 교수님은 에드 디너 교수님 연구실에서 제 선배였습니다. 우리는 포커를 치며 수많은 토요일 밤을 보냈습니다(대개 그분이 이겼죠). 서울대학교 최인철 교수님은 제 박사학위 논문 심사 위원이었습니다. 첫 안식년을 연세대학교 서은국 교수님 연구실에서 보낸 것은 당연한 선택이었습니다. 이후 고려대학교 국제하계대학에서 수년간 사회문화심리학 강의를 했습니다. 그리고 제

경력 내내 한정원, 설경옥, 이민하, 구민경, 최혜원, 차영재 등 훌륭한 한국인 대학원생들을 많이 만났습니다.

제가 한국을 사랑하고 존중하는 만큼, 한국어판 출판사가 독자 여러분께 드리는 특별 서문을 부탁했을 때 심사숙고하지 않을 수 없었습니다. 이 책은 좋은 삶을 사는 법에 관한 것이며, 한국은 좋은 삶을 '성공'이라는 한 가지 기준에 따라 정의해온 나라입니다. 많은 한국인이 삶의 행복과 의미를 명문 대학에 합격하고, 고소득 직장에 취직하고, 외모와 능력이 우수한 배우자를 얻는 등의 성공과 동일시합니다. 성공에 대한 이런 집착은 한국이 선진국이 된 이유입니다. 그러나 동시에 한국이 '세계 행복 보고서World Happiness Report'에서 왜 그리 순위가 낮은지(제 고국인 일본만큼이나 낮지요) 설명해주기도 합니다. 실제로 이 책의 2장 '행복의 함정'과 3장 '의미의 함정'에서 논의했듯, 연구에 따르면 성공 자체는 삶을 행복하거나 의미 있게 만드는 요인이 아닙니다. 오히려 행복하거나 의미 있게 살려면 성공해야 한다는 압박감 때문에 역설적으로 불행해지거나 삶이 무의미하다고 느낄 수도 있습니다.

따라서 이 책의 가장 중요한 교훈은 누구나 좋은 삶을 살 수 있으며, 좋은 삶은 행복이나 의미만으로 정의되지 않는다는 것입니다. 행복하거나 의미 있는 삶이 손에 닿지 않는 것처럼 느껴지더라도 정신적으로 풍요로운 삶, 경험이 풍부한 삶을 살 수 있습니다. 제가 지난 25년간 매진해온 연구 내용을 담아낸 이 책이 독자 여러분에게 스스로를 다정하게 대하고, 일상 속 작은 기쁨을 발견하고, 탐험하며 살아가도록 영감을 주길 바랍니다!

2026년 3월

오이시 시게히로

차례

1장

남아야 할까 떠나야 할까

내가 떠난다면 힘들어지겠지만
남는다면 더 큰 말썽이 터지겠지.

_ 더 클래시

1. 안온한 삶

요시는 녹차와 귤로 유명한 일본 규슈의 작은 산골 마을에서 태어났다. 요시의 아버지, 할아버지, 그리고 이전의 모든 남성 조상처럼 그도 평생 이 마을에서 쌀과 차를 재배하며 살아왔다. 그는 농업고등학교를 1년 만에 자퇴하고 농부가 되는 길을 선택했다. 스물일곱 살에 이웃 마을 여성과 결혼해 세 아이를 낳았고, 쉰 살이 넘어서도 동네 소프트볼팀 선수로 뛰었으며, 해마다 다양한 온천으로 마을 주민 단합 여행을 떠났다. 그는 여전히 같은 아내와 같은 마을에 살며 초등학교 때부터 알고 지낸 단짝들과 어울린다. 이런 선택에서 요시는 조상들이 닦아놓은 길을 따랐고, 혈연뿐 아니라 생업, 장소, 기대치, 생활 방식이라는 공통분모를 통해 조상과 연결되었다.

요시는 나의 아버지이고 그의 아들인 나는 지구 반대편에 산다. 열여덟 살 생일로부터 정확히 열여드레 후에 고향 마을을 떠나 도쿄의 대학교로 갔다. 대학교 4학년 때는 국제 로타리 장학금을 받아 미국 메인주에서 유학할 수 있었다. 메인주로 가기에 앞서 뉴욕 스태튼섬에서 여름 어학연수 프로그램을 들었다. 도쿄에서 사귀던 여자 친구와 헤어진 참이었고 연애라면 지긋지긋했다. 그저 영어를 잘하고 싶다는 생각뿐이었다. 그런데도 한국에서 온 여학생을 만나 사랑에 빠졌다. 그는 곧 보스턴의 대학원이 입학할 참이었고 나는 메인주 루이스턴에서 1년간 공부할 예정이었다. 1991년 가을부터 1992년 봄까지 주말마다 장거리 버스를 타고 보스턴으로 여자 친구를 만나러 갔지만, 5월이 되자 도쿄로 돌아가야 했다. 유학하기 전에 나는 일본 문부과학성에서 일하길 원했고 미국 대학원에 진학할 생각은 전혀 없었지만, 그때쯤엔 미국으로 돌아오겠다고 결심한 터였다. 1993년 6월에 대학을 졸업한 후 나는 일본을 영원히 떠났다. 그 후 뉴욕, 일리노이주 샘페인, 미네소타주 미니애폴리스, 버지니아주 샬러츠빌 등에서 체류하다가 시카고로 이사했다. 그러는 사이 스태튼섬에서 만난 한국 여성과 결혼하여 두 도시에서 두 아이를 낳았다. 초등학교 친구들은 못 만난 지 오래다.

고향을 떠난 지 30년이 지난 지금, 나이를 먹고 아직 남은 가족관계를 유지하려고 애쓰다 보면 내 삶이 어쩌면 이렇게까지 아버지의 삶과 달라졌을까 생각하게 된다. 아버지는 왜 기회가 있을 때 떠나지 않았을까. 반면 나는 왜 그리 여러 번 떠났을까.

아버지의 삶은 안정되고 익숙하며 편안했다. 해마다 봄에는 벚꽃놀이, 여름에는 봉오도리 축제, 가을에는 단풍놀이, 겨울에는 온천. 안온하고 좋은 생활이다. 반면 내 삶은 안정되지도 익숙하지도 않다. 끊임없이 이어지는 강의, 채점, 집필 마감 일정과 무수한 거절(예를 들어 보조금, 논문, 단행본 기획서, 일자리 지원서) 때문에 스트레스도 훨씬 더 심하다. 대체로 내 직업을 사랑하지만, 가끔은 아버지의 소박하고 명랑한 삶이 부럽기도 하다. 매주 오랜 친구들과 함께 술자리를 갖고 학창 시절을 회상하거나 농장 생활을 이야기하며 저녁 시간을 보내면 좋을 것 같다. 하지만 좀 더 솔직해지자면 나는 그렇게 살 수 없었을 것이다. 조상들이 닦아놓은 인생 경로를 따르기에는 바깥세상을 보고 싶은 갈망이 너무도 컸으니까.

2. 행복, 의미 그리고 또 다른 무언가

고등학교를 졸업할 무렵을 되돌아본다. 나는 펑크록 밴드 더 클래시의 명곡 제목처럼 '남아야 할까 떠나야 할까?'라는 질문에 직면해 있었다. 그때는 대답하기 쉬웠다. 그냥 떠나자. 그러나 나이가 들면서 이 질문에 대답하기가 점점 더 어려워졌다. 이 질문은 지난 수십 년 동안 내 사생활뿐만 아니라 학문 연구의 화두가 되었다. 여러분 중에도 많은 사람이 똑같은 질문을 한두 번도 아니라 몇 번이고 거듭하여 스스로 던져보았을 것이다. 개중에는 우리 아버지처럼 성실하고 신중하며 과거 지향적인 안정된 삶을 우선시하는 사람도 있을 것이고, 나처럼 감수성 풍부하고 변덕스러우며 위험을 감수하는 모험적인 삶을 추구하는 사람도 있을 것이다. 물론 머무르는 삶과 움직이는 삶, 단순한 삶과 극적인 삶, 편안한 삶과 도전적인 삶, 관습적인 삶과 자유로운 삶에는 각각 장단점이 있다. 하지만 그중 어느 쪽이 더 좋은 삶에 가까울까?

이 질문에 대답하기 위하여 지난 수십 년간의 심리학 연구를 살펴보고 기존의 문학, 영화, 철학 자료를 빌려 오려고 한다. 그런데 그 전에 또 다른 질문을 던져보자. 도대체 좋은 삶이란 무엇인가?

작가 도나 타트는 소설 《황금방울새》에서 어떤 주제를 다루려고 했느냐는 질문에 이렇게 대답했다.[1] "좋은 삶이란 뭘까? … 내가 행복한 삶? 개인적인 행복? 아니면 자신의 행복을 희생해서라도 다른 사람을 행복하게 하는 삶?"[2] 타트의 질문은 의미심장하다. 우리는 행복해지려고 애써야 할까, 아니면 자신의 행복을 생각하기에 앞서 다른 사람의 행복을 위해 노력해야 할까?

우선, 개인적인 행복이란 무엇일까? 무엇이 당신을 행복하게 하는가? 하고 싶은 일을 마음껏 할 자유? 직업적 목표를 추구하고 성취하는 것? 바닷가나 온천 여행? 나는 살아오면서 이기적인 결정을 많이 내렸다. 아이들이 아직 중고등학생이었을 때 명문 대학에서 일하겠다고 뉴욕으로 이사하기도 했다. 아이들이 친구들과 고향을 떠나기 싫어했는데도 나 개인의 행복을 극대화하기를 선택한 것이다. 하지만 나는 결국 더 행복해지지 못했다. 반면 아버지는 고향 주변의 성장하는 도시로 이사했더라면 훨씬 더 많은 돈을 벌 수 있었겠지만, 자신의 행복을 희생하더라도 어머니와 가족이 행복할 수 있도록 고향에 남기로 결정했던 것 같다. 얄궂게도 시간이 흐른 지금 아버지는 나보다 더 자신의 결정에 만족하는 듯하다. 중국 속담의 뒷이야기처럼 들릴지도 모르지만, 이 일화는 더욱 보편적인 진리를 드러낸다. 심리학 연구 결과 다른 사람을 행복하게 해주려고 노력하면 자신도 행복해지는 반면,[3] 스스로 행복해지려고 노력하면 실패할 수도 있다고 한다.[4] 실제로 심리학자들은 사교적 지출,[5] 감사 편지 쓰기,[6] 안분

지족(적당한 것에 만족)하는 마음가짐[7]이 행복을 키워준다는 것을 발견했다. 아버지가 행복할 수 있었던 가장 큰 이유는 오래된 배우자와 소소한 기쁨을 느끼며 농장에서의 일상을 즐기는 데 만족하는 법을 터득했기 때문이 아닐까.

아버지가 좋은 삶을 살아온 것은 어머니와 가풍을 지키는 등 자신보다 타인의 필요를 우선시하기로 한 결단 덕분이었으리라. 하지만 자기희생과 미덕의 삶, 흔히 말하는 '의미 있는 삶'이 곧 후회 없는 삶일까? 사람들은 단기적으로는 자신의 어리석은 언행을 후회하지만, 장기적으로는 할 수 있었는데 하지 않은 일들을 후회한다. '사랑한다고 말했어야 했어.' '그때 학교에 다녔어야 했어.'[8] 자기희생과 미덕의 삶을 살면서 기회를 포기한 탓에 결국 깊은 회한과 미련에 빠져드는 사람들도 있다. 물론 자기희생은 존경받을 가치이지만, 이를 우선시하다 보면 자신의 욕망과 이상을 잊어버려 내가 정말로 살아 있는지 모르겠다고 느껴지는 상태에 이를 수 있다. 프랑스 철학자 장폴 사르트르라면 이를 '나쁜 믿음'[9]의 삶이라고 말했을 것이다. 토니 모리슨의 소설 《술라》에서 넬 라이트는 가족이 기대하는 대로 아내와 엄마 역할을 완벽하게 수행하기 위해 어린 시절 꿈꿨던 모험을 포기한다.[10]

이런 삶의 반대편에는 신경과 전문의이자 작가 올리버 색스가 있다.[11] 그는 작가가 되기 전에 오토바이 폭주족이자 보디빌더였고 환각제 LSD를 복용했다. 대학 시절에는 우울증에 시달렸고,

그가 게이라는 사실을 알게 된 어머니에게 차라리 낳지 말 걸 그 랬다는 말을 듣기도 했으며, 성인이 된 후에도 35년을 독신으로 지냈다. 하지만 힘든 시기가 있긴 했어도 그는 모험심과 호기심 을 한껏 충족하고 직업적으로 한계에 도전하며 살아갔다. 경험 과 감정에 있어 풍요로우며 사르트르도 충분히 인정했을 만큼 진실된 삶이었다.

3. 정신적으로 풍요로운 삶이란 무엇인가

올리버 색스의 이야기는 당혹스럽게 보일 수 있다. 그는 우울증과 오랜 내적 갈등에 시달리면서도 계속 새로운 영 역을 탐색했다. 2015년에는 그런 삶과 잘 어울리는 제목의 자서 전 《움직이는 삶On the Move》(2016년에 출간된 한국어판 제목은 '온 더 무브'—옮긴이)을 출간하기도 했다. 색스의 삶이 감동적인 것은 개 인의 행복과 만족 때문도 아니고, 자기희생과 미덕 때문도 아니 다. 우리에게는 새로운 용어가 필요하며, 내 학생들과 나는 이를 정신적으로 풍요로운 삶a psychologically rich life이라고 부르기로 했다. 정신적으로 풍요로운 삶이란 관점을 바꿔주는 다양하고 독특하 고 흥미로운 경험으로 가득한 삶, 우여곡절이 있는 삶이다. 단순 하고 직선적인 삶이 아닌 극적이고 다사다난한 삶, 다양성과 복잡성이 있는 삶, 몇 번이나 멈추고 돌아가고 전환점을 지나는 삶, 똑같은 트랙을 빙글빙글 도는 대신 길고 구불구불한 길을 도보로 여행하는 삶이다.

다크초콜릿과 밀크초콜릿도 좋은 비유가 될 것이다. 질 좋은 다크초콜릿은 한 입만 먹어도 흔한 밀크초콜릿과 다르다는 게 느껴진다. 달콤하지만 쌉쌀하면서 심지어 짭짤하기도 하다. 계속 놀라움을 주고 강렬하고 복잡하고 깊은 맛이 난다. 한마디로 풍미가 있다. 마찬가지로 정신적으로 풍요로운 경험도 일반적인 경험과 다르다. 강렬하고 예상치 못했던 뭔가가 있으며, 단순히 좋거나 나쁜 것이 아니라 다양한 면모를 지닌다. 오랫동안 정신적으로 풍요로운 경험을 쌓으면 정신적으로 풍요로운 삶, 즉 풍미 넘치는 삶에 이른다. 그렇다면 정신적으로 풍요로운 삶이란 경험이 풍부한 삶이라고 할 수 있다.

그런데 왜 새로운 용어가 필요할까? 그 이유를 설명하기 위해서 좋은 삶에 관한 심리학 연구의 역사를 세 단계로 나누어 살펴보자.

1단계: 행복 연구의 시작

내 대학원 지도교수였던 에드 디너는 최초로 행복을 연구한 심리학자 중 하나다. 그는 1984년에 《주관적 웰빙》이라는 논문을 발표했다.[12] 디너와 그의 제자인 랜디 라슨, 로버트 에먼스 등은 1980년대 내내 주관적 웰빙에 관한 일련의 논문을 발표하며 심리학계에서 과학적 행복 연구의 기반을 다졌다.[13] 이후에는 마틴 셀리그먼과 미하이 칙센트미하이가 행복 외에도 희망, 낙관주의, 몰입 같은 관련 주제를 연구하여 긍정심리학을 구축하고 대중화했다.[14]

2단계: 자기실현적 심리학

1989년 캐럴 라이프는《정말로 행복이 전부인가?》라는 논문을 발표하여 자율성, 자기수용, 목적성, 긍정적인 관계, 환경 통제력, 개인의 성장을 중시하는 좋은 삶의 대안적 유형을 제시했다.[15] 좋은 삶에 대한 라이프의 관점은 에드워드 데시, 리처드 라이언의 자기결정이론[16]과 함께 '자기실현적eudaimonic 관점'(다시 말해 의미 있는 삶)이라 불리게 되었다. 한편 에드 디너, 대니얼 카너먼, 대니얼 길버트, 소냐 류보미르스키 등의 접근법은 '쾌락적hedonic 관점'(다시 말해 행복한 삶)이라 불렸다.[17]

3단계: 논쟁

지난 20년 동안 웰빙 연구자들은 쾌락적 웰빙과 자기실현적 웰빙의 상대적 중요도에 관해 논쟁해왔다. 예를 들어 자신이 편하게 살고 있다는 사람들은 대체로 행복하다고 말하지만 자신의 삶이 의미 있다고 말하지는 못할 수도 있다.[18] 직장인은 일할 때보다 휴식 시간에 더 행복하지만 휴식 시간보다 일할 때 더 몰입되는 것을 느낀다.[19] 어떤 연구자는 쾌락적 웰빙과 자기실현적 웰빙에 서로 다른 후성유전 패턴이 존재하며,[20] 이는 사람마다 다른 유전자가 발현된다는 의미라고 주장한다. 그러나 자신이 행복하게 살고 있다는 사람들은 십중팔구 자신의 삶이 의미 있다고 말하며 그 역도 마찬가지라는 연구 결과도 있다. 쾌락적 웰빙과 자기실현적 웰빙은 상당 부분 겹치는 만큼 이 두 가지는 사실상 같은 개념이라고 주장하는 연구자도 있다.[21] 그런가 하면 행복이나 의미나 삶에 중요하기는 매한가지인 만큼 어느 쪽이 더 중요한지 왈가왈부할 필요 없다는 주장도 있다.[22]

4. 세 번째 차원의 유용성

웰빙 연구자들은 행복과 의미 중 어느 한쪽이 더 중요하다고 주장하며 양쪽의 상대적 중요도를 놓고 옥신각신한다. 나는 행복과 의미 모두 중요하다고 생각하지만, 이 두 개념 모두 색스의 삶처럼 대담하고 파격적이며 극적인 삶을 포착하지 못한다. 다시 말해 심리학자들은 아직 그런 삶을 설명하기에 적절한 어휘를 찾지 못했다. 어찌 보면 심리학계의 행복 대 의미 논쟁은 지능을 결정하는 핵심 요소가 자연(유전)인가 양육(환경)인가 하는 논쟁과 비슷한 면이 있다. 결국 자연과 양육 모두 중요한 것이니 말이다. 이후 캐럴 드웩이 등장하여 성장 마인드셋growth mindset이라는 세 번째 개념을 제시하고 대중화했다. 드웩은 지능과 인간 능력의 예측에 있어 지능에 관한 우리의 생각,[23] 특히 지능이 향상될 수 있다고 믿는지 여부도 중요한 요소임을 밝혔다.

어느 날 저녁 식사 중 아내가 거실 창문의 도르래 끈이 고장 났다며 내가 고쳐줄 수 있는지 물었다(빅토리아 여왕 시대인 19세기 후반에 지어진 우리 집에는 도르래 끈으로 여닫는 내리닫이창이 그대로 보존되어 있었다). 내가 "그냥 사람을 고용해야지. 난 손재주가 없잖아"라고 대답하자 중학생이던 둘째 아들이 이렇게 외쳤다. "아빠, 그건 '고정 마인드셋 fixed mindset'이에요! 아빠도 잘할 수 있어요!" 알고 보니 얼마 전 학교에서 드웩의 성장 마인드셋에 관해 배웠다고 했다. 내가 아들의 격려를 계기로 창문을 고치고 손재주를 개발해보기로 결심한 것은 성장 마인드셋 같은 개념이 자신과 타인, 세상에 관한 사고를 넓혀준다는 일례다. 성장 마인드셋이 인간 지능과 능력의 새로운 차원을 드러냈듯이, 정신적 풍요로움이라는 개념이 좋은 삶의 새로운 차원을 드러낼 수 있기를 바란다.

그렇다면 정신적 풍요로움은 행복이나 의미와 어떻게 다를까? 이 질문에 대해서는 이 책 본문에서 자세히 답하겠지만(간단한 요약은 표 1 참조) 한마디로 행복은 부단히 변화하며 자기 삶의 궤적을 보여주는 주관적인 감정이다. 말하자면 풍선과도 비슷하다. 바람과 기압이 적당하면 풍선이 높이 떠올라 순조롭게 나아가듯 인생도 순조롭게 흘러간다. 하지만 날씨가 나쁘면 풍선에서 공기가 빠져 그대로 멈춰버리듯 인생도 잘 풀리지 않는다. 행복은 야구의 타율과 같다고도 말할 수 있다. 타율은 오르내리게 마련이지만 가장 중요한 것은 안타의 빈도다. 타율에서 내야안타는 홈런만큼 중요하다. 당신은 최대한 많은 안타를 목표로 해야한다. 다시 말해 소소하지만 빈번하고 유쾌한 사회적 상호작용이거창하지만 드문 승진보다 더 빨리 장기적 행복을 키워준다.[24]

문제는 타율처럼 행복도 시간이 지남에 따라 변한다는 것이다. 어느 시즌에는 잘 쳐도 다음 시즌에는 잘 치지 못할 수 있다. 철학자이자 심리학자 윌리엄 제임스는《종교 체험의 다양성The Varieties of Religious Experience》에서 이렇게 썼다. "첫째로, 이승에서

표 1. 행복, 의미, 정신적 풍요로움의 핵심 특징과 은유

	핵심 특징	은유
행복	즐거움, 안락, 안정	풍선, 타율, 밀크초콜릿
의미	목적, 영향력, 일관성	천사, 활동가, 수도사
풍요로움	참신함, 장난스러움, 관점 변화	보물 상자, 홈런, 다크초콜릿

의 성공적인 경험처럼 불안정한 것이 어떻게 든든한 닻이 되어 줄 수 있을까? 사슬은 그것을 이루는 가장 약한 고리보다 더 강할 수 없으며, 인생도 결국 하나의 사슬이다. 가장 건전하고 순조로운 삶에도 항상 질병, 위험, 재앙이라는 고리가 여럿 끼어들지 않는가?"[25] 그렇다, 행복은 취약하다.[26]

반면 삶의 의미는 삶에 '목적point'이 있는가 하는 문제로 귀결된다. 세상을 바꾸는 데 헌신하는 사람의 삶에는 분명 목적이 있다. 노력의 결실과 유산이 눈에 보이면 존재의 이유를 확인할 수 있다. 하지만 노력해도 뚜렷한 변화가 나타나지 않으면 삶의 목적을 찾기가 어려워진다. 스코틀랜드의 싱어송라이터 루이스 카팔디는 〈Pointless(무의미해)〉라는 곡에서 이렇게 노래했다. "내게는 온갖 꿈들이 있지만 … 당신 없이는 모든 것이 무의미해." 그가 만약 이 노래 속 상대와 헤어진다면 어떨까. 그의 헌신은 헛수고가 되고 그의 삶도 무의미하게 느껴질 것이다.

톨스토이는 행복하고 생산적인 작가였다. 하지만 쉰 살 무렵(《전쟁과 평화》를 출간한 지 한참 후였다) 특별한 상실도 없이 갑작스럽게 실존적 위기를 겪는다. "나를 사랑하고 나도 사랑하는 좋은 아내가 있었다. 착한 아이들과 내가 고생하지 않아도 계속 늘어나는 넉넉한 재산도 있었다. 내 평생 어느 때보다 친척과 지인에게 존경받았고 낯선 사람들도 찬사를 아끼지 않았다. 나는 그야말로 유명인사가 되어 있었지만 … 내가 살아오면서 했던 어떤 행동에도 정

당한 의미를 부여할 수 없었다."[27] 그렇다, 의미는 부질없다.[28]

5. 이 책은 무엇을 다루는가

정신적 풍요로움은 행복이나 의미와 다르다. 삶이 어디로 가고 있는가, 삶의 목적이 무엇인가 하는 전반적 느낌이 아니라 경험, 더 정확히 말하자면 시간이 흐르면서 축적된 경험의 문제이기 때문이다. 물질적 풍요로움을 돈으로 정량화할 수 있는 것처럼, 다시 말해 돈이 많을수록 물질적으로 부유해지는 것처럼 정신적 풍요로움도 경험으로 정량화할 수 있다. 흥미로운 경험과 사연이 늘어날수록 정신적으로 풍요로워진다. 우리는 부를 축적하여 물질적 부자가 될 수 있듯이 경험을 축적하여 정신적 부자가 될 수 있다. 행복이 야구 경기를 할 때마다 변하는 타율과 같다면, 정신적 풍요로움은 통산 홈런 기록처럼 합산되는 것이다.

정신적으로 풍요로운 삶이 모든 사람에게 적합한 것은 아니다. 그런 삶은 안분지족보다 호기심을 좇는 사람에게 더 어울린다. 행복하거나 의미 있는 삶에는 평안과 안정이 따르는 반면, 정신적으로 풍요로운 삶은 불확실한 부분이 많고 종종 불안정하다. 그러나 행복과 의미의 역설은 그에 따르는 안일함이 커다란 후회와 의혹, 대답 없는 질문들로 가득한 불완전한 삶으로 이어질 수 있다는 것이다. 다행히도 우리 삶은 단 하나의 좋은 인생 경로를 선택해야 하는 제로섬게임이 아니며, 실제로 행복하고 의미 있을 뿐만 아니라 정신적으로도 풍요롭게 살아가는 사람들이 있다. 따라서 정신적 풍요로움 연구의 교훈은 누구에게나 유효하다. 우리는 목적지만큼 여정도 중요하다는 사실을 상기함으로써 새로운 경험과 지식을 추구하는 과정의 가치를 깨달으며, 그러다 보면 후회가 없거나 적어도 덜한 삶을 살 수 있으리라.

그렇다면 남아야 할까 떠나야 할까? 남는다면 정신적 풍요로움을 통해 삶에 새로운 차원의 흥미와 유연성을 더할 수 있다. 그리고 떠난다면 이미 정신적 풍요로움을 향한 여정에 나선 셈이다.

정신적으로 풍요로운 삶을 이루는 요소는 무엇일까? 어떤 인물들이 정신적으로 풍요롭게 살았을까? 정신적으로 풍요로운 삶은 행복한 삶이나 의미 있는 삶과 어떻게 다를까? 직접경험만이 축적될 수 있을까 아니면 간접경험도 유효할까? 정신적으로 풍요로운 삶은 어떤 점에서 이로울까? 어떻게 하면 정신적으로 풍요롭게 살 수 있을까? 이 책에서는 이런 문제들을 탐구해보려고 한다.

2장 | 행복의 함정

내가 지쳤든 시무룩하든 쩔쩔매고 있든, 어떤 상황에
서든 긍정적인 모습을 보여야 한다는 거죠.

_ 펜실베이니아대학교 4학년생 카하리 케냐타, 슬프거나 지쳤
을 때에도 유쾌하고 자신감 있게 보여야 한다는 '펜 페이스
Penn Face' 문화에 관해, 《뉴욕타임스》 2015년 7월 27일 자[1]

1. 인생에서 가장 중요한 것

아리스토텔레스는 행복이 세상 모든 목표 중에서도
궁극의 목표라고 말했다.[2] 윌리엄 제임스는 "인생의 가장 큰 관
심사는 무엇일까?"라고 자문한 후 이렇게 대답했다. "행복이다.
인간 대부분이 실행하고 감내하는 모든 일에는 숨겨진 동기가
있으니, 바로 행복을 얻고 지키고 되찾는 것이다."[3] 행복은 전 세

계 많은 사람의 공통 목표다. 에드 디너가 실시한 대규모 국제 설문조사에서는 응답자의 69퍼센트가 행복이 돈, 사랑, 건강보다도 훨씬 중요하다고 평가했다(7점 만점을 기준으로 7점).[4] 행복에는 충분히 그만한 가치가 있다. 연구 결과 행복한 사람들이 더 건강하고 사회적인 것으로 밝혀졌으니 말이다. 게다가 행복한 사람들은 불행한 사람들보다 업무 능력이 더 우수하고 장수한다고 한다.[5]

그러나 얄궂게도 맹목적으로 행복만 추구하다가는 도리어 불행해질 수 있다. 우리는 언제나 행복해야 한다는 압박감과 스트레스 때문에 행복의 유익한 효과를 누리지 못한다. 펜실베이니아대학교 1학년생으로 "인기 많고 매력이 넘치며 재능 있었던"[6] 매디슨 홀러런의 예를 살펴보자.《뉴욕타임스》에 따르면 홀러런은 "햇살 속에서 활짝 웃거나 파티에서 신나게 즐기는 자신의 사진을 인터넷에 올리곤 했다." 홀러런의 소셜미디어는 행복하기 그지없어 보였지만, 현실은 그와 달리 고통스러웠다. 홀러런은 언니에게 자기가 친구들보다 인기가 없는 것 같다고 털어놓았다. 2014년 1월 17일, 홀러런은 주차용 건물 옥상에서 투신자살했다.

자살은 지극히 복잡한 행동이다. 홀러런의 자살에는 친구들의 인기에 대한 열등감 외에도 다른 여러 이유가 있었을 것이다. 충격적인 것은 그가 남들 앞에서 정말로 능숙하게 행복한 모습을 연기했다는 점, 또 그토록 사회성이 뛰어나고 행복해 보였던 사람이 극심한 내적 갈등으로 비극적인 결말을 맞았다는 점이다. 홀러런의 사례는 예외적일까 아니면 흔한 일일까?

미국 질병통제예방센터CDC의 인구동태통계에 따르면 미국인의 자살은 2000년부터 2018년까지 38퍼센트 증가했다.[7] 그럼에도 자살이 일상다반사는 아니다. 미국인의 자살률이 최대치를 경신한 2018년에 자살로 사망한 미국인은 10만 명 중 열네 명이었다. 이 수치에 따르면 홀러런의 사례가 예외적으로 보일지 모른다 하지만 자살 충동은 예외적이지 않다. CDC에 따르면 2020년에는 미국에서 자살 시도가 120만 건 있었고 성인 1220만 명이 자살을 '심각하게' 고려한 것으로 나타났다. 그해에 미국에서 성인 스무 명 중 한 명 정도가 자살을 심각하게 고려한 셈이다. 적지 않은 숫자다. 자살 충동의 빈도를 보면 홀러런의 사례는 예외적이라고 할 수 없다. 그렇다면 이런 질문을 던지게 된다. 홀러런은 왜 자살 충동을 느끼면서도 행복한 표정을 지어야 한다는 압박을 느꼈을까?

행복해야 한다는 압박감의 근저에는 행복을 획득 가능한 것으로 여기는 미국의 문화 구조가 있다. 미국 대학생들에게 '행복'을 생각하면 떠오르는 것을 전부 적어보라고 요청한 연구가 있었다.[8] 많은 학생이 "행복은 그간의 모든 노력에 대한 보상이다", "행복은 성공했다는 느낌이다"라는 식으로 썼다. 행복은 한마디로 "승리"라고 적은 학생도 있었다! 다시 말해 이들은 행복과 성공이 직결된다고 생각했다. 대학생들에게 '행복과 불행의 다양한 측면과 특징 또는 영향'을 적어보라고 요청한 또 다른 연구에서도 비슷한 결과가 나왔다. 미국 대학생들은 행복을 개인의 성취와 동일시하는 경향이 있다.[9]

행복이 승리라면 행복 추구는 곧 승리를 좇는 것이다. 성공은 행복으로 이어지고 실패는 불행을 낳는다. 많은 이들이 행복하지 않으면 성공하지 못한 것이라고 생각한다. 불행한 사람은 곧 실패한 사람이다. 행복해야 한다는 압박감은 행복을 성공의 징표로 여기는 문화의 소산일 수 있다. 미국 일러스트레이터 솔 스타인버그의 유명한 1959년《뉴요커》표지 그림[10]에서 행복 추구 대회의 승리자는 '번영'이다. 행복해지려면 성공하고 번영해야 한다는 것이다.

2. 어떻게 해야 더 행복해질 수 있을까

성취 지향적인 행복의 개념과는 달리, 행복 연구자들은 승리가 영원한 행복은커녕 장기적인 행복으로 이어지기도 어렵다는 것을 발견했다.[11] 승진 같은 커다란 성취에 따르는 행복감도 반년 정도면 사라지는 것으로 나타났다.[12] '정서 예측 오류

affec:ive forecasting error'에 관한 수십 년간의 연구에 따르면 우리는 성공에 따라올 행복뿐만 아니라 실패에 따라올 불행도 과대평가하는 경향이 있다.[13] 한 연구에서 대니얼 길버트와 동료들은 종신 재직권이 없는 조교수들에게 종신 재직권을 받으면 얼마나 행복할지, 받지 못하면 얼마나 불행할지 물어보았다.[14] 너무나도 뻔한 질문처럼 들린다. 실제로 조교수들은 모두 종신 재직권을 받으면 신날 것이고 못 받으면 망연자실할 것이라고 대답했다. 이후에 연구진은 종신 재직권을 받은 조교수들과 받지 못한 조교수들을 인터뷰했다. 나쁜 소식은 종신 재직권을 받은 조교수들이 앞서 스스로 예상한 만큼 행복하지 않았다는 것이다. 좋은 소식은 종신 재직권을 받지 못한 조교수들이 앞서 스스로 예상한 것보다 훨씬 행복했다는 것이다.

행복의 과학에서 얻을 수 있는 첫 번째 교훈은 사람들이 행복에서 성공의 비중을 과대평가한다는 것이다. 고속 승진, 결혼, 첫 아이의 탄생 같은 기쁨은 생각만큼 오래가지 않는다. 행복은 거대한 성취의 결과물이 아니다. 오히려 날마다 단짝과 차를 마시는 것 같은 소소한 일상사가 장기적인 행복으로 이어진다. 행복은 긍정적인 사건의 강도가 아니라 빈도에 달려 있다.[15] 이와 관련된 연구에 따르면 행복은 개인적 성취보다도 친밀한 인간관계의 산물이라고 한다.[16] 다시 말해 행복이란 개인의 성공이 아니라 대인관계의 성공이다.[17]

3. 행복해야 한다는 압박감

그렇다면 사람들은 왜 행복한 척할까? 물론 '성공할 때까지 성공한 척하라'라는 격언이 있긴 하다. 많은 사람은 성공한 척하다 보면 결국에는 성공한다고 굳게 믿는다. 캘리포니아 맨해튼비치의 비디오 가게 점원으로 일하던 쿠엔틴 타란티노는 영화업계에서 일한 적이 있다는 거짓말로 할리우드에서의 첫 촬영장 어시스턴트 일자리를 따냈고, 결국 〈펄프 픽션〉을 비롯해 여러 영화의 감독이자 각본가가 되었다.[18] 스티브 잡스도 성공할 때까지 거짓말을 했다. 최초의 아이폰은 메모리 문제가 있어서 여러 프로그램을 동시에 실행할 수 없었다. 첫 번째 아이폰 발표 행사에서 잡스는 아이폰 여러 대를 가져다 놓고 하나가 다운되면 곧바로 다른 것으로 교체했다. 게다가 데이터 전송량 문제도 있어서, 무대 위 아이폰의 연결 상태가 나빠질 때마다 가짜로 신호 막대 다섯 개를 띄웠다. 하지만 애플은 이후에 메모리 문제를 해결했다. 마찬가지로 많은 미국인은 행복한 척하다 보면 결국 행복해질 거라고 생각하는 게 아닐까?

정말로 미국인 대다수가 행복한 척하면 행복해진다고 생각하는지 확인할 길은 없지만, 다음과 같은 유명한 실험이 있다. 참가자들은 펜을 입에 물고 웃거나 웃지 않는 표정을 지은 채 다양한 만화를 보며 얼마나 웃긴지 평가했다.[19] 실험 결과는 매우 놀라였다. '웃은' 사람들이 웃지 않은 사람들보다 똑같은 만화를 더 재미있다고 평가했다! 웃는 얼굴처럼 보이도록 안면 근육을 움직인 것만으로도 만화를 더 재미있게 본 셈이다. 이 실험은 훗날 수차례 재연되었지만 항상 같은 결과가 나오지는 않았다.[20,21] 그럼에도 불구하고 원래의 실험은 주요 언론매체에 보도되었고, 그리하여 많은 사람이 슬플 때도 행복한 표정을 지어야 한다고 믿게 되었다.

참가자들에게 외향적으로 행동하도록 요청한 실험도 여러 번 있었다.[22] 실험 결과 이들은 평소대로 행동하도록 요청받은 참가자들보다 더 행복하다고 느낀 것으로 밝혀졌다. 놀랍게도 이런 개입은 원래부터 내향적인 사람에게도 효과가 있었다. 마찬가지로 낯선 사람과 대화하도록(다시 말해 외향적으로 행동하도록) 요청받은 참가자들도 예상했던 것보다 훨씬 더 행복해졌다고 느꼈다.[23] 이후의 재연 실험에서도 계속 같은 결과가 확인되었다.[24] 즉 가짜 웃음을 짓는다고 반드시 행복해지는 건 아니지만 외향적으로 행동하면 확실히 행복해지기 쉽다는 것이다.

여기서 핵심은 누구나 상황에 따라서는 슬프거나 화나거나 불안해지는 게 인지상정이라는 점이다. 행복을 지나치게 강조하다 보니 불행은 실패의 징후라는 위험한 오해가 생겨났다.[25] 참가자들에게 철자 바꾸기 퍼즐을 풀게 한 실험이 있다. 연구진은 참가자 일부에게는 퍼즐을 즐겨야 한다고 강조했고 나머지에게는 그런 말을 하지 않았다. 사실 이 퍼즐은 풀 수 없게 만들어져서 모든 참가자가 실패할 수밖에 없었다. 즐겨야 한다는 압박을 받은 참가자들은 그렇지 않은 대조군보다 실패에 더 많이 괴로워했다.[26] 똑같은 실패도 스스로 행복해야 한다고 믿는 사람에게는 더 괴롭게 느껴진다.

대규모 국제 연구에 따르면 미국인은 대체로 일본인, 우크라이나인, 독일인보다 행복해야 한다는 압박감이 훨씬 더 크다.[27] 흥미롭게도 일본과 독일처럼 행복이 개인의 성취보다 행운이나 운명에 달려 있다고 여기는 나라에서는 행복에 대한 압박감이 덜한 것으로 나타났다.[28] 나아가 연구진은 스스로 행복해야 한다고 느끼는 사람은 한편으로 슬프거나 분노해서는 안 된다고 느낀다는 사실도 발견했다. 요컨대 많은 미국인이 행복의 함정에 빠져 있는 것이다.

4. 그러나 부정적인 감정도 정상이다

행복의 함정에는 두 가지 측면이 있다. 첫째, 행복해야 한다는 압박감 때문에 슬프고 화나고 괴로운 감정이 불쾌하고 이상하게 느껴진다. 하지만 부정적인 감정을 피할 수는 없다. 기차를 놓치거나, 남에게 욕을 먹거나, 자녀가 나의 노고에 고마워하지 않으면 기분이 나빠진다. 자연스러운 감정이다.

내가 뉴욕에 살 때 여러 번 겪은 일을 예로 들어보자. 나는 도어맨이 없는 아파트에 살았다. 어느 날 동네 중국집에서 음식을 포장해 가져왔는데 어느 젊은 여성이 아파트 문을 열어주었다. 내가 "고마워요!"라고 말했더니 여성이 "제가 고맙죠!"라고 대답했다. 나는 어리둥절했다가 다음 순간 깨달았다. 그는 내가 자기 음식을 가져온 중국인 배달부라고 생각한 거다. 내가 대학원생일 때만이 아니라 정교수가 되고 나서도 그런 일이 있었다. 나는 모욕감을 느꼈다. 하지만 어쩌겠는가?

대학원 얘기가 나와서 말인데, 내가 박사과정 5년 차였을 때 지도교수에게 들은 이야기가 있다. 프린스턴대학교의 유명 심리학자 대니얼 카너먼이 내 지도교수였던 에드 디너에게 전화를 걸어 나에 관해 물어봤다는 것이다. 당시 나는 프린스턴의 조교수직에 지원한 참이었다. 카너먼은 디너와 잠시 대화하다가 "시게히로는 거만한가요?"라고 물었다. 내 지도교수는 "아뇨, 그렇지 않아요"라고 대답했다. 카너먼이 "흠, 프린스턴에서 살아남으려면 거만해야 하는데"라고 말하자, 디너는 좋은 지도교수라면 마땅히 해야 할 일을 했다. "내가 지도하는 학생 중에 거만한 친구가 하나 있긴 해요." 일주일 후 나는 프린스턴 면접에 합격하지 못했지만 '거만한' 실험실 동료가 합격했다는 소식을 들었다! 세상이 항상 공평하진 않으니까.

이런 일이 생기면 기분이 나쁘게 마련이다. 기분이 나쁘면 어떡해야 할까?

행복해야만 한다고 느끼는 사람들은 필사적으로 기분을 달래보려고 한다. 운동이나 등산처럼 건전한 활동을 하는 사람도 있지만, 과음이나 충동구매처럼 불건전한 짓을 하는 사람도 있다. 올더스 헉슬리는 소설 《멋진 신세계》에서 "당신에게 필요한 것은 소마 1그램"이라고 썼다. 소마는 "기독교와 술의 장점을 전부 다 갖추고 단점은 하나도 없는" 알약으로 묘사된다.[29] 내 경우 기분이 우울하면 좋아하는 노래를 듣고 가끔은 따라 부르기도 한다. 아내와 이야기를 나누기도 하고, 아내가 곁에 없으면 그냥 낮잠을 청한다.

끈질긴 부정적 감정에는 더욱 지적인 방법으로 대처할 수 있다. 감정 조절 연구자들에 따르면 크게 몇 가지 방법이 있는데, 예를 들어 사건의 긍정적인 재해석을 시도할 수 있다.[30] 어린아이 둘의 양육권을 전처에게 빼앗긴 이혼남은 취미 생활에 더 많은 시간을 할애할 절호의 기회가 생겼다고 생각해볼 수 있다. 이혼이라는 사건에서 거리를 두고 전처의 관점에서 바라보며 이혼에 대한 부정적 감정을 누그러뜨리는 방법도 있다.[31] 또는 현재의 자신이 미래의 자신에게는 어떻게 보일지 상상해볼 수도 있다. 5년 후에도 똑같이 괴로워하고 있을까? 시간이 지나면 이혼 같은 건 사소한 일로 느껴질지도 모른다.[32]

반면 행복해야만 한다고 느끼지 않는 사람들은 부정적 감정을 쫓아내려고 안달하지 않는다. 가끔 기분이 나빠지는 것은 당연하다고 생각하기 때문이다. 그들은 감정적으로 더 많은 것을 수용한다. 시간이 지나면 다 괜찮아진다고 믿는다. 실제로 그들이 옳다. 재평가나 자기 거리두기self-distancing와 같은 적극적인 감정 조절 방법도 효과가 있지만, 인간은 선천적으로 부정적인 기분을 달래고 회복하는 능력이 있다. 대니얼 길버트와 티머시 윌슨 등은 이를 '정신적 면역계psychological immune system'라고 부른다.[33] 바이러스가 인체에 침입하면 생물학적 면역계가 작동하듯이, 불쾌한 사건이 일어나면 자동으로 정신적 면역계가 작동하게 마련이다.

놀라운 것은 사람들이 정신적 면역계의 힘을 과소평가하는 반면 술, 과자, 쇼핑 등 임의적인 기분 전환에는 지나치게 의존한다는 점이다. 행복해야만 한다는 생각을 떨쳐내고 부정적인 기분을 잠시 내버려두면 우리 내면의 정신적 면역계가 작동하여 불행이라는 '정신적 바이러스'를 공격하고 제거해줄 텐데 말이다. 행복의 함정에 존재하는 이런 측면은 우리를 파괴적이고 불건전한 대처 방식으로 이끌 수 있다.

5. 행복의 함정에 빠지지 않으려면

행복의 함정에서 두 번째 측면은 행복에 너무 연연하지 말아야 행복해질 가능성이 높다는 것이다. 사회심리학자 배리 슈워츠는 '충분히 괜찮음good enough'의 힘을 발견했다.[34] 당신이 대체로 '충분히 괜찮음'에 만족하는 사람이라면, 즉 최선이 아니라도 적당한 것이면 된다는 '만족자satisficer'라면 자신의 결정에 만족할 가능성이 훨씬 더 높다. 당신이 고등학교 3학년이라고 가정해보자. 당신은 만점에 가까운 학점을 받았다. SAT 시험 점수도 높다. 대외 활동도 많이 했다. 어느 대학에 가고 싶은가? 합격만 한다면 최고의 대학에 가겠다며 무려 열 개 대학에 지원하는 사람도 있을 것이다. 이런 사람은 극대화자maximizer다. 한편 만족자는 어떨까? 아이비리그에 가거나 혹은 듀크대학교 같은 명문대에 합격할 수도 있다. 그런데도 "버지니아대학교 정도면 내가 원하는 게 전부 있을 거야. 게다가 장학금도 받을 수 있어"라고 말하며 그곳에만 지원하여 합격한다.

극대화자는 코넬대학교에 입학하고 만족자는 버지니아대학교에 입학했다고 가정해보자. 1학년을 마쳤을 때 어느 쪽이 더 행복할까? 비슷한 시나리오를 다룬 연구에 따르면 버지니아에 간 학생이 코넬에 간 학생보다 행복할 가능성이 높은 것으로 나타났다.[35] 버지니아와 코넬 중 어디에 갔는지가 중요한 것이 아니다. 그보다는 대안적 선택지의 문제다. 코넬에 간 학생은 열 개 대학에 지원했으니 대안적 선택지가 아홉 가지 있었다. '내 SAT 점수가 20점만 더 높았다면 예일에 합격했을 텐데.' '내가 대외 활동을 하나만 더 했다면 프린스턴에 합격했을 텐데.' 반면 만족자인 버지니아대학교 학생은 모든 조건을 충족하는 학교를 찾았고 다른 학교에 지원하지도 않았으니 대안적 선택지가 없다. 대안도 없고 '만약'도 없으며 후회도 없다. 일부 미국인은 명문대에 가련 행복하게 살 수 있다고 굳게 믿지만, 사실 '충분히 괜찮음'에 만족하는 사고방식이야말로 더욱 확실하게 행복해지는 길이다. 가장 원하던 학교에 입학하지 못했다면 더 이상 고민하지 말고 지금 다니는 학교의 장점을 찾아보자. 말처럼 쉽지는 않겠지만 그러면 더 행복해질 것이다.[36]

극대화자의 사고방식과 직결되는 상향 사회 비교 또한 불행의 원인이 된다. 넷스케이프 공동 창업자인 제임스 클라크는 실리콘밸리 기업가로서 연달아 성공을 거두었다.[37] 그는 기자 마이클 루이스와의 인터뷰에서 처음에는 1000만 달러를 벌면 행복하리라 생각했다고 회상했다. 그러나 넷스케이프는 생각보다 더 크게 성공했다. 이후 그는 1억 달러를 벌면 행복하리라 생각했다. 그리고 또다시 대성공을 거두자 이번에는 10억 달러를 벌면 정말로 행복하리라 생각했다. 하지만 실제로 10억 달러를 벌고 나자 "래리 엘리슨(오라클 창업자 겸 최고경영자—옮긴이)보다 더 많은 돈을 벌고 싶다. 그러면 그만두겠다"라고 말했다. 《포브스》에 따르면 2023년 클라크의 순자산은 38억 달러였고 래리 엘리슨의 순자산은 1580억 달러였다. 클라크가 엄청나게 성공한 사람인 건 분명하지만 과연 그가 만족할 날이 올지 모르겠다. 이 점에 관해서는 명백한 연구 결과가 있다. 소냐 류보미르스키와 리 로스는 상향 사회 비교에 집착하는 사람보다 그러지 않는 사람이 더 행복하다는 것을 밝혀냈다.[38]

소셜미디어에 접속하면 사람들이 고르고 또 골라서 올린 사진들이 쏟아진다. 나만 빼고 다들 인생 최고의 시간을 즐기는 것처럼 보인다! 상향 사회 비교를 피하기란 어렵지만 불가능한 일은 아니다. 나는 샬러츠빌의 뷰퍼드중학교 교장이었던 존슨 선생님이 학부모와 학생들에게 들려준 버지니아대학교 시절 이야기를 기억한다. 테네시주 출신 흑인인 존슨 선생님은 기숙사에 들어가는 날 이삿짐을 검은 쓰레기봉투에 담아 갔다. 다른 학생들이 여행 가방에 짐을 챙겨 온 걸 보고 존슨 선생님은 페인트공이었던 아버지에게 이렇게 물었다. "왜 우리는 여행 가방이 없어요?" 아버지가 뭐라고 대답했을까? "얘야, 남들과 달라도 괜찮아." 소셜미디어에서 허세를 부리는 사람들을 보고 열등감을 느낄 때면 존슨 선생님의 아버지를 기억하자. 남들과 달라도 괜찮다.

덴마크는 종종 세계에서 손꼽히게 행복한 나라로 꼽힌다. 그래서 BBC 방송국에서 행복의 열쇠를 찾아 덴마크를 방문했다.

그들의 비결은 무엇일까? 많은 덴마크인은 삶에 많은 것을 기대하지 않는다고 말했다. '기대치를 낮추라, 가진 것에 만족하라'는 것이 덴마크인의 조언이다. 우리 아버지가 그랬듯 대다수의 덴마크인도 휘게hygge, 즉 안온함과 일상의 소소한 기쁨을 즐기며 만족스러운 삶을 추구한다.

그렇다면 우리는 극대화자의 사고방식보다 만족자의 사고방식을 장려해야 할까? 내 생각은 다르다. 만족자의 사고방식은 살아가는 데 중요하다. 나는 물건을 사거나 뭔가 계획을 짜거나 일상적인 결정을 내릴 때 여기에 의존한다. 하지만 이 사고방식에는 단점도 있다. 예를 들어 현재에 만족하게 되어 꼭 필요한 도전과 개인의 성장을 단념하는 것이다.[39] 성취할 수 있는 것보다 작은 것에 안주하기, 이것이 행복의 함정에 존재하는 두 번째 측면이다. 《멋진 신세계》에 등장하는 '야만인' 존의 경고를 명심하자. "나는 당신이 누리는 거짓된 행복보다 차라리 불행을 택하겠다."[40]

프리드리히 니체도 존의 선언에 동의했을 것이다. 그는 사람들 대부분이 행복하고 고결해져야 한다는 기만에 빠져 있다고 믿었다. 《차라투스트라는 이렇게 말했다》에서 니체는 행복하고 고결하게 살고자 하는 유혹에 관해 이렇게 서술한다. "그들은 나를 추켜세워 사소한 미덕으로 유인한다. 나를 사소한 행복에 안달복달하게 만들려고 한다. 내가 눈을 똑바로 뜨고 그들 사이로 걸어가면 그들은 점점 더 작아져만 간다. 하지만 이는 그들이 지닌 행복과 미덕의 교리 때문이다. 그들도 만족을 원하기에 미덕에 있어서는 소심하다. 그러나 소심한 미덕만이 만족과 어울린다. … 그들이 '체념'이라고 부르는 소소한 행복을 소심하게 받아들이고, 또 다른 소소한 행복을 구하려 전체를 소심하게 흘끗거린다. 결국 이 멍청이들이 무엇보다 원하는 것은 단 하나, 아무도 그들을 해치지 않는 것이다. 따라서 그들은 모두를 만족시키고 즐겁게 해주려 애쓴다. 그러나 이는 설사 미덕이라고 할지라도 비겁한 행위다."[41]

니체는 관습적이고 단순하며 편안한 삶보다 방랑하는 삶을 옹호했다. 차라투스트라는 스스로 이렇게 말한다. "나는 방랑자이자 등산가다. … 그대는 이제야 위대함을 향해 나아간다! 정상과 심연이 한데로 수렴했다. 그대는 위대함을 향해 나아간다. 지금까지 그대 최후의 위험이었던 것이 이제는 그대 최후의 피난처가 되었다."[42] 차라투스트라는 "머나먼 곳을 여행하고 위험 없는 삶을 싫어하는 모든 이의 친구였다. … 대담한 탐험가, 연구자, 정교한 돛을 달고 무시무시한 바다로 나아가는 그대, 수수께끼에 도취하고 황혼을 기뻐하며 비겁한 손으로 위협을 더듬기 싫어서 영혼의 피리 소리를 따라 모든 소용돌이 속으로 돌진하는 그대, 추측할 수 있을 때 추론하기 싫어하는 그대에게만 내가 본 수수께끼, 가장 외로운 자의 환영을 전한다." 소소한 행복과 의미가 위험한 것은 너무 유혹적이기 때문이다. 사람들 대부분은 조화롭게 갈등 없이 살고 싶은 마음에 거의 무의식적으로 관습에 끌린다. 차라투스트라에게 그런 삶은 살 가치가 없었다.

항상 행복해야만 한다고 느낀다면 가끔은 슬퍼하거나 화를 내거나 두려워해도 괜찮다는 것을 명심하자. 이런 감정들은 내면을 더욱 복잡하고 풍요롭게 한다.[43] 당신이 이미 행복하게 살고 있다면 잘된 일이지만, 그래도 잠시 시간을 내어 만족자의 사고방식을 재고해보자. 안온함과 소소한 기쁨이 삶의 전부는 아닐지도 모른다. 앞으로 살펴보겠지만, 행복해지는 것만이 좋은 삶에 이르는 길은 아니다.

3장

의미의 함정

여러분이 사랑하는 대상을 찾아야 합니다. 연애에서뿐만 아니라 일에서도 마찬가집니다. 일은 여러분 삶의 상당 부분을 차지하게 될 텐데, 일에 진정으로 만족하는 유일한 방법은 여러분이 멋지다고 생각하는 일을 하는 것입니다. 그리고 멋진 일을 하는 유일한 방법은 여러분이 하는 일을 사랑하는 것입니다. 그런 일을 아직 찾지 못했다면 계속 찾아보세요. 안주하지 마세요. 마음에 달린 문제가 모두 그렇듯이, 그런 일을 발견하면 알게 될 겁니다.

_ 스티브 잡스, 2005년 스탠퍼드대학교 졸업식 연설 중[1]

1. 행복은 지루한가?

많은 사람이 행복을 추구한다. 하지만 스토아학파부터 귀스타브 플로베르에 이르기까지 행복을 의심하는 이들도 많이 있다. 플로베르는 시인 루이즈 콜레에게 보낸 편지에 이렇게 썼다. "행복하기 위한 세 가지 조건은 멍청하고 이기적이며 건강해야 한다는 것입니다. 특히 멍청하지 않으면 절대로 행복할 수 없습니다."[2] 비슷한 맥락에서 토니 슈워츠는《하버드비즈니스리뷰》기고문인 〈행복은 과대평가되었다〉에 "내가 아는 사람들 중 '행복한' 이들만큼 따분한 부류도 없다"라고 썼다.[3] 셸 실버스타인의 시 〈행복의 나라 The Land of Happy〉는 아마도 행복에 대한 가장 신랄한 조롱일 것이다. 이 시에서 행복의 나라는 모든 이가 즐겁고 모든 것이 유쾌한 곳으로 묘사되지만, 마지막 구절은 다음과 같다. "이 얼마나 지루한가."[4]

이들은 왜 그렇게 행복을 경멸할까? 행복에 흔히 제기되는 비판이 하나 있다. 행복한 삶이란 이기적인 삶일 수 있다는 것이다.[5] 하지만 실제로는 그 반대라는 증거가 많다.[6] 예를 들어 우리는 자기보다 타인을 위해 돈을 쓸 때 더 행복하다고 느끼며[7] 행복한 사람들은 불행한 사람들보다 자원봉사를 더 많이 한다.[8] 그래도 일단은 행복이 이기적이라는 비판을 받아들이고 질문을 이어가보자. 행복이 아니라면 무엇이 좋은 삶을 이룰까?

소설가 도나 타트는 "자신의 행복을 희생해서라도 다른 사람을 행복하게 하는 삶"이 좋은 삶이라고 주장한다. 한마디로 많은 학자가 말하는 '의미 있는 삶'이다.[9] 삶의 의미는 보통 중요성, 목적, 일관성에 의해 정의된다.[10] 첫째, 의미 있는 삶은 중요한 삶이다. 가족과 친구뿐 아니라 낯선 사람에게도 중요하다. 의미 있는 삶은 세상을 바꾸는 삶이다. 둘째, 의미 있는 삶에는 명확한 목표가 있다. 의미 있게 사는 사람은 자신이 어디를 향해 가는지 알고 있다. 의미 있는 삶에는 뚜렷한 방향감각과 원칙이 있다. 셋째, 의미 있는 삶은 탄탄하고 짜임새가 있다. 개인의 다양한 경험은 모두 그 나름의 원칙하에 맞물려 조화를 이룬다.

반면 무의미한 삶은 세상에 아무런 변화도 가져오지 못하는 삶이다. 인류학자 데이비드 그레이버는 저서《불쉿 잡》에서 세계적으로 수백만 명이 무의미한 직업에 종사하며 인생을 낭비한다고 주장한다.[11] 그는 '무의미한 직업bullshit job'을 그것에 종사하는 사람조차도 그 존재를 정당화할 수 없는 직업으로 정의한다. 그레이버에 따르면 무의미한 직업에는 공장이나 사무실에서의 단순 반복 노동뿐 아니라 기업 변호사, 홍보 컨설턴트, 텔레마케터, 브랜드 매니저도 포함된다. 예를 들어 기업 변호사 대다수는 솔직히 자기들이 없으면 세상이 더 나아지리라고 믿는다는 것이다. 물론 사람들이 자신의 직업을 통해서만 세상을 변화시키는 것은 아니다. 다시 말해 기업 변호사와 홍보 컨설턴트의 삶이 반드시 무의미한 것은 아니다. 하지만 세상을 긍정적으로 변화시키지 못하는 사람은 자신의 삶이 무의미하다고 느낄 수 있다. 또한 무의미한 삶에는 뚜렷한 목적이 없다. 뚜렷한 목적이 없는 사람은 어영부영 살아가기 쉽다. 마지막으로 무의미한 삶은 흩어지고 분열된 것처럼 느껴진다. 개인의 다양한 역할이 일관된 총체를 이루지 못하는 것이다.

2. 훌륭한 사람이 되라고?

당연하게도 의미 있는 삶이 무의미한 삶보다 훨씬 더 좋다 보인다. 따라서 다들 살아갈 이유를 찾아야 한다고 말한다. 직업이든 종교든 사회적 역할(예를 들어 부모)이든 과학적 발견이든 사회 변화든 간에. 많은 대학교 졸업식 연설이 이런 내용이며, 미셸 오바마의 2016년 뉴욕시립대학교 졸업식 연설도 마찬가지다. "훌륭한 사람이 되세요. 여러분 자신을 위해 훌륭한 삶을 살아가세요. … 그리고 간곡히 바라건대, 항상 다른 사람들도 그럴 수 있도록 도우세요."[12]

도나 애덤스피켓 박사는 미셸 오바마가 권고한 바로 그런 삶을 살았다. 어린 시절 그는 친할머니가 담배 농장에서 출산 중 사망했다는 이야기를 들었다. 뱃속의 아기도 같이 죽었고, 열두 살이었던 아버지는 어머니 없이 남겨졌다. 이 이야기를 들은 그는 산부인과의사가 되기로 결심했다. PBS 〈뉴스아워NewsHour〉와의 인터뷰에 따르면 애덤스피켓 박사는 산부인과 불모지인 조지아주 오거스타에서 지난 20년 동안 6000명이 넘는 아기를 받았다.[13] 그의 삶은 누가 봐도 의미 있는 삶이다. 명확한 목적(조지아주 여성, 특히 출산 전후 산모 사망률이 다른 인종보다 훨씬 높은 흑인 여성에게 우수한 산부인과 진료를 제공)과 의의(애덤스피켓 박사가 없었다면 많은 산모와 아기가 사망했을 것)뿐 아니라, 인생 여정에 설득력 있는 서사와 일관성을 부여하는 비극적 가족사도 있다.

의미 있는 삶이라고 하면 우리는 도나 애덤스피켓 박사와 미셸과 버락 오바마 부부처럼 훌륭한 업적을 이룬 인물이나 대학교 졸업식 연설을 할 정도의 거물을 떠올릴 것이다. 이들은 놀라운 성취를 보여준 영웅이지만, 이런 성취는 드문 만큼 감히 바라기도 어렵다. 행복의 함정이 존재하듯 의미의 함정도 존재한다. 의미의 함정에서 첫 번째 측면은 의미 있는 삶과 연관되는 성취가 너무 거창해서 그것을 목표로 삼으면 실패할 수 있다는 것이다.

3. 삶은 제법 의미 있다

의미의 함정에서 두 번째 측면은 우리가 자신에게 무엇이 필요한지 오해하기 쉽다는 것이다. 앞에서 살펴봤듯이 거창한 포부를 품은 영웅의 이미지가 실제 연구 결과와 부합하지 않을 수도 있다. 많은 이들이 의미 있게 사는 사람은 얼마 없다고 생각하지만, 사실 설문조사를 해보면 응답자 대부분은 자기 삶에 의미가 있다고 한다. 서맨사 하인첼만과 로라 킹이《삶은 제법 의미 있다》라는 절묘한 제목의 논문에서 보고한 바에 따르면, 갤럽 세계 여론조사 결과 미국인의 90퍼센트는 자기 삶에 의미가 있다고 응답했다.[14]

우리가 생각하는 의미 있는 삶은 엄청난 성취를 이룬 영웅들의 몫인데, 어떻게 대다수가 자기 삶에 의미가 있다고 하는 걸까? 어쩌면 삶의 의미에 관한 질문 방식 때문일 수도 있다. 갤럽 조사는 "당신의 삶에 중요한 목적이나 의미가 있다고 생각합니까?"라는 질문에 '예'나 '아니요'로 대답하는 형식이었다. "아니요, 내 삶에는 목적이나 의미가 없습니다"라고 응답한다면 자신의 삶이 무의미하다고 말하는 셈이다. 자신의 삶이 완전히 무의미하진 않다고 느끼는 사람은 이 질문에 '예'라고 응답할 가능성이 높다. 즉 자신의 삶이 특별히 의미 있다고 느끼지 않더라도 '예'라고 대답할 수 있다.

삶의 목적에 초점을 맞춘 또 다른 갤럽 조사('내 삶에는 진정한 목적이 있다')에서는 미국인의 28.5퍼센트가 '매우 동의한다'(5점 단점을 기준으로 5점)라고 응답했다. 반면 1.1퍼센트는 '전혀 동의하지 않는다'(5점 만점을 기준으로 1점), 9.1퍼센트는 '동의하지 않는다'(5점 만점을 기준으로 2점)라고 응답했다. '내 삶에는 진정한 목적이 있다'라는 문장에 (전혀) 동의하지 않는다고 응답한 사람의 비율은 앞에서 살펴본 갤럽 조사 결과와 상당히 일치한다['아니요' 10퍼센트, '(전혀) 동의하지 않는다' 10.2퍼센트].[15]

4. 미국인은 자기 삶에 의미 부여를 잘한다?

그런데도 미국인의 28.5퍼센트가 자기 삶에 진정한 목적이 있다고 응답했으며 54.9퍼센트는 어느 정도 그렇다고 응답했다는 사실은 인상적이다. 미국에 세상을 변화시키는 영웅적인 개인이 그렇게 많은 걸까? 아니면 일종의 긍정적인 과대망상일까? 이 결과가 단순히 자기평가에 따른 편향이 아니라는 점도 밝혀졌다. 심리학자 마이클 스테거와 동료들은 참가자들에게 자신의 삶이 얼마나 의미 있다고 생각하는지 평가해달라고 요청하는 한편, 그들의 친구와 가족에게도 참가자의 삶이 의미 있는지 평가해달라고 요청했다. 자신의 삶에 의미가 있다는 응답의 높은 비율이 착각 때문이라면 친구와 가족의 평가 결과는 자기평가 결과와 상관관계가 없을 것이다. 하지만 조사에 따르면 두 가지 평가 결과는 상관관계가 있는 것으로 나타났다.[16] 외향성이나 신경성(지나치게 걱정하는 성향)처럼 보다 익숙한 성격특성 조사에서도 삶의 의미에 대한 자기평가와 정보 제공자의 평가에 나타난 것과 비슷한 상관관계가 드러났다. 따라서 과학적으로 볼 때 삶의 의미에 대한 자기평가는 상당히 유효하다.

그렇다면 자신의 삶이 의미 있다고 답한 28.5퍼센트의 미국인은 어떤 사람들일까? 첫째, 종교적일 가능성이 높다. 종교가 있으면 특정한 교리를 따르기 때문에 살면서 난관을 겪어도 교리

대로 해석하고 명료하게 이해할 수 있다. 허리케인 카트리나가 뉴올리언스주 일부 지역을 휩쓸었던 2005년에 많은 주민이 당황하고 어쩔 줄 몰라 했지만, 종교가 있는 사람은 그렇지 않은 사람보다 재난에 정신적으로 더 잘 대처할 수 있었다.[17] 우리는 스티브 잡스처럼 독보적인 발명가가 아니라도 자신의 삶이 의미 있다고 느낄 수 있다. 의미를 찾는 한 가지 방법은 전통적인 종교를 믿는 것이다.

스테거의 연구에 따르면 자신의 삶에 의미가 있다고 말하는 사람은 대체로 미래에 대해 낙관적이고 외향적이며 신경성이 없다. 또한 싹싹하고 양심적이며 자존감도 높다고 한다.[18] 본래 삶의 의미란 지극히 주관적이다. 존경받고 인기 높고 수상 경력도 있는 과학자가 자신의 삶이 무의미하다고 생각하여 자살하는가 하면, 평범한 사람도 자신의 삶이 중요한 사명과 연결되어 있다고 믿는다. 유명한 도시 전설에 따르면 존 F. 케네디 대통령이 미국국립항공우주국NASA을 찾아가서 청소부에게 "안녕하세요, 케네디입니다. 무슨 일을 하세요?"라고 묻자 이런 대답이 돌아왔다고 한다. "인간이 달에 가도록 돕고 있습니다, 대통령님!"[19]

둘째, 자존감이 높은 사람은 자기혐오가 심한 사람보다 자신의 삶이 중요하다고 말할 가능성이 높다. 신경성이 없는 사람(걱정이 많지 않고 스트레스를 적게 받는 사람)은 신경성이 있는 사람보다 자신의 삶에 명확한 목적과 방향이 있다고 말할 가능성이 높다. 양심적인 사람은 비양심적인 사람보다 더 많은 목표를 달성하며, 따라서 인생의 더 큰 목표를 향해 나아간다고 느낄 가능성도 더 높다.[20] 이들은 자신의 삶에 방향성, 목적, 의미가 있다고 느낄 가능성이 높다. 미국인 대다수가 자존감이 높고[21] 자신의 미래에 낙관적이며[22] 스스로 외향적이고 신경성이 없고 싹싹하고 양심적이라고 말하는 만큼[23] 많은 미국인이 자신의 삶에 의미가 있다고 말하는 게 당연하다.

이런 성격특성과 태도는 충분히 예측 가능한 방식으로 드러난다. 사람들은 자신에게 중요한 대의(예를 들어 무료 급식소나 교회) 한두 가지를 선택하고, 오랫동안 같은 장소에서 자원봉사를 하고, 구체적인 영역에서 변화를 일으키려 노력함으로써 삶의 의미를 획득한다. 직장, 가족 혹은 공동체에서 삶의 의미를 구하는 사람들도 있는데,[24] 이 역시 지극히 구체적인 생활영역이다. 삶의 의미에 관한 연구에 따르면 많은 사람은 협소한 범위에 집중함으로써 의미 있는 삶에 도달하곤 한다. 대부분의 경우 협소함은 문제가 되지 않는다.

5. 주관적으로 의미 있는 삶 vs. 객관적으로 의미 있는 삶

그렇지만 다소 마음에 걸리는 지점이 있다. 가상의 군 교도관 메이슨을 떠올려보자. 그는 미국의 국가안보를 매우 중요하게 생각하며 미국 국민을 지키는 데 평생을 바치려고 한다. 메이슨은 주로 테러 용의자들이 수감된 교도소에 배치되어 죄수들을 잔인하게 다룬다. 마치 악명 높은 아부그라이브 수용소 학대 사건에서처럼 말이다. 메이슨은 자신의 삶에 의미가 있다고 생각한다. 미국 국민을 지킴으로써 세상을 변화시키고 있으니까. 하지만 그의 삶이 과연 좋은 삶일까? 주관적으로 의미 있는 삶일 수는 있지만 객관적으로 좋은 삶은 아닐 것이다.

군 교도관 메이슨의 사례는 하나의 가설에 불과하다. 잘못된 것에서 삶의 의미를 찾는 현상에 과학적 증거가 있을까? 최근 연그에 따르면 삶의 의미는 우익 권위주의와 연결되는 것으로 나타났다.[25] 우익 권위주의는 권위에 대한 무비판적 복종, 사회규범을 위반하는 사람에 대한 공격적 감정, 전통적 가치의 엄수로 정의되는 신념 체계다. 다시 말해 우익 권위주의자는 비권위주의자보다 자신의 삶을 의미 있게 평가할 확률이 더 높다. 그들은 자기 나름대로 시민 활동에 힘을 쏟는다. 그러나 그들의 대의는 지극히 편협하며 외부자로 간주되는 사람들에게 적대적일 가능성이 크다. 마찬가지로 여러 연구에 따르면 (내집단과 외집단을 뚜렷하게 구분한다고 알려진) 정치적 보수주의자[26]는 정치적 진보주의자보다 자신의 삶을 의미 있고 행복하다고 평가할 확률이 더 높았다.[27]

또는 궁극의 반사회적 행동인 테러리즘을 떠올려보자. 범죄학자 사이먼 코티는 사람들이 테러단체에 가입하는 주된 원인 중 하나가 궁극적 의미에 대한 갈망이라고 주장한다. "테러단체는 구성원에게 확고한 정체성과 목적을 제공하며 … 이는 사람들이 테러단체에 가입하는 동기가 될 수 있다. 테러단체는 신병들에게 세상과 그 작동 원리에 관한 포괄적 서사뿐 아니라 … 그 세상에서 자신의 위치가 어디인지 알려주는 서사도 제공한다. 그들은 이런 서사에서 삶의 근본적이고 실존적인 질문에 대한 섬뜩하고도 확고한 대답을 얻는다."[28] 이와 같은 최근 연구 결과에 따르면, 많은 사람에게 의미 있는 삶이란 외집단 구성원을 희생시키면서 얻어낸 내집단의 협소한 편파성과 전통 위에 서 있는지도 모른다.

6. 의미의 함정에 빠지지 않으려면

행복의 함정과 마찬가지로 의미의 함정에도 두 가지

측면이 있다. 첫째로 아무것도 발명하지 못했고 평화봉사단에도 참여하지 않은 대다수는 훌륭하게 살아야 한다는 요구 앞에서 좌절감을 느끼기 쉽다. 세상을 변화시켜야 한다는 압박감은 행복해야 한다는 압박감과 똑같이 감정적으로 부담스러울 수 있다. 누구나 가끔은 그런 부담감을 느낀다. 자신이 딱히 세상을 바꾸지 못했다고 느낀다면, 특정한 대의에 헌신함으로써 의미를 발견할 수도 있다고 생각해보자. 일단은 동네의 사소한 문제에서 시작해도 좋다. 시간을 들이다 보면 결국 변화를 이루어낼 것이다. 의미의 함정에서 두 번째 측면은 의미 있는 삶을 추구하다 보면 관점이 편협해질 수도 있다는 것이다. 연구에 따르면 소규모 내집단과의 친사회적 행위에서 삶의 의미를 얻는 사람도 있지만, 반대로 소규모 외집단에 대한 반사회적이거나 냉담한 행위에서 삶의 의미를 얻는 사람도 있다. 당신이 편협한 대의에서 삶의 의미를 얻고 있다면 시야를 좀 더 넓혀보는 것은 어떨까.

내 연구를 포함하여 지난 수십 년간의 심리학 연구로 분명히 확인되었듯이, 행복과 의미는 좋은 삶에 이르게 해줄 뿐 아니라 여러모로 우리에게 이롭다.[29] 하지만 이 두 가지에 집착한 결과 좋은 삶에서 멀어진 사람들이 너무나 많다. 좋은 삶에 이르는 또 다른 길이 있다. 안정적이거나 편안하지는 않지만 짜릿하고, 만족스럽지 않을 수도 있지만 드라마틱하다. 기복이 있고 우여곡절도 있지만 삶의 마지막에 후회는 더 적을 것이다. 모험과 장난

스러움과 즉흥성과 우연과 배움이 있는 삶, 흘러가는 대로 살되
남들이 가지 않은 길을 가는 삶, 경험이 풍부한 삶이다. 행복과
의미의 함정을 넘어 좋은 삶에 이르는 세 번째 길은 바로 정신적
으로 풍요로운 삶이다.

<table>
<tr><td>

4장

</td><td>

모험하는 삶

</td></tr>
</table>

세상은 한 권의 걸작과도 같지만, 고향을 떠나지 않는
사람은 그 책의 한 페이지만 읽게 된다.

_ 성 아우구스티누스(로 추정)[1]

1. 나르치스가 될 것인가 골드문트가 될 것인가

지금까지 나는 삶의 행복과 의미에 관한 몇 가지 비
밀을 누설했다. 우리를 행복하게 하는 것은 거창한 승리가 아니
라 단짝과의 차 한 잔 같은 인생의 소소한 기쁨이다. 장기적인
행복은 대체로 직업적인 성공이 아니라 대인관계의 성공에 달려
있다. 마찬가지로 삶의 의미는 자신이 중요시하는 특정한 대의

에 헌신하고 선택한 영역에 변화를 일으키는 데서 비롯된다. 전
반적으로 탐험하고 변화하는 삶보다는 안정된 삶이 행복과 의미
에 근접하기 쉽다. 안정된 삶의 장점이 행복과 의미라면, 탐험하
는 삶의 장점은 무엇일까?

헤르만 헤세는 1946년에 노벨문학상을 받은 20세기 독일의
손꼽히는 저명한 소설가다. 그는 여러 소설에서 좋은 삶에 이르
는 길을 찾아 고군분투하는 인상적인 인물들을 그려냈다.《나르
치스와 골드문트》는 2020년에 영화화되기도 한 헤세의 유명한
소설이다. 두 주인공 중 나르치스는 안정된 삶을 선택한 사람이
다. 똑똑하고 명망 있는 그는 수도원 생활에 만족하며 소박하고
종교적인 삶에서 심오한 의미를 찾는다. 나르치스는 수도원 원
장이자 존경받는 아리스토텔레스 학자가 된다. 그는 성공한 인
물의 전형처럼 보인다.

한편 그의 어린 시절 친구 골드문트는 수도원 밖의 삶을 갈망
하여 음식도, 숙소도, 든든한 동료도 마땅치 않은 방랑 예술가로
살아가기를 택한다. 여행길에서 그는 전염병으로 죽어간 수많은
사람을 목격한다. 어느 순간 그는 자신의 결정에 회의를 느낀다.
"이 모든 것에 의미가 있었을까? 경험할 만한 가치가 있었을
까?"[2] 나르치스와 달리 골드문트는 종종 죄책감과 불행에 빠지
며 자신의 삶이 무의미하다고 느끼지만, 어느 날 나무로 만든 성
모 조각상을 보고 감동한다. "형언할 수 없도록 아름다운" 조각

상 앞에서 그는 조각가의 도제가 되어 자기만의 조각상을 만들기로 결심한다.

소설의 결말에서 나르치스는 자신의 행복하고 의미 있는 삶에 뭔가 부족하진 않았는지 의문을 품는다. 수도원에 남은 사람들이 보기에는 모험과 도덕적 일탈로 가득한 골드문트의 삶보다 나르치스의 삶이 훨씬 더 "훌륭하고 올바르고 안정적이고 반듯하고 모범적"이라는 건 그도 알고 있다. 하지만 "나의 질서 있고 금욕적이며 모범적인 삶이 과연 … 골드문트의 삶보다 더 나았을까?"라는 의문이 사라지지 않는다.[3] 나르치스는 살면서 좀 더 흥미로운 경험을 해봤다면 좋았을 거라고 생각한다. 그의 삶은 행복하고 의미 있지만 풍요로운 경험과는 거리가 멀다. 반면 골드문트의 삶은 고단하지만 즉흥적이고 창조적이며 예측 불가능한 삶, 정신적으로 풍요로운 삶이다. 헤세에 따르면 탐험하는 삶이야말로 크나큰 행복이나 의미도 포기할 가치가 있는 좋은 삶이다. 당신은 어떤 삶을 선택하겠는가?

2. 미적인 삶인가 덕스러운 삶인가

탐험의 중요성을 강조한 작가는 헤르만 헤세만이 아니다. 쇠렌 키르케고르의《이것이냐 저것이냐》는《나르치스와 골드문트》와 마찬가지로 미적인 삶을 추구할 것인가 덕스러운 삶을 추구할 것인가 하는 딜레마에 주목한다. 이 책은 청년으로 추정되는 A와 은퇴한 판사로 추정되는 B가 주고받은 서신 형식으로 쓰였다. A는 미적인 삶, 아름답고 모험적인 삶을 추구한다. 또한 그러려면 즉흥적이고 임의적으로 살아야 한다고 주장한다. 인간은 언제나 우연을 찾아 나서야 한다. "여드레 전, 열나흘 전에 미리 준비해두어야 하는 사교적 오락이란 것은 재미없다. 반면 우연한 사건은 아무리 사소한 것이라도 엄청나게 즐거울 수 있다."[4] 당연하게도 A는 결혼할 생각이 없고 결혼을 끔찍한 천편일률, 끝없는 단조로움, 무시무시한 정지 상태로 규정한다. 반면 B는 고결한 삶을 추구하고 결혼을 "인격의 학교"로 칭송하며 "품성을 갈고 닦아 발전하기 위해" 결혼해야 한다고 말한다.[5] 한편 A는 골드문트처럼 책임보다 가능성을 붙잡기로 하고 미학과 우연과 엑스페디투스expeditus(라틴어로 '떠날 준비가 된'이라는 뜻)의 삶을 선택한다.

이 소설들은 줄곧 탐험하는 삶에 대한 매혹과 선망에 초점을 맞춘다. 제임스 조이스의 《젊은 예술가의 초상》에 등장하는 스티븐 디덜러스도 덕스러운 삶보다 미적인 삶을 선택한다.[6] 그의 소년 시절 좌우명은 "은총과 미덕과 행복의 삶!"이지만, 성인이 된 후에는 "고난을 뚫고 별을 향하여Per aspera ad astra"로 바뀐다. 호메로스의 《오디세이》, 세르반테스의 《돈키호테》, 볼테르의 《캉디드》, 멜빌의 《모비 딕》, 루이스 캐럴의 《이상한 나라의 앨리스》, 토니 모리슨의《술라》등 다른 여러 문학 작품에도 스티븐 디덜러스 같은 인물이 등장한다. 이 소설의 주인공들은 결정적 순간에 확실성보다 불확실성을, 안정보다 자유를, 의무보다 자기표현을 받아들이며 궁극적으로 남기보다 떠나기를 선택한다. 이런 소설들의 인기를 보면 많은 사람이 탐험하는 삶을 동경한다는 것을 알 수 있다. 하지만 이들은 모두 가상 인물이다. 골드문트나 술라 같은 사람이 실제로 존재할까?

3. 이상한 나라의 앨리슨의 모험

세계적인 심리학자이자 캘리포니아대학교 버클리 캠퍼스(UC버클리) 교수인 앨리슨 고프닉은 2015년《애틀랜틱》에 실린 에세이[7]에서 이렇게 썼다. "2006년, 나는 쉰 살이었고 서서히 무너져가는 중이었다." 자녀들이 대학교로 떠나자 남편과의 오랜 결혼 생활도 파국에 이르렀다. 고프닉은 "교수에게 어울리는 대저택"을 떠나 "무너져가는 낡은 집 단칸방"에서 혼자 살게 되었다. 그러던 중에 자기가 여자를 좋아한다는 사실을 깨달았다. 하지만 한 여성과의 연애가 끝나자 우울증에 빠졌다. "나를 정의하던 모든 것이 사라졌다. 나는 더 이상 과학자도 철학자도, 아내도 엄마도 연인도 아니었다." 의사들은 항우울제, 요가, 명상을 처방해주었다. 앞의 두 가지는 싫었지만 마지막 처방은 마음에 들었다.

고프닉은 불교에 관심을 가지면서 생겨난 궁금증을 쫓아《이상한 나라의 앨리스》뺨치는 학문적 토끼 굴로 빠져들었다. 불교철학에 관한 많은 글을 읽다가 불교사상이 데이비드 흄의《인간 본성에 관한 논고(논고)》와 유사하다는 것을 깨닫고 서양의 계몽주의에 동양적 뿌리가 있는지 궁금해졌다. 그래서 1728년 불교에 관해 쓴 티베트 예수회 선교사 이폴리토 데시데리와 1738년《논고》를 완성한 흄의 연결 고리를 찾아 나섰다. 고프닉은 발달심리학계에서 뛰어난 연구 능력과 영리한 실험 설계로 유명했지만, 이런 역사 연구는 그에게 완전히 생소한 분야였다.

고프닉은 어니스트 모스너의 흄 전기를 통해 흄이《논고》를 쓸 무렵 프랑스 라플레슈에 살았다는 사실을 알아냈다. 또한 라플레슈에 예수회 왕립대학교가 있었다는 사실도 발견했다. 이폴리토 데시데리가 그 무렵 예수회 왕립대학교에 있었을까? 이 질문과 씨름하기 시작하면서 그는 문득 우울증에 걸린 이후 처음으로 다음 날이 기대된다고 느꼈다.

알고 보니 이폴리토 데시데리의 삶은 수수께끼로 가득했고, 데시데리에 관한 질문은 흄에 관한 질문보다 대답하기가 훨씬 더 어려웠다. 2007년에 안식년을 맞은 고프닉은 캘리포니아공과대학(칼텍Caltech)에 머물다가 17~18세기 예수회 역사 전문가를 만났다. 그가 알려주기를 예수회에서는 뭐든 다 문서로 남긴다고 했다. 이 정보를 바탕으로 고프닉은 로마에 있는 예수회 기록보관소를 찾아갔다. 로마에서의 마지막 날, 그는 흄이 예수회 왕립대학교에 있는 동안 데시데리가 재차 그곳에 찾아갔음을 알아냈다. 게다가 또 다른 연결 고리도 있었다. 1680년대에 불교 국가 시암(현재의 타이―옮긴이)의 프랑스 대사였던 돌뤼가 은퇴한 뒤 1723년에 라플레슈에 있었다는 사실이다. 수수께끼는 풀렸다. 데이비드 흄은 라플레슈에서 불교사상을 접했던 게 분명하다. 동양철학과 서양 계몽주의의 연결 고리를 발견한 것이다.

고프닉의《애틀랜틱》에세이는 이렇게 끝난다. "나는 예전의 운 좋고 행복한 여성으로 돌아왔다. 내 삶은 이유 없는 충만감과 일상적 기쁨으로 가득했다. 하지만 그뿐만이 아니었다. 내가 남성만이 아니라 여성도, 과학만이 아니라 역사도 사랑할 수 있으며 행복만이 아니라 슬픔과 고독 속에서도 살아갈 수 있음을 깨달은 것이다. … 나를 구원한 것은 그야말로 무한한 인간 정신의 호기심과 인간 경험의 다양성이었다."

고프닉은 인생의 위기에 부딪혀 행복과 의미를 잃어버렸다. 하지만 모든 것을 잃지는 않았다. 그는 삶의 극적인 변화 속에서 꾸준히 관점을 바꿔나가면서 중년의 나이에 새로운 열정과 참신한 지적 지평, 지혜를 발견했다. 오늘날 그는 정신적으로 풍요롭게 살아가며 그 "무한한 다양성"에 감사한다.

4. 스티브 잡스가 인도에서 배운 것

스티브 잡스 역시 탐험하는 삶을 선택한 인물이다. 압둘파타 잔달리와 조앤 시블 사이에서 태어난 그는 폴과 클라라 잡스에게 입양되었다. 그는 똑똑했지만 학교를 싫어했고 양아버지와 차고에서 뭔가를 고치거나 만들며 시간을 보내곤 했다. 고등학생 시절에는 정교한 전기 조명 장치를 만들어 장난을 치고 파티를 열기도 했다.

대학을 중퇴한 잡스는 사과 과수원에서 일하며 동양의 영성과 LSD에 심취했다. 열아홉 살 때는 구루와 영적 깨달음을 찾아 인도에 가서 일곱 달을 머물렀다. 하지만 깨달음을 얻기는커녕 이질에 걸려 일주일 만에 체중이 18킬로그램이나 빠졌다. 그럼에도 그는 여행 중에 새롭게 눈이 뜨였고 수십 년 후 이렇게 회상했다. "인도로 떠났을 때보다 미국으로 돌아왔을 때 훨씬 더 큰 문화적 충격을 받았다. 인도 시골 사람들은 우리와 달리 지성이 아닌 직관을 사용하며 그 어느 나라 사람들보다도 훨씬 직관이 뛰어나다. … 인도의 시골 마을에서는 … 우리가 배우는 것과 다른 것을 가르친다. 어찌 보면 똑같이 중요하지만 어찌 보면 하찮을 수도 있는 것, 바로 직관과 경험에 따른 지혜의 힘이다."[8]

결국 잡스는 지성과 직관을 모두 사용하는 법을 터득했다. 물론 그의 경력이 항상 순조로웠던 것은 아니다. 그는 서른 살 때

매킨토시 컴퓨터를 선보이며 대성공을 거두었으나 1985년에 자신이 창업한 애플에서 해고당했다. 그래서 새로운 컴퓨터 회사 넥스트NeXT를 창업했지만 매출은 실망스러웠다. 1986년 1월에는 루카스필름의 컴퓨터그래픽 사업부를 인수했다. 이 회사의 첫 장편영화 〈토이 스토리〉(1995)는 큰 성공을 거뒀지만, 영화를 완성하기까지 거의 10년이 걸렸다. 1997년 잡스는 애플로 돌아와 2001년에 아이팟, 2002년에 아이맥, 2007년에 아이폰, 2010년에 아이패드를 출시하는 전설적인 행보를 보였다. 그가 마흔여덟 살이던 2003년에 췌장에서 종양이 발견되었다.

죽음을 앞둔 스티브 잡스는 1980년대 초 애플의 인사 책임자였던 앤 바워를 병상으로 초대했다. "나는 젊을 때 어떤 사람이었나요?"라는 잡스의 질문에 바워는 이렇게 대답했다. "당신은 대우 성질이 급하고 까다로웠어요. 하지만 당신의 비전은 설득력이 있었지요. 당신은 '여정이 곧 보상'이라고 말했는데, 정말로 그랬죠." 잡스의 대답은 다음과 같았다. "나도 그 여정에서 배운 게 있었습니다. … 배운 게 있었어요. 정말로요." 그는 자신의 전기작가인 월터 아이작슨에게도 이렇게 말했다. "나는 일에서나 삶에서나 행운아였습니다. 할 수 있는 건 전부 다 해봤어요."[9]

임종의 자리에서도 잡스는 후회가 없어 보였다. 이는 정신적으로 풍요로운 삶의 결정적인 특징이다.

지금까지는 누가 봐도 뛰어나고 성공한 인물들의 사연을 살펴보았다. 그렇다면 우리가 날마다 마주칠 법한 보통 사람의 사연은 어떨까?

조이 라이언은 오하이오주 덩컨폴스에 있는 신호등이 두 개뿐인 작은 마을의 한 집에서 67년을 살았다. 그는 1949년에 결혼했고 그 집에서 세 아이를 키웠다.[10] 조이의 소박한 삶은 비극적인 사건들로 점철되어 있었다. 남편은 1994년에 암으로 죽었고, 이후 10년 동안 다 키워놓은 아이 둘이 더 죽었다. 조이는 여든다섯 살에도 식품점에서 힘들게 일해야 했다. 가족과는 사이가 멀어졌고 건강도 나빠졌다. 그런데 오래전 연락이 끊겼던 손주에게서 걸려 온 전화가 그의 단조로운 일상을 깨뜨렸다.

당시 브래드 라이언은 서른네 살 수의대 학생이었다. 정신 건강 문제가 있었으며 얼마 전 동급생의 자살로 큰 충격을 받은 상태였다. 어느 날 그는 바나나 빵을 만들다가 조이에게 전화를 걸어 조언을 구했다. 10년 동안 소원하게 지내다가 얼마 전에야 다시 연락하게 된 할머니였다.

통화 중에 브래드는 놀라운 사실을 발견했다. 조이는 여든다섯 살이 되도록 빙하, 사막, 들소나 고래는 고사하고 산이나 바다조차 본 적이 없었다. 그리하여 두 사람은 산으로 여행을 떠나기

로 했다. 그레이트스모키마운틴국립공원에서의 스무여드레 캠
핑으로 시작된 것이 미국의 모든 국립공원을 경유하는 화해의
여정으로 발전했다. 항상 즐거운 여행은 아니었다. 브래드의 부
모가 힘겹게 이혼하면서 손주와 할머니 사이에도 불화가 싹텄기
때문이다. 하지만 두 사람은 함께하는 여정을 통해 과거의 갈등
을 해소해나갔다. 옐로스톤에서 들소 떼 가운데 갇히고, 캘리포
니아 연안의 채널 제도에서는 보트 바로 앞에서 뛰어오르는 혹
등고래를 보고, 알래스카에서 헬기를 타고 빙하 위를 나는 등 놀
라운 경험을 공유했다. 조이는 웨스트버지니아의 뉴리버 협곡에
서 집라인을 탄 최고령자가 되었다.

　PBS 〈뉴스아워〉와의 인터뷰 영상에서 브래드와 조이는 경이
로움으로 눈빛을 반짝이며 그들의 모험담을 풀어놓는다.[11] 9년
전만 해도 조이는 손주와 서먹한 사이였고 우울증에 시달리며
단조롭게 살아가고 있었다. 정신적 풍요로움과는 거리가 먼 삶
이었다. 여기서 조이 본인의 말을 들어보자.

　　상상도 못 했어요. 바깥세상에 그토록 아름답고 놀라운 것들이
　　기다리고 있었다니 … 정말이지 기적처럼 느껴졌지요. 그리고
　　나는 매 순간을 즐겼어요. … 더 늙고 나서도 자리에 앉아서 이
　　야기할 추억들이 생긴 거죠.

이제 아흔네 살이 된 조이는 놀랍도록 (정신적으로) 풍요로운 자신의 삶에 관해 많은 이야기를 들려줄 수 있다.

6. 유별난 택시 운전사와의 만남

2022년 3월 11일, 나는 캘리포니아 리버사이드의 호텔에서 공항으로 가는 택시를 탔다. 운전사(여기서는 린다라고 부르겠다)는 내게 자신의 인생담을 들려주었다. 정말로 놀라운 이야기였다. 린다는 주정부에서 일하다가 몇 년 전 은퇴했고 소일거리 겸 용돈벌이로 파트타임 택시 운전을 한다고 했다. 그는 내게 어쩌다 리버사이드에 왔는지("캘리포니아대학교 리버사이드 캠퍼스에 볼일이 있어서요"), 무슨 일을 하는지("지금은 버지니아대학교 교수예요") 물었다. 자기 막내딸이 얼마 전 리버사이드로 이사 왔다면서 다른 자녀들 이야기도 꺼냈는데, 그중 하나는 워싱턴D.C.에 산다고 했다. 린다는 내게 가족이 있는지 묻더니("네, 아이가 둘이에요") 자기는 자녀가 넷이고 손주가 일곱인데 손주 둘은 직접 낳았다고 말했다. 잠깐만요, 손주를 낳으셨다고요? 나는 어안이 벙벙했다. 린다는 딸과 사위의 대리모로서 사위의 정자와 딸의 난자로 체외수정 임신을 두 번 했다고 설명해주었다. 그것도 쉰두 살 때와 쉰다섯 살 때! 딸은 병이 있어서 임신과 출산을 하면 죽을 쓰도 있었기 때문이다.

이런 이야기를 들려주는 린다의 눈에는 눈물이 그렁그렁했다. 두 손주 모두 제왕절개로 낳았고 모유수유도 직접 했단다. 내가 손주들이 친자식처럼 느껴지진 않느냐고 묻자 일곱 손주 모두 소중하지만 자기가 낳은 두 아이와는 특별한 유대감을 느낀다고 털어놓았다.

린다의 이야기는 거기서부터 더욱 흥미로워졌다. 자신의 신장 하나를 전남편에게 기증했다는 것이다. 내가 린다는 매우 이타적인 사람 같다고 말하자 그는 단지 옳은 일을 한 것뿐이라고 대답했다. 린다의 대답을 들으니 유별나게 이타적인 사람들에 관한 애비게일 마시의 연구가 떠올랐다.[12] 마시에 따르면 그런 사람들은 오히려 자신의 선행을 과소평가하는 경향이 있다고 한다. 린다는 전남편 덕분에 안정적으로 생활하면서 네 아이 모두를 훌륭하게 키울 수 있었다고 설명했다. 열여덟 살에 이미 두 아이를(쌍둥이였다!) 낳은 후 그를 만나서 결혼했던 것이다. 그러니 그에게 신장을 기증한 것은 당연한 일이라고 했다.

린다는 산과 사막, 바다까지 있는 캘리포니아에 찬사를 아끼지 않았다. 은퇴하고 나니 1년에 두세 달씩 여행할 수 있어서 좋다고 했다. 얼마 전 프랑스에서 석 달을 지내고 왔으며 작년에는 베트남, 캄보디아, 태국에서 두 달을 보냈다고 했다. 린다가 조기 은퇴를 한 것은 일하기 위해 살기보다 살기 위해 일하고 싶었기 때문이다. 예전부터 어느 정도 여유가 생기면 적당히 즐기고 이런저런 아르바이트나 하면서 자신이 원하는 방식으로 살아갈 생각이었다. 성인이 된 네 자녀와도 날마다 통화하고 꾸준히 서로 방문한다고 했다.

이 얼마나 놀라운 삶인가! 린다는 물질적인 부자는 아니지만 정신적으로나 경험적으로 풍족하다. 게다가 누가 봐도 충분히 행복하고 의미 있게 살아온 사람이다. 초년에는 미혼모로서 어려움을 겪었지만 지금은 3차원의 삶을 영위하는 듯하다.

5장

정신적 풍요로움을 이루는 요소

> 날마다 아무도 읽지 않는 책을 읽으라. 날마다 아무도 생각하지 않는 것을 생각하라. 날마다 아무도 하지 않을 만큼 어리석은 짓을 하라. 항상 대세를 따르는 것은 정신에 해롭다.
>
> _크리스토퍼 몰리[1]

1. 그레이스와 레이철의 풍요로운 주말

탐험하는 삶의 결과물이 정신적으로 풍요로운 삶이라면, 정신적 풍요로움이란 정확히 어떤 요소로 이루어질까? 어떤 종류의 경험이 정신적 풍요로움에 기여하는가? 어떤 종류의 경험이 정신적으로 빈곤한가?

이를 알아보기 위해 나는 2015년 9월에 두 번 표적집단 모임을 주최했다. 첫 번째는 내 학부 연구 조교들이었고, 두 번째는 버지니아대학교 대학원생들과 박사후연구원들이었다. 먼저 이들에게 지난 주말을 되돌아보며 무슨 일이 있었는지 생각해보라고 했다. 그리고 가장 행복했던 일은 무엇인지 물었다. 대부분은 친구나 가족과의 외출이라고 대답했다. 그다음에는 가장 의미 있었던 일은 무엇인지 물었다. 대부분은 누군가를 돕거나 종교 의식 혹은 자원봉사에 참여한 일이라고 대답했다. 마지막으로 정신적으로 가장 풍요로웠던 일은 무엇인지 묻고, 그 자체로 행복하거나 의미 있다기보다는 특이하고 흥미로운 일이어야 한다고 설명했다.

이 질문에 가장 인상적인 답변을 들려준 사람은 그레이스와 레이철이었다. 워싱턴D.C. 교외에서 온 버지니아대학교 2학년생 그레이스는 주말에 친구들과 함께 난생처음 프로레슬링 경기를 보러 갔다. 뻔한 가짜 폭력과 유치한 연기를 보게 될 거라고 예상했지만, 놀랍게도 프로레슬링선수가 아이들에게 영감을 주는 역할모델일 수 있다는 사실을 발견했다. 월드 레슬링 엔터테인먼트WWE가 아이들을 위한 자선 활동에 크게 기여하고 있었기 때문이다. 그레이스는 웃고 환호하고 분노하고 가슴 아파했으며 경기가 끝난 후에는 깊은 감동을 느꼈다. 프로레슬링 관전은 처음이었기에 색다른 경험이기도 했지만, 예상치 못한 관점 변화로 인해 평소 나들이보다 훨씬 더 풍요로운 경험으로 남았다.

레이철은 버지니아 중부 출신이고 마찬가지로 버지니아대학
교 2학년생이었다. 주말에 자기가 사는 아파트 라운지에서 특이
한 광경을 목격했다고 했다. 어느 젊은 남자(그 역시 버지니아 대학
생 같았다)가 노트북컴퓨터로 뭔가 적고 있었다. 이상한 점은 그
가 윗도리를 입지 않았다는 것이다. 라운지가 덥지는 않았다. 딱
히 몸매가 좋은 남자는 아니었으니 상체 근육을 과시하는 것도
아닐 터였다. 레이철은 당황했다. 그가 왜 공용공간에서 맨몸으
로 일하는지 이해할 수 없었다.

당신은 그레이스의 프로레슬링 관전과 레이철의 윗도리 벗은
남자 가운데 어느 경험이 정신적으로 더 풍요롭다고 생각하는
가? 양쪽 모두 새롭고 예상치 못한 경험이었다. 그레이스는 프로
레슬링 경기를 본 적이 없었고, 레이철은 웬 남성이 아파트 공용
공간에서 맨몸으로 타이핑하는 광경을 본 적이 없었다. 두 경험
모두 흥미로운 것은 분명하다. 하지만 양쪽 모두 풍요로운 경험
일까? 첫째로 그레이스는 흥분, 기쁨, 두려움, 분노, 놀라움 등 다
양하고 강렬한 감정을 느낀 반면, 레이철은 살짝 놀라고 불안했
을 뿐이다. 따라서 그레이스의 프로레슬링 관전이 레이철의 경
험보다 훨씬 더 감정적으로 복잡하다. 둘째로 그레이스는 프로
레슬링이 가짜이며 유치할 것이라는 편견을 품고 경기를 보러
갔지만, WWE가 학교폭력 방지 캠페인을 지원하고 많은 아이가
레슬링선수를 존경한다는 사실을 알고서 생각이 바뀌었다. 이

경험이 그레이스의 관점을 바꾼 것이다. 반면 레이철의 경험은 새롭고 특이했지만 어떤 식으로든 관점을 바꿔놓지는 못했다. 정리하자면 두 번의 표적집단 모임을 통해 정신적으로 풍요로운 경험은 새로울 뿐 아니라 강렬하고 복잡하며 관점을 변화시켜야 한다는 사실이 밝혀졌다.

2. 시詩에 나타난 정신적으로 풍요로운 날

지금까지 주말 나들이를 정신적으로 풍요롭게 만드는 것들을 살펴보았다. 그렇다면 정신적으로 풍요로운 날은 어떨까? 어떤 것들이 그날 하루를 정신적으로 풍요롭거나 빈약하게, 혹은 행복하거나 의미 있게 만들까?

레이먼드 카버는 시 〈행복Happiness〉[2]에서 자신의 아침 일상을 묘사한다. 그는 커피 한 잔을 들고 창가에 앉아 밖을 내다본다. 신문 배달 소년이 친구와 말없이 미소 지으며 자기 집 진입로로 들어오는 모습이 보인다. "행복이란. 갑작스럽게/ 찾아온다. 그리고 행복에 관한/ 그 어떤 새벽녘 대화보다 더 강렬하다." 카버는 이 평범한 광경에서 행복을 발견한다. 예측 가능하고 매일 반복되지만, 느닷없고 덧없는 광경이기도 하다. 별생각 없이 있다 보면 놓쳐버릴지도 모르는 광경이다. 카버에 따르면 행복한 날은 가슴이 훈훈해지는 뭔가를 발견하고, 친구들과 즐겁게 웃고, 죽음이나 야망이나 사랑에 관해 너무 깊이 생각하지 않는 데서 비롯된다.

의미 있는 날이란 어떤 날일까? 이 질문은 대답하기가 좀 더 어렵다. 하지만 거꾸로 의미 없는 날이 어떤 날인지 물어보면 갑자기 대답하기가 훨씬 쉬워진다. 의미 없는 날이란 헛되이 보낸 날, 완전히 무의미한 날이다. 이미 잘 아는 내용을 다루는 강의처럼 삶에 딱히 도움이 되지 않는 날이다. 의미 있는 날은 그 반대다. 목적이 있는 날, 뭔가를 성취한 날이다. 편지를 썼을 수도 있고 누군가를 도왔을 수도 있다. 빨래를 했거나 운동을 했을 수도 있다. 어쨌든 뭔가 해냈고 하루를 완전히 낭비하진 않았다. 설사 많은 일을 해내진 못했더라도 다음 날 열심히 일하기 위해 절실했던 휴식을 취했을 수도 있다. 하루를 의미 있게 보내는 방법은 다양하다.

레이먼드 카버처럼 제인 케니언도 시 〈그렇지 않을 수도Otherwise〉에 자신의 일상을 썼다.[3] 침대에서 일어나 아침을 먹고, 점심을 먹고, 낮잠을 자고, 저녁을 먹고, 잠을 잔다. 특별한 일은 없다. 침대에서 일어나지 못해 그 모든 일상을 영위하지 못했을 수도 있다는 점을 제외하면. 〈그렇지 않을 수도〉에는 조건법이 많이 쓰인다. 훨씬 더 나쁜 날이 될 수도 있었기에 이 평범한 날이 소중하게 다가온다. 케니언이 평범한 일상을 소중히 여긴다는 것은 분명하다. 의미 있는 날이란 뚜렷한 성과를 거둔 날만이 아니다. '언젠가는 그렇지 않을 수도' 있기에 감사해야 하는 날이기도 하다.

정신적으로 풍요로운 날은 어떤 날일까? 메리 올리버는 시 〈기러기Wild Geese〉[4]에 이렇게 썼다. 특별히 선하거나 고결하지 않아도 괜찮다고. 절망도 삶의 일부이고 하찮음도 존재의 일부라고. 그럼에도 우리는 기러기처럼 살아야 한다고. "세상은 너의 상상력에 자신을 내맡기네." 이 세상에는 누리고 탐험할 "거칠고도 흥겨운" 것들이 너무나 많다. 정신적으로 풍요로운 날이란 생소한 경험을 하고 다양한 감정을 느끼며 삶을 새로운 관점으로 바라보는 날이다.

3. 데이터로 보는 정신적으로 풍요로운 날

나는 이런 시들에 나타난 행복한 날, 의미 있는 날, 정신적으로 풍요로운 날의 핵심 요소들이 실제로 평범한 대학생의 하루하루를 행복하고 의미 있고 정신적으로 풍요롭게 만드는지 궁금했다. 그래서 최혜원과 함께 다음과 같은 조사를 진행했다.[5] 대학생 200여 명에게 열나흘 동안 날마다 무엇을 하고 어떻게 느꼈는지 기록해달라고 요청한 결과 2600여 건이 넘는 일일 보고서가 들어왔다. 우리는 그들에게 하루하루가 행복했는지, 의미 있었는지, 정신적으로 풍요로웠는지 외에 얼마나 평범하거나 특별했는지, 일상적인 활동을 얼마나 많이 했는지, 자유 시간은 얼마나 되었는지, 새로운 일을 하거나 새로운 사람을 만나거나 새로운 음식을 먹었는지도 물어보았다. 또한 자원봉사, 콘서트, 하이킹, 비디오게임 등이 포함된 활동 체크리스트도 제공했다. 이런 일일 보고서를 통해 학생들이 하루하루를 어떻게 보냈는지 파악할 수 있었다.

첫째, 우리는 웰빙의 세 가지 측면과 관련된 몇 가지 공통 요소를 발견했다. 새로운 일을 하거나 새로운 음식을 먹거나 새로운 사람을 만나면 정신적 풍요로움뿐 아니라 행복과 의미도 증진되는 것으로 나타났다. 다시 말해 학생들 대부분은 새로운 일을 하거나 새로운 음식을 먹거나 새로운 사람을 만나면 하루가 더 행복하고 의미 있고 풍요로워진다고 응답했다.

둘째, 정신적으로 풍요로운 날을 예측할 수 있는 몇몇 요소를 발견했다. 예를 들어 비일상적인 날이 일상적인 날보다 정신적으로 더 풍요로웠지만 그렇다고 더 행복하지는 않았다. 자유 시간이 많은 날은 자유 시간이 적은 날보다 정신적으로 더 풍요로웠지만 그렇다고 더 의미 있지는 않았다. 마지막으로 해야 할 일이 많은 날은 해야 할 일이 적은 날보다 더 행복하고 의미 있는 날이었다. 즉 해야 할 일을 해치운 날은 더 행복하고 의미 있게 느껴지는 반면 평소와 다른 일을 한 날은 정신적으로 더 풍요롭게 느껴지는 것으로 나타났다. 포도밭으로 나들이를 가거나, 낯선 동네를 거닐거나, 야구 경기를 보러 가거나, 초등학교 시절 친구에게 전화하는 등 평소에 하지 않던 일은 매일 하는 일보다 더 흥미롭고 정신적으로 풍요로운 경험이다.

후속 분석에서도 참가자들은 긍정적 감정을 많이 느끼고 부정적 감정을 덜 느낀 날을 행복했다고 평가한 것으로 나타났다. 반면 정신적으로 풍요로운 날은 긍정적 감정과 부정적 감정 모두를 평범한 날보다 더 많이 느낀 날이었다.[6] 예를 들어 진보 성향인 사람에게 폭스뉴스 시청은 짜증 나는 경험이겠지만, CNN처럼 그의 견해와 부합하는 방송을 시청하는 것보다 더 흥미로운 경험일 수도 있다.

4. 외국에서 공부하기!

새로움, 복잡성, 관점 변화가 정신적 풍요로움의 핵심 요소라면 유학은 정신적으로 풍요로운 경험 중에서도 상위권일 것이다. 일단 유학을 떠나면 생소하고 풍경도 관습도 규범도 다른 문화와 완전히 새로운 생활 방식을 접하게 되니까. 흥미진진하지만 여러모로 도전적인 경험이다.

국제교육원에 따르면 2018~2019학년도에는 미국인 34만

4099명이 외국에서 공부했다. 반면 2020~2021학년도에 외국에서 공부한 미국인은 글로벌 팬데믹으로 96퍼센트 가까이 감소한 1만 4549명이었다. 코로나19로 얼마나 많은 대학생이 탐험의 기회를 빼앗겼는지 알 수 있다.

외국 유학은 돈이 많이 든다. 항공권, 숙식비 그리고 새 옷도 필요하다. 따라서 사회경제적 지위가 낮은 학생들은 유학을 가기가 어렵다. 나 역시 국제 로타리 장학금을 받지 못했다면 유학은 엄두도 못 냈을 것이다(학비, 숙식비, 교재, 왕복 항공료와 한 달간의 여름 어학연수까지 전액을 지원받았다!). 장학금을 받게 되자 나는 학부 지도교수인 하라 선생에게 어디로 가면 좋을지 여쭤보았다. 그는 인문대학이 좋을 거라며 메인주의 세 학교를 추천해주었다. 거기라면 일본인 학생을 만나기 어려워서 영어를 배우기 좋을 거라고 생각한 것이다. 나는 1991년 7월에 도쿄를 떠나 뉴욕으로 왔다. 스태튼섬의 와그너대학에서 한 달간 어학연수를 하고 8월이 되자 메인주 포틀랜드로 가는 비행기를 탔다. 제임스 리스 학장이 나를 공항으로 마중 나와 루이스턴의 베이츠대학까지 데려다주었다. 30년이 넘게 지난 지금도 그 따스한 오후에 차 안에서 나눈 대화가 뚜렷이 기억난다. "어떤 음악을 즐겨 듣나요?" 학장이 물었다. 나는 "재즈요"라고 대답했다. 흑인인 리스는 "나도 재즈 좋아해요!"라더니 이어서 "좋아하는 뮤지션은 누구예요?"라고 물었다. 그런데 하필 그 순간 찰리 파커나 마일스 데이비스처럼 가장 유명한 뮤지션 이름이 떠오르지 않았다. 나는 한참 머뭇거리다가 "빌 에번스요"라고 대답했다. 리스는 곧바로 "거참 신기하네요Get out of here!"라고 말했다. 더럭 겁이 났다. 말 그대로 차에서 내리라는 뜻인 줄 알았다. 그때 리스가 전에 있었던 다른 일본인 학생도 빌 에번스를 좋아한다고 말했다는 얘기를 들려주었다!

그 무렵 도쿄에서 교수나 학장과 나눈 대화는 잘 기억나지 않는다. 심지어 친구들과 했던 얘기도 가물가물하다. 하지만 유학 중에 겪은 일들은 아직도 대부분 생생히 떠오른다. 예를 들어 내 기숙사 룸메이트는 마이크라는 친구였다. 내가 전화를 받으면 보통 "마이크 있어요?"라는 말이 들렸고 나는 "아니요"라고 대답했다. 그러면 상대방은 "마이크한테 ○○가 전화했다고 전해줄래요?"라고 말하곤 했다. 나는 아직 영어를 배우는 중이었기에 사람들 이름을 잘 몰라서 "철자를 알려주시겠어요?"라고 물은 다음 받아 적어야 했다.

그날도 나는 마이크에게 온 전화를 받았다. 발신자의 이름을 물었더니 상대방이 "개-아-빠H-I-S-F-A-T-H-E-R"라고 대답했다.

나는 "개-아-빠?"라고 되물었다.

"그래요."

"알았어요, 감사합니다."

나는 전화를 끊었다. 수화기를 내려놓고 나서야 상대방이 마이크의 아버지였구나 하고 깨달았다! 물론 '개'와 '아빠'라는 단어는 알고 있었다. 다만 수화기를 통해 들려오는 말을 이해할 수 없었을 뿐이다. 당시 내 영어 듣기 실력은 형편없었다. 쥐구멍에라도 들어가고 싶은 심정이었다. 그렇게 창피했던 적은 처음이었다. 하지만 이 일을 계기로 미국 이민자 다수도 정도는 덜하지만 많은 일본인과 비슷한 굴욕을 겪는다는 사실을 알게 되었다.

'개 아빠' 사건 이전에는 교환학생으로서 내 경험이 미국 이민자들의 경험과 비슷할 거라고 생각해보지 못했다. 그때까지는 다른 이민자들과 나를 동일시한 적이 없었다. 물론 유학 생활을 하면서 멋진 경험도 많이 했다. 어케이디아국립공원과 마사스비니어드에 가서 난생처음 바위 해변과 등대를 보기도 했다. 이처럼 다양하고 예상치 못한 경험과 색다른 감정은 유학 생활을 정신적으로 매우 풍요롭게 해주고 훗날 좋은 추억이 된다. 관광객으로서 외국을 여행하는 것도 새롭고 흥미로운 경험이지만, 관광객은 현지인과 실제로 상호작용을 할 기회가 드물다. 외국에서 생활하면 훨씬 더 어려움이 많지만 그만큼 다양한 감정을 느낄 수 있다. 요컨대 정신적 풍요로움에는 새로움뿐 아니라 도전과 관점 변화 등 다양한 요소가 필요하다.

이를 염두에 두고 제이미 커츠와 나는 한 학기 동안 외국에서 공부하게 된 학생들과 유학에 관심은 있지만 캠퍼스에 남은 학생들을 모집했다. 양쪽 참가자 모두 일주일마다 이 장 앞부분에서 언급한 일일 보고서와 비슷한 약식 설문지를 작성했다. 학기 초에는 유학생들이나 캠퍼스에 남은 학생들이나 행복, 삶의 의미, 정신적 풍요로움 수준이 비슷비슷했다. 하지만 13주가 지나자 행복이나 삶의 의미는 여전히 비슷했으나, 캠퍼스에 남은 학생들보다 유학생들이 정신적으로 더욱 풍요로워졌다는 결과가 나왔다.[7]

왜 그럴까? 주간 보고서를 분석한 결과 유학생들은 예술 활동(콘서트 관람이나 박물관 방문), 쇼핑, 파티, 단기 여행 등에 참여할 확률이 훨씬 높았다. 반면 동아리 모임, 스포츠 경기, 비디오게임, 자원봉사 활동에 참여할 확률은 캠퍼스에 남은 학생들이 훨씬 높았다. 분석 결과 예술 활동에 많이 참여한 학생일수록 학기 말에 자신의 삶이 풍요로워졌다고 응답한 것으로 나타났다. 나머지 활동은 궁극적으로 정신적 풍요로움과는 크게 상관이 없었다. 아마도 예술 활동이 쇼핑, 파티, 단기 여행보다 시야를 넓히는 데 더 유익한 듯하다.

5. 달콤씁쓸한 삶

수전 케인은 베스트셀러《비터스위트》에서 "빛과 어둠, 탄생과 죽음, 달콤함과 씁쓸함은 영원히 짝을 이루며" 슬픔과 그리움 같은 부정적 감정이 "우리를 온전하게 만든다"라고 썼다.[8] 케인은 부정적 감정이 우리의 감정생활에 중요한 역할을 하며 공감 능력과 창의성을 북돋워준다고 주장한다. 나 역시 슬픔과 그리움 같은 부정적 감정이 긍정적 감정과 어우러져야 정신적으로 더 풍요롭게 살 수 있다고 생각한다.

감정의 복잡성은 정신적 풍요로움에 어떻게 기여할까? 우리는 행복, 삶의 의미, 정신적 풍요로움 측면에서 긍정적 감정과 부정적 감정이 어떤 역할을 하는지 알아보기 위해 여섯 번의 실험을 실시했다.[9] 모든 실험에서 행복하게 사는 사람들은 기쁨, 만족감, 즐거움을 자주 느낀 반면 슬픔, 분노, 두려움은 드물게 느꼈다. 의미 있게 사는 사람들 또한 부정적 감정보다 긍정적 감정을 더 많이 느낀다는 점에서 행복하게 사는 사람들과 비슷했다. 흥미롭게도 정신적으로 풍요롭게 사는 사람들은 긍정적 감정도 많이 느꼈지만 부정적 감정도 많이 느꼈다.

마지막 실험에서는 사람들이 더 풍요로운 한 주를 보냈다고 느끼게 할 방법이 있을지 알아보았다. 지난 일주일 동안 있었던 최고의 사건과 최악의 사건에 관해 쓴 참가자도 있었고, 최고의 사건과 두 번째로 좋았던 사건에 관해 쓴 참가자도 있었다. 글쓰기 과제를 마친 후 참가자들은 일주일간의 생활을 평가하면서 과제로 인해 자신과 세상에 관한 생각이 얼마나 달라졌는지(다시 말해 관점이 얼마나 바뀌었는지) 돌이켜 보았다. 그 결과 긍정적 사건에 관해서만 쓴 참가자들에 비해 최고의 사건과 최악의 사건에 관해 쓴 참가자들의 관점이 더 크게 바뀐 것으로 나타났다. 즉 최악의 사건에 관해 쓰면 관점이 바뀔 가능성이 높아졌다. 가장 중요한 점은 관점이 크게 바뀐 사람일수록 삶이 정신적으로 더 풍요로워졌다고 평가했다는 것이다. 흥미롭게도 관점이 크게 바뀔수록 행복도는 낮아진 것으로 나타났다. 두려움이나 질투 같은 부정적 감정이 책이나 영화에 극적 요소를 더해주듯이, 최악의 사건이 참가자들의 관점을 변화시키고 그들의 삶을 정신적으로 더 풍요롭게 만들어주었다.

6. 정신적 풍요로움의 비결

그래서 정신적 풍요로움을 이루는 요소는 무엇일까? 그레이스의 프로레슬링 관전부터 비일상적인 날과 외국 유학에 이르기까지 이 장에서 다룬 사례에는 몇 가지 공통 요소가 있다. 새로움: 늘 똑같은 일상과 다른 일이 일어난다. 다양성: 광범위한 관심과 감정이 펼쳐진다. 도전: 평소보다 더 어렵고 복잡한 상황이 발생한다. 인상적인 경험: 삶이 다채로워진다. 무엇보다도, 새로운 것을 배우고 새로운 관점을 획득한다. 이런 요소들을 종합하면 명확한 그림이 그려진다(1장의 표 1 참조). 삶을 단순화하여

이미¹ 확인된 긍정적 경험 혹은 만족감을 확보하는 것이 행복의
비결이다. 평생 연민하는 마음으로 타인을 위해 헌신하는 것이
의미의 비결이다. 때로는 절망하거나 불쾌할지라도 평소와 다른
경험을 하고 도전하며 새로운 뭔가를 배우는 것이 정신적 풍요
로움의 비결이다.

6장

누가 정신적으로 풍요로운 사람인가

풍요롭게 죽기보다는
풍요롭게 사는 것이 낫다.

_ 새뮤얼 존슨[1]

1. 정신적으로 풍요로운 삶 정량화하기

조이 라이언과 린다의 삶은 흥미로운 만큼 비범해 보인다. 평범한 사람이 정신적으로 풍요롭게 사는 것이 얼마나 흔한 일일까? 상당히 많은 사람이 정신적으로 풍요롭게 살고 있다는 과학적인 증거가 있을까? 우리 실험실에서는 삶에서의 정신적 풍요로움을 정량화하고 그것이 얼마나 흔한지 알아보기로 했다.[2]

알고 보니 사람들의 삶을 평가할 수 있는 유용한 도구가 이미 존자 했다. 바로 부고 기사였다. 모든 부고 기사는 하나의 인생담이다. 그 내용을 분석하면 고인의 삶이 얼마나 행복하고 의미 있고 정신적으로 풍요로웠는지 파악할 수 있다. 다양한 삶의 특징에 따라 부고 기사 수백 편을 분석함으로써 최고경영자와 정치인부터 음악가와 운동선수까지 다양한 사람들을 살펴볼 수 있었다.

으리는 2016년 6월 연구 조교 세 명을 고용하여 열두 가지 주제에 따라《뉴욕타임스》부고 기사 101편을 읽고 평가하게 했다. 연구 조교들은 우리의 가설을 전혀 모르는 채로 각 부고 기사에 나타난 삶의 행복, 의미, 정신적 풍요로움을 평가했다. 우선 이들에게 행복한 삶(편안하고 만족스럽고 즐거운 삶), 의미 있는 삶(사회에 기여하고 변화를 일으킨 삶), 정신적으로 풍요로운 삶(다양하고 특이한 경험이 많은 삶)의 명확한 정의를 제시했다. 그런 다음 "이 사람의 삶은 얼마나 행복했는가?", "얼마나 많은 것을 성취했는가?", "얼마나 흥미로웠는가?" 등의 질문에 5점 만점으로 점수를 매겨 고인의 삶을 평가하게 했다. 그리고 데이터를 분석하기 전에 세 조교의 평점이 대체로 일치하는지 확인했다.

첫째로, 우리가 분석한 인물들 중 몇 명이 행복하거나 의미 있거나 정신적으로 풍요롭게 살았을까? 행복하거나 의미 있거나 정신적으로 풍요로운 삶으로 분류되려면 세 평가자가 네 가지 질문에 대해 5점 만점에 평균 3.67점 이상을 매겨야 했다. 상당히 높은 기준이다. 이 기준에 따르면 그달《뉴욕타임스》에 부고 기사가 실린 101명 중 열다섯 명이 정신적으로 풍요롭게 살았다. 반면 행복하게 산 사람은 서른두 명, 의미 있게 산 사람도 서른두 명이었다(그림 1 참조). 다시 말해 정신적으로 풍요롭게 산 사람보다 행복하거나 의미 있게 산 사람이 더 많았다는 것이다.

우리는 그중 몇 명이 행복하고 의미 있을 **뿐 아니라** 정신적으로 풍요롭게 살았는지도 살펴보았다. 이 기준을 충족한 사람은 두 명이었다. 니컬러스 클린치(변호사, 산악인, 전 시에라클럽 전무이사)와 사이먼 라모(엔지니어, 발명가, 작가)다. 그림에서 볼 수 있듯

그림 1. 얼마나 많은 사람이 행복하거나 의미 있거나 정신적으로 풍요롭게 살았을까?

《뉴욕타임스》 부고 기사 연구:
행복하거나 의미 있거나 정신적으로 풍요롭게 산 사람의 수

행복: 32
의미: 32
정신적 풍요로움: 15
모두 해당 없음: 41
합계: 101

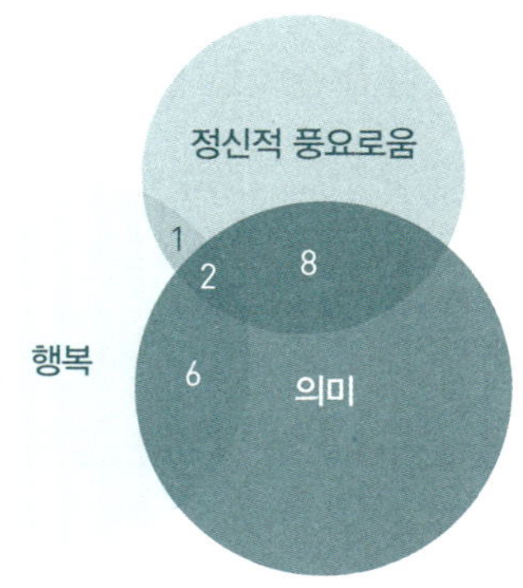

이 열 명은 풍요롭고 의미 있게 살았고 여덟 명은 행복하고 의미 있게 살았으며 세 명은 풍요롭고 행복하게 살았다. 안타깝게도 마흔한 명의 삶은 행복하지 않았고 큰 의미가 없었으며 정신적으로도 풍요롭지 않았다고 평가받았다(물론 부고 기사가 그들의 삶을 제대로 담아내지 못했을 수도 있다).

하지만《뉴욕타임스》부고 기사는 대체로 전설적인 권투선수 무하마드 알리처럼 비범한 인물만 다루게 마련이다. 당연하게도 이런 인물들의 삶이 보통 사람의 삶을 대변하진 못한다. 그래서 우리는 다른 연구 조교 세 명을 고용하여 2016년 6월에서 8월까지 석 달간 버지니아주 샬러츠빌의 지역신문《데일리프로그레스》에 실린 부고 기사 116건을 분석했다. 이번에도 데이터를 분석하기 전에 평점의 신뢰성을 확인했다.

버지니아 지역신문에서 다룬 사망자들 가운데 몇 명이 정신적으로 풍요롭게 살았다고 평가받았을까? 동일한 기준(5점 만점에 평균 3.67점 이상)을 적용한 결과 116명 중 다섯 명(4.3퍼센트)만이 이에 부합했다. 그렇다면《데일리프로그레스》에서 다룬 사망자들이 정신적으로 풍요롭게 살았을 가능성이 더 낮다는 걸까? 이들이《뉴욕타임스》에서 다룬 국제적 유명인들만큼 모험적으로 살지는 않았을 수도 있다. 아니면《데일리프로그레스》의 부고 기사가《뉴욕타임스》에 비해 짧다 보니 흥미로울 만한 세부 사항이 누락되었는지도 모른다. 반면 우리가 분석한 인물들의 56.9퍼센트인 예순여섯 명이 행복하게 살았다고 평가받았다는 점은 주목할 만하다. 마찬가지로 아흔여섯 명(82.8퍼센트)이 의미 있게 살았다고 평가받았다. 행복하고 의미 있으며 정신적으로도 풍요롭게 살았다고 평가받은 사람은 헨리 세인트 달(부에노스아이레스 출신, 전 미주변호사협회 사무총장, 스페인어 및 프랑스어 법률 사전 저자) 한 명뿐이었다.

이런 연구 결과가 흥미롭기는 하지만,《뉴욕타임스》와《데일리프로그레스》의 부고 기사는 주로 미국인을 다룬다. 우리는 미국 외의 국가 사람들이 정신적으로 더 풍요롭게 사는지 알아보기 위해 또 다른 연구 조교 두 명에게 싱가포르 신문《스트레이츠타임스》부고 기사 111편을 분석하게 했다.《스트레이츠타임스》부고 기사에서 다룬 인물들 중 몇 명이 정신적으로 풍요롭게 살았다고 평가받았을까? 마흔 명이었다! 즉 34.5퍼센트가 정신적으로 풍요롭게 살았다고 평가받은 것인데, 앞의 두 신문에서보다 훨씬 높은 수치다. 한편 행복하게 살았다고 평가받은 사람은 스물다섯 명(21.6퍼센트), 의미 있게 살았다고 평가받은 사람은 예순다섯 명(56.5퍼센트)이었다. 행복하고 의미 있으며 정신적으로도 풍요롭게 살았다고 평가받은 사람은 I. M. 페이(건축가)와 토우샹화(산부인과의사 겸 목사) 등 여덟 명(6.9퍼센트)이었다. 이 연구에 따르면 상당수가 정신적으로 풍요롭게 살았던 셈이다.

여기서 우리는 중요한 질문으로 돌아온다. 행복하지 않거나 의미가 없는 삶도 좋은 삶일 수 있을까? 예를 들어 골드문트의 삶은 행복과 의미 측면에서는 낮게 평가받되 정신적 풍요로움 측면에서는 높게 평가받았을 것이다. 부고 기사 연구에서 드러난 세 가지 좋은 삶의 상대적 독립성은 행복하거나 의미 있지 않은 삶도 정신적으로 풍요로울 수 있음을 보여준다. 실제로《뉴욕타임스》부고 기사 분석 결과 정신적으로 풍요롭게 살았다고 평가받은 사람은 열다섯 명이었지만, 그중 네 명은 행복하지 않았고 삶에 의미도 없었다고 평가받았다.

《뉴욕타임스》부고 기사 분석 결과 정신적으로 풍요로우면서 의미 있게 살았다고 평가받은 사람은 여덟 명이었다. 스티브 잡스가 좋은 본보기다. 그는 화를 잘 냈고 주변 사람 여럿을 불화로 몰아넣었다. 행복하게 살지는 못했지만 모험과 배움이 가득한 흥미로운 삶을 살았다. 그의 삶은 행복하지는 않았지만 의미 있고 정신적으로 풍요로웠다고 평가받았을 것이다.

그만큼 중요한 점은 실제로 행복하고 의미 있으면서 정신적으로도 풍요롭게 사는 사람들이 있다는 것이다. 중년의 위기를 극복한 앨리슨 고프닉이 바로 그런 경우였고, 택시 운전사 린다도 마찬가지다. 요약하자면 우리의 연구는 탐험하는 삶이야말로 정신적으로 풍요로운 삶, 다시 말해 좋은 삶임을 확인해주되, 세 가지 차원의 좋은 삶을 전부 누리는 사람도 있음을 보여준다.

2. 5분 안에 알아보는 빅 파이브Big Five 성격특성

정신적으로 풍요롭게 사는 사람과 행복하거나 의미 있게 사는 사람을 구별하는 성격특성이 있을까? 이 질문에 대답하려면 성격심리학의 기본을 알아야 한다. 나는 성격심리학 입문 강의를 한 적이 있으니 여기서 빅 파이브 성격특성에 관해 5분간 설명해보겠다.

일단 역사부터 짚고 가자. 1936년에 심리학자 고든 W. 올포트와 헨리 S. 오드버트는 1925년 판《웹스터 신국제사전》에서 성격이나 개인 행동을 묘사한 단어를 전부 확인하는 작업에 착수했다.[3] 이 사전에는 약 40만 항목이 수록되어 있으며 그중 1만 7953개가 개인 행동을 묘사한 것으로 밝혀졌다. 사전에 수록된 전체 영단어의 4.5퍼센트에 해당한다. 연구진은 '광분하는', '즐거워하는' 등 일시적 상태를 묘사한 단어는 전부 제외했는데, 성격은 보통 사고, 감정, 행동의 특징적인 패턴으로 정의되기 때문이다. 또한 올포트와 오드버트는 성격을 도덕적이고 평가적인 개념인 '인격'과 구별했다. 이들은 성격심리학을 과학 분야로서 확립하려면 편견을 지양할 수 있도록 평가적이지 않고 비교적 중립적인 단어가 필요하다고 생각했다. 그래서 '우수한', '무난한', '천박한' 등 인격을 평가하는 단어를 모두 삭제했다. 결과적으로 올포트와 오드버트는 '순수한' 성격특성에 관한 영단어를

4504개 찾아냈다. 다시 말해 사전에 나오는 단어로 사람의 성격을 묘사하는 방법이 4504가지 있음을 발견한 것이다.

하지만 어째서 내적 특성을 묘사하기 위해 단어에 의존해야 할까? 올포트와 오드버트는 이렇게 주장했다. "이런 형용사들이 우리 언어에 정착한 것은 실제로 이기적이거나 공격적이거나 소심한 사람이 많았기 때문이다. 어떤 특성이 존재한다면 그에 이름을 붙이는 것이 자연스럽고 적절한 일이다."[4] 특성에 이름이 있다면 그에 상응하는 행동, 사고 또는 감정의 패턴이 있어야 한다.

올포트와 오드버트의 연구를 비판하며 그들의 목록에 동의어가 너무 많다고 지적한 사람들도 있었다. 예를 들어 이들의 순수한 성격특성 목록에는 '대담한adventurous'과 '담대한venturous'이 나란히 포함되어 있었다. 이 두 가지는 별개의 성격특성일까? (그렇지 않다.) '영묘한aery'과 '광포한breme' 등 고풍스럽고 거의 쓰이지 않는 단어가 많다는 주장도 있었다. (실제로 이 단어들은 별로 쓸모가 없다.) 단어 사용은 사람마다 크게 다르며 난해한 용어는 제외되어야 한다는 주장도 있었다. (그럴듯한 얘기다.) 이 모든 비판에도 불구하고, 올포트와 오드버트의 선구적인 성격특성 단어 목록화는 성격에 대한 '사전적 접근'으로서 살아남았다.

훗날 심리학자들은 대규모 참가자 집단에 올포트-오드버트의 단어 목록을 활용하여 자기평가를 하도록 요청한 다음 통계학의 요인분석factor analysis 기법을 써서 사용된 단어들을 상위 범주,

즉 '요인'으로 분류했다. 예를 들어 루이스 골드버그는 대학생 187명에게 단어 1710개를 사용해 자기평가를 해보라고 요청했다.[5] "당신은 대체로 얼마나 유쾌한가? 당신은 대체로 얼마나 내성적인가? 당신은 대체로 얼마나 가학적인가?" 등의 질문이 제시되었다.

골드버그의 연구와 이와 유사한 연구에 따르면 많은 성격특성이 외향성(유쾌한, 수다스러운, 사교적인, 활동적인), 신경성(예민한, 소심한, 자기비판적인), 성실성(끈질긴, 깔끔한, 신실한), 우호성(관대한, 친절한, 믿음직스러운), 경험에 대한 개방성(문학적인, 통찰력 있는, 명민한)의 다섯 가지 범주로 깔끔하게 분류되었다. 어떤 의미에서 성격심리학자들은 지도를 만든 셈이다. 성격을 묘사하는 단어는 전 세계의 도시와 마을만큼 많다. 성격심리학자들은 이 모든 단어를 본질적으로 세계지도의 '대륙'에 해당하는 다섯 가지 요인으로 정리했다. '빅 파이브'로 알려진 이 요인들[6]은 1980년대와 1990년대 초[7] 성격심리학에 가장 큰 영향을 미친 발견이었다.

3. 정신적으로 풍요로운 사람의 성격

주말에 프로레슬링 경기를 보러 가는 사람은 그런 활동을 기피하는 사람과 매우 다른 유형일 가능성이 크다. 외국 유학을 떠나는 사람은 그러지 않은 사람과 매우 다른 유형일 수 있다. 정신적으로 풍요로운 사람을 구별할 수 있는 성격특성이 있을까? 그렇다면 빅 파이브 요인 가운데 무엇이 정신적으로 풍요로운 삶과 연관될까?

이 질문들에 대답하기 위하여 우리는 미국, 한국, 인도 등지에서 5000명이 넘는 일곱 개 표본집단의 설문조사 데이터를 수집했다.[8] 이들은 정신적으로 풍요로운 삶에 관한 질문들("나는 흥미로운 경험을 많이 했다", "나는 죽을 때 '많은 것을 보고 배웠다'라고 말할 수 있을 것이다" 등; 부록 1에서 전체 질문을 확인하고 정신적 풍요로움 점수를 알아볼 수 있다), 행복한 삶에 관한 질문들("나는 내 삶에 만족한다", "내가 지금까지 살면서 바랐던 중요한 것들을 전부 이루었다"), 의미 있는 삶에 관한 질문들("나는 내 삶의 의미가 무엇인지 잘 안다", "내 삶에는 분명한 목적의식이 있다")에 응답했다. 또한 '공상적인, 체계적인, 수다스러운, 동정적인, 신경질적인' 등의 단어가 자신을 얼마나 잘 설명해주는가 하는 성격 관련 질문들에도 응답했다.

정신적으로 풍요로운 삶을 예측하는 두 가지 주요 성격 변수는 경험에 대한 개방성과 외향성이었다(전체 상관관계는 부록 2 참조). 경험에 대한 개방성과 정신적 풍요로움의 상관관계 0.47은 아버지와 아들의 키에 나타나는 상관관계와 비슷하다.[9] 절대적이지는 않지만 상당히 강한 상관관계다. 아버지의 키가 크면 아들의 키도 클 가능성이 높듯이 개방적인 사람은 정신적으로 풍요롭게 살 가능성이 크다. 하지만 아버지가 크지만 아들은 작을 수도 있듯이 예외의 여지도 많다. 개방성이 낮지만 정신적으로 풍요롭게 사는 사람도 있고, 개방성이 높지만 정신적으로 풍요롭게 살지 못하는 사람도 있다. 여기서는 일단 개방성과 정신적 풍요로움의 연관성에 초점을 맞추겠다.

어째서 경험에 개방적인 사람이 정신적으로 풍요롭게 살 가능성이 큰 것일까? 개방적인 사람은 상상력과 호기심이 풍부하며 지적이고 예술적인 추구에 관심이 많다. 폐쇄적인 사람은 관습적이고 현실적이며 정해진 일상을 선호하고 지적이거나 예술적인 추구에 관심이 적다. 경험에 개방적인 학생은 경험에 폐쇄적인 학생보다 유학도 더 많이 가는데, 앞에서 살펴보았듯 유학은 정신적 풍요로움을 증진한다.[10] 흥미롭게도 외국에서 공부한 사람은 그렇지 않은 사람보다 시간이 지나면서 경험에 대한 개방성이 한층 높아졌다. 이런 정보를 바탕으로 경험에 대한 개방성과 정신적 풍요로움에는 상관관계가 있고, 경험에 대한 개방성은 정신적 풍요로움을 증진하는 활동에 참여할 가능성을 높이며, 이로 인해 개방성이 더욱 높아진다는 결론이 나왔다. 그렇지만 성격이 운명을 결정하는 것은 아니다. 이 책 후반부에서는 성격과 상관없이 누구나 정신적으로 풍요롭게 살아가기 위해 실천할 수 있는 전략을 설명하겠다.

상관관계 0.47은 개방성이 정신적으로 풍요로운 삶을 보장하진 않는다는 의미이기도 하다. 4장에서 소개한 아흔네 살의 국립공원 애호가 조이 라이언은 원래부터 경험에 대한 개방성이 높았을 수도 있지만 여든네 살까지는 세상을 탐험할 기회가 거의 없었다. 하지만 그레이트스모키마운틴국립공원에 가면서 그곳의 매력에 푹 빠져 새로운 경험에 더욱 개방적으로 변했고 모든 국립공원에 가보겠다는 생각까지 하게 되었다. 다시 말해 개방적인 성격에 기회와 자원이 더해져야 정신적으로 풍요로운 경험으로 향하는 문이 열린다.

기회와 자원 외에 지적이고 예술적인 능력도 중요한 요소다. 《뉴욕타임스》 부고 기사 연구에서 특히 정신적으로 풍요롭게 살았고 평가받은 사이먼 라모는 항공우주 엔지니어였다. 그는 칼텍에서 물리학과 공학 박사학위를 받았고 이후 대륙간탄도유도탄ICBM을 개발했다. 평생 예순두 종의 저서를 출간했고 서른 살이 되기 전에 스물다섯 건의 특허 출원을 승인받았으며 100세에 마지막 특허를 받은 후 103세에 사망했다. 대기업에서 경력을 시작했지만 관료주의에 염증을 느껴 이발소였던 건물에 회사를 설립하고 ICBM 시제품을 개발했다. 테니스 전술을 포함해 온갖 주제에 관심이 있어 훗날 테니스에 관한 책도 썼다. 게다가 유머 감각도 뛰어나서 누가 정치 성향에 관해 묻자 "나는 공인된 기회주의자입니다"라고 대답했다. 세상에 대한 라모의 관심은 특정한 신념 체계로 요약할 수 없었다. 그는 다양한 관심사와 놀라운 지성을 겸비한 사람이었다.

정신적으로 풍요롭게 살았던 또 다른 인물로《스트레이츠타임스》에 부고가 실린 소설가 진융이 있다. 중국 출신인 진융은 상하이에서 신문기자로 경력을 시작하여 1950년대에 홍콩 지사로 옮겼다. 1955년부터 1972년까지 무술 역사에서 영감을 받은 연작소설을 집필하여 선풍적인 인기를 끌었지만, 인기에도 불구하고 이후로는 신작을 쓰는 대신 계속 자신의 소설을 다시 읽고 수정했다. 그는 자기 소설 속 주인공의 이별 장면을 읽으며 울기도 했다. 진융은 자유분방하고 대담한 인물이었다. 1960년대 후반에는 반反마오쩌둥 기사를 여러 편 써서 중국공산당의 암살 명단에 올랐으며, 암살당하지 않으려고 싱가포르로 망명하여 1년 가까이 머물렀다. 그의 삶은 파란만장했고 행복이나 안온함과는 거리가 있었지만, 그럼에도 독특하고 흥미로운 삶이었다.

성격심리학자들은 경험에 대한 개방성을 개방성과 지성이라는 두 가지 하위 요인으로 분류했다.[11] 개방성이 높은 사람은 대체로 예술 분야에서 더 많은 창의적 성취를 거두는 반면, 지성이 뛰어난 사람은 예술과 과학 모두에서 많은 창의적 성취를 거두는 경향이 있다. 다양한 공학 문제를 연구하여 여러 가지 창의적 해결책을 발견한 사이먼 라모는 경험에 대한 개방성에서 지적 요인이 더 컸을 것이고, 감정과 상상력이 풍부한 삶을 살았던 진융은 개방성 요인이 더 컸을 것이다.

4. 외향성의 역할

경험에 대한 개방성과 정신적 풍요로움의 연관성은 명벽하지만, 정신적으로 풍요로운 삶에서 외향성의 역할은 모호할 수도 있다. 이 연관성을 가장 쉽게 이해하는 방법은 외향성을 사회적 관계의 탐험에 대한 관심으로 생각하는 것이다. 다시 말해 경험에 대한 개방성이 감각적이고 추상적인 정보 탐구와 관련이 있다면, 외향성은 인간관계에서의 정보 탐구와 관련이 있다. 개방적인 사람이 아이디어에 호기심을 느낀다면, 외향적인 사람은 다른 사람들에게 호기심을 느낀다. 우리 모두는 서로 다른 만큼 더 많은 사람과 교류할수록 더 다양한 경험을 하고 삶도 더욱 풍요로워진다.

당신은 파티에서 주로 누구와 이야기를 나누는가? 나는 내향적인 사람이라 이미 아는 상대를 선호하며, 대체로 한두 사람과 더 깊은 대화를 나누려고 한다. 외향적인 사람의 전략은 전혀 다르다. 그들은 낯선 사람 여럿과 대화하며 더 많은 친구를 사귄다.[12] 외향적인 사람은 다른 외향적인 사람과 친해지게 마련인데, 이런 현상을 '네트워크 외향성 편향network extraversion bias'이라고 한다. 외향적인 사람은 내향적인 사람보다 친구가 더 많기 때문에, 내향적인 친구보다 외향적인 친구를 사귀어야 인간관계가 확장될 가능성이 높아진다. 따라서 장기적으로는 나처럼 내향적인 사람보다 외향적인 사람이 더 다양한 사람을 만나고 새로운 것을 배울 가능성이 높다. 이런 면에서 외향성은 정신적으로 풍요로운 삶과 연관될 수 있다.

기본적으로 외향적인 사람이 사회적 관계에서 모험을 더 많이 하는 이유는 무엇일까? 한 가지 요인은 대담함과 자신감이다.[13] 자신감이 있으면 새로운 사람을 만나기가 두렵지 않다. 두려울 이유가 없지 않은가? 자신감 있는 사람은 상대에게 부정적으로 보이거나 나쁜 인상을 남길까 봐 걱정하지 않는다. 그 대신 새로운 사람을 알게 되어 새로운 것을 배우고 흥미로운 이야기를 나누는 등의 이점만 생각한다.[14] 따라서 상승나선효과가 생겨난다. 자신감이 높을수록 새로운 대화에 참여할 가능성이 높아진다. 새로운 대화에 많이 참여할수록 파티는 정신적으로 풍요로워진다. 파티에서 정신적으로 풍요로운 경험을 한 사람은 다음번 파티에도 참석할 가능성이 높다.

외향성이 정신적 풍요로움과 연관될 수 있는 또 다른 측면은 에너지다. 외향적인 사람은 내향적인 사람보다 활기찬 경향이 있다. 에너지가 많을수록 더 많은 활동에 참여할 수 있다. 예를 들어 대학 운동부, 동아리, 자원봉사 모임 같은 활동에도 내향적인 사람보다 외향적인 사람이 더 많이 참여한다는 연구 결과가 있다.[15] 조이 라이언도 좋은 예라고 하겠다. 그가 머나먼 국립공원들을 찾아다니며 독특하고 정신적으로 풍요로운 경험을 즐기는 것은 다른 90대 노인들보다 훨씬 활기차기 때문이다.

5. 행복한 사람의 성격

행복한 사람은 정신적으로 풍요로운 사람과 다를까? '행복한' 사람의 예로 TV 프로그램 〈로저스 씨네 이웃Mister Rogers' Neighborhood〉에 나오는 로저스 씨가 있다. 많은 노래와 춤, 인형극으로 구성된 이 프로그램에서 그는 환하게 미소 짓는 친근한 이웃이다. 정말 유쾌한 사람이다! "제 이웃이 되어주시겠어요?"라고 노래하는 남자와 친해지기 싫다는 사람이 있을까?

로저스 씨는 행복한 사람의 결정적인 특성을 보여준다. 외향적이고 정서가 안정되어 있으며(신경성이 없음) 성실하고 친근하다. 정신적 풍요로움의 상관관계 패턴은 행복의 상관관계 패턴과는 전혀 다르다. 심리학자 제러미 앵글림과 동료들의 메타분석에 따르면 행복한 사람의 특성은 경험에 대한 개방성이 아니라 정서적 안정, 외향성, 성실성, 우호성인 것으로 나타났다.[16]

행복한 삶의 가장 강력한 두 가지 예측 변수는 정서적 안정과 외향성이다. 일부 성격심리학자들은 외향성을 긍정적 정동affectivity(좋은 기분)으로, 신경성을 부정적 정동(나쁜 기분)으로 개념화하기도 한다. 정의상 행복한 삶이란 긍정적 감정이 우세하고 부정적 감정은 그보다 적은 삶이므로,[17] 행복한 삶의 가장 큰 특성이 외향성과 정서적 안정이라는 것도 이해가 된다.

행복한 성격과 정신적으로 풍요로운 성격의 가장 큰 차이는, 행복한 사람이 반드시 경험에 개방적인 것은 아니지만 정신적으로 풍요로운 사람은 대체로 그렇다는 점이다. 다시 말해 여행작가 릭 스티브스처럼 경험에 개방적이면서 행복한 사람도 있지만, 요리사이자 여행 다큐멘터리 제작자인 앤서니 보데인처럼 경험에 개방적이지만 덜 행복한 사람도 그만큼 많다는 것이다.

정서적 안정, 외향성, 성실성, 우호성이 행복한 삶을 이루는 이유는 무엇일까? 첫째로, 양질의 사회적 관계는 행복의 주요 예측 변수이기 때문이다.[18] 어떤 사람이 양질의 사회적 관계를 형성할까? 로저스 씨처럼 상냥하고 안정적이며 믿음직스럽고 친절한 사람이다. 감정적으로 불안정하고 내향적이며 신뢰성이 떨어지고 싸우기 좋아하는 사람은 친구가 적게 마련이다.

둘째로, 행복하게 살려면 재정이든 인간관계든 안정적이어야 한다. 안정을 이루려면 재정과 인간관계에 공을 들여야 한다. 각종 업무 마감일과 자녀 및 친지의 생일을 기억해야 하며 때로는 하고 싶지 않은 일도 해야 한다. 따라서 성실성이 도움이 된다. 우호성은 가족관계뿐 아니라 직장 관계에도 유익하다. 상사가 좋아하는 사람은 상사가 싫어하는 사람보다 연봉 인상이나 승진 가능성이 더 높을 것이다.

셋째로, 외향성에 따르는 긍정성은 살아가면서 난관에 부딪혔을 때 도움이 된다. 부정적인 소식을 듣더라도 정서가 안정된 사람이 더 빨리 회복할 수 있다. 좋은 사람에게도 나쁜 일은 일어날 수 있지만, 그런 상황에서 외향성과 정서적 안정은 무척 유익하다(그런 성격이 아니라도 정신적 면역계가 도움이 될 수 있다).

마지막으로, 경험에 대한 개방성이 행복한 삶과 상관관계가 없는 이유는 무엇일까? 개방적인 사람이 모험할 동기가 더 크다는 이유도 있을 것이다. 예를 들어 새로운 식당에 가보는 것 같은 모험이 긍정적 결과로 이어진다면 더 큰 행복을 불러오겠지만, 부정적 경험으로 끝난다면 그럴 수 없을 것이다. 모험은 또한 행복한 삶의 기반이 되는 안정과 상반된다.

6. 의미 있게 사는 사람의 성격

이제 의미 있게 사는 사람들의 유형을 생각해보자. 스웨덴의 환경운동가 그레타 툰베리가 떠오른다. 정치적 스펙트럼의 정반대 끝에서는 미국 공화당 정치인 마이크 허커비도 떠올릴 수 있을 것이다. 두 사람의 성격에는 어떤 공통점이 있을까?

툰베리는 열다섯 살 때 금요일마다 스웨덴 의회 앞에서 '기후를 위한 등교 거부School Strike for Climate'라고 적은 팻말을 들고 시위하기 시작했다. 툰베리의 운동은 '미래를 위한 금요일Fridays for Future'이라고 불리며 전 세계로 퍼져 나갔다. 툰베리는 청소년 기후 행동의 촉매가 되었으며 지금도 탄소 배출을 줄이고 지속가능성을 높이기 위한 활동을 이어가고 있다. 항상 자신의 과업에 헌신적인 그는 2019년 활동에 전념하기 위해 1년간 휴학하기도 했다. 다양한 활동을 하지만 무엇보다도 환경운동을 우선순위로 두고 끊임없이 투쟁하는 신념가다.

마이크 허커비는 미국 아칸소주에서 태어났다. 대학에서 종교학을 전공하고 TV 전도사 제임스 로비슨 밑에서 일하다가 텍사캐나에서 목사가 되었다. 목사로서 정책과 관련하여 많은 사람의 애로 사항에 귀 기울이다 정치에 투신하여 아칸소 주지사가 되었다. 그는 정책 문제를 자신의 신앙에 따라 생각하며(예를 들어 용서를 믿기 때문에 사면에 관대한 정책을 지지한다) 음식에 대한 비유를 즐겨 쓴다(미국이 시리아 난민을 받아들여야 할지에 관해 그는 이렇게 말했다. "여러분이 2킬로그램짜리 땅콩 봉지를 샀는데 그 안에 독이 든 땅콩이 열 알쯤 있다는 걸 알게 된다면 자녀에게 먹이겠습니까? 대답은 '아니요'입니다"). 그는 자신의 삶이 의미 있다고 생각할 것이다. 종교적 대의에 평생을 바쳤고 다른 사람들의 삶을 변화시켰으며 명확한 원칙에 따라 살아왔으니까. 그 역시 신념가다.

의미 있게 사는 방법은 다양하겠지만, 성격 연구에 따르면 의미 있게 사는 사람의 특성은 첫 번째로 성실성, 그다음으로 정서적 안정과 외향성과 우호성이다. 행복한 사람의 경우와 마찬가지로 경험에 대한 개방성은 최하위로 나타났다.

성실한 사람은 체계적이고 신중하며 철저하다. 명확한 목표를 향해 꾸준히 매진한다. 따라서 목표를 성공적으로 달성하려면 그 과정에서 온갖 장애물에 부딪힌다고 전전긍긍하거나 일이 잘 풀리지 않는다고 쉽게 낙담해서는 안 된다. 그러므로 신경성이 적은(너무 심하게 걱정하지 않는) 편이 이롭다. 그런데 툰베리가 대다수 사람들보다 더 신경성으로 보인다는 점은 흥미롭다. 그는 환경 재해와 기후변화를 깊이 염려하지만, 그런 불안에서 활동의 원동력을 길어내는 듯하다. 이렇듯 신경성이 있더라도 그것에 압도당하지 않는다면 의미 있는 삶은 충분히 가능하다.

그러나 신념이 강한 사람은 개방적이기 어렵고[19] 대의에 있어 독선적이기 쉽다. 마이크 허커비는 일부 무슬림이 테러리스트일 수 있다는 신념 때문에 무슬림 국가로부터의 이민에 폐쇄적일 것이다. 그레타 툰베리는 기후변화가 인간 활동에 의해 발생한다고 확신하기에 기후변화 부정론에는 귀 기울이지 않을 것이다.

7. 성격심리학의 교훈

그렇다면 어떤 사람이 정신적으로 풍요롭게 살 가능

성이 높을까? 성격특성 측면에서 보면 경험에 개방적이고 외향적인 사람이 정신적으로 가장 풍요롭게 살 가능성이 높다. 이들은《나르치스와 골드문트》의 골드문트처럼 새로운 일을 하고 새로운 사람을 만나고 새로운 것을 배우는 경우가 많다. 하지만 인간관계만이 결정적 요소는 아니다. 내향적이지만 정신적으로 풍요롭게 사는 사람도 많다. 앨리슨 고프닉이 경험한 지적 여정은 새로운 지식을 추구하는 내향적인 사람에게도 충분히 가능하다. 손주 브래드와 함께 여러 국립공원을 방문한 조이 라이언도 비슷한 사례다. 내향적인 사람은 브래드 같은 사람에게 이끌려 특별한 경험을 할 수 있다. 성실성, 우호성, 정서적 안정도 정신적으로 풍요로운 삶의 부차적 예측 변수임을 잊지 말자. 새로운 경험에 마음을 열기로 결심하고 그 목표를 향해 성실하게 노력하면 정신적으로 풍요롭게 살 수 있다는 얘기다. 친구나 파트너의 제안을 받아들임으로써 새로운 모험에 나서고 시야를 넓힐 수도 있다. 정신적으로 풍요롭게 살아갈 길은 무수히 많다.

어떤 사람이 행복할까? 외향적이고 정서가 안정된 사람은 행복하게 살 가능성이 크다. 무엇보다도 어떤 상황에서든 좋은 관계를 맺고 긍정적인 면을 찾아내는 경향 덕분일 것이다. 성실한 사람은 목표를 달성할 가능성이 높기 때문에 행복해지기 쉬우며, 우호적인 사람은 갈등이 없고 훈훈한 인간관계를 맺을 수 있기에 행복해지기 쉽다.

마지막으로, 어떤 사람이 의미 있게 살아갈까? 성실하고 정서가 안정된 사람은 의미 있게 살아갈 가능성이 크다. 전전긍긍하지 않고 오랫동안 몇 가지 대의에 헌신할 수 있으며 그런 꾸준함을 통해 세상을 변화시킨다는 이유도 있을 것이다.

요컨대, 경험에 대한 개방성은 정신적으로 풍요로운 삶의 성격적 상관관계와 행복하고 의미 있는 삶의 성격적 상관관계에서 가장 큰 차이를 보이는 요소다. 경험에 대한 개방성은 행복하고 의미 있는 삶에서는 비교적 덜 중요하지만, 정신적으로 풍요로운 삶에서는 매우 중요하다. 정신적 풍요로움에 관한 성격 연구는 새로운 경험에 개방적인 태도가 좋은 삶으로 이어진다는 사실을 보여준다. 따라서 성격심리학의 교훈은 자신이 어떤 사람인지 알아야 한다는 것이다. 좋은 삶의 세 가지 차원이 어떤 성격특성과 연관되는지 아는 것도 중요하다. 우리의 성격을 이해하고 정신적 풍요로움, 행복, 의미와 연관된 성격특성을 이해함으로써 좋은 삶에 이를 방법을 모색하자. 이제부터는 누구나 정신적으로 풍요로운 일상생활을 영위할 방법을 알려주겠다. 신경이 과민하고 까다롭고 불성실하고 내성적이고 새로운 경험에 폐쇄적인 사람도 노력하면 성격을 바꿀 수 있다.[20] 포기하지 말고 계속 읽어보자!

7장

장난기의 중요성

일만 하고 놀지 않으면
멍청이가 된다.

_스탠리 큐브릭의 영화 〈샤이닝〉

1. 한 우물 파기의 함정

정신적으로 풍요로운 성격의 핵심은 경험에 대한 개방성과 외향성이다. 그렇다면 이런 성격특성이 없는 사람이 어떻게 개방적이고 외향적으로 변할 수 있을까? 한 가지 방법은 장난스러워지는 것이다. 1980년에 심리학자 로버트 맥크레이와 폴 코스타가 남성 240명에게 "나를 곤란하게 만드는 것은…",

"아내가 집안일을 요청했을 때 나는…" 등의 다양한 문장을 완성하게 한 연구에 따르면, 개방적인 남성은 폐쇄적인 남성보다 훨씬 더 장난스럽게 대답했다.[1] 예를 들어 경험에 대한 개방성이 높은 어느 남성은 "아내가 집안일을 요청했을 때 나는 즉석에서 핑계를 꾸며냈다"라고 대답했다. 폐쇄적인 남성은 "아내가 집안일을 요청했을 때 나는 마지못해 시키는 대로 했다"라는 식으로 대답했을 것이다. 맥크레이와 코스타에 따르면 "개방적인 남성의 궁극적인 특징은 장난스럽고 때로는 괴상한 유머 감각을 발휘한다는 점이다. 그들은 의미를 살짝 비틀어 해석하거나 제시된 문장에 장난스럽게 이의를 제기하곤 한다." 따라서 장난스러움, 엉뚱함, 경쾌함은 개방성과 정신적 풍요로움의 핵심일 수 있다.

그런데 장난스러움이란 정확히 무엇일까? "사회적이고 경제적인 현실을 벗어나 잠시 휴가를 떠나는 것"이라는 정신분석학자 에릭 에릭슨의 설명이 가장 그럴싸하다.[2] 어른이라면 누구나 사회적이고 경제적인 책임을 짊어지고 있다. 그것이 현실이다. 하지만 에릭슨은 가끔씩 환상과 현실 사이의 어딘가로 떠나보라고 권한다. 의무와 책임에서 벗어나자. 농구를 하며 NBA 스타 선수 스테픈 커리 흉내를 내보자. 영화를 보고 유명 영화평론가 로저 이버트처럼 비평을 해보자. 저녁 뉴스를 보면서 대통령 흉내를 내보자. 비욘세 노래를 따라 부르자.

장난스러움의 중요성은 많은 것이 걸려 있는 행사에서 가장 뚜렷이 드러난다. 예를 들어 올림픽이 있다. 올림픽 개인 종목에서 금메달 열세 개를 받은 마이클 펠프스는 역대 최고로 꼽히는 유명한 수영선수다. 여덟 살에 이미 선수 훈련을 시작하여 전 연령대에서 신기록을 세워 나갔으며, 열한 살부터는 코치 밥 보먼의 지도 아래 더욱 맹렬한 훈련에 돌입했다.[3] 누나 힐러리 역시 올림픽 출전을 넘볼 정도의 수영선수였다. 펠프스는 수영 경기에만 몰두한 채 어린 시절을 보냈다. 일주일에 엿새를 하루 여섯 시간씩 수영했고, 웨이트트레이닝과 스트레칭도 빼먹지 않았다. 그는 재능이 뛰어나며 근성이 넘친다.

시몬 바일스 역시 뛰어난 운동선수다.[4] 그는 2016년 리우데자네이루 올림픽에서 개인종합, 도마, 마루 종목 금메달을 획득하여 미국 체조선수 가운데 올림픽 메달을 가장 많이 받은 사람이 되었다. 펠프스와 마찬가지로 바일스도 여덟 살에 본격적인 훈련을 시작했다. 재능이 엄청난 데다 학교에 다니는 대신 홈스쿨링을 한 덕분에 일주일에 20~32시간씩 훈련할 수 있었다. 체조에 그토록 혼신의 노력을 다한 선수는 또 없을 것이다.

수영과 체조는 모두 혹독한 훈련이 필수일 뿐 아니라 아주 작은 디테일이 치명적일 수 있는 종목이다. 수영은 문자 그대로 찰나에 승패가 갈린다. 체조는 한번 넘어지거나 잠시 삐끗하기만 해도 수행을 망친다. 다시 말해 양쪽 모두 극도로 압박감이 심한 스포츠다. 사소한 실수 하나로 메달을 놓쳐버릴지 모른다. 게다가 올림픽은 4년마다 열리기 때문에 준비 기간이 매우 길다. 10년간의 꿈과 헌신이 순식간에 수포로 돌아갈 수 있다. 펠프스와 바일스는 엄청난 성공을 거두었지만 불안과 우울증에 시달렸고 두 사람이 그토록 뛰어났던 종목에 흥미를 잃었다. 전념과 헌신은 분명 감탄스러울 뿐 아니라 고결하다고도 할 수 있다. 하지만 그러다 외골수가 되면 뛰고 달리고 헤엄치는 순수한 기쁨을 잃어버릴 수도 있다.

엘리트 운동선수의 세계에서는 연습, 연습, 더 많은 연습이 최우선이다. 장난칠 여지는 거의 없다. 하지만 아이가 건강하게 성장하려면 놀이와 장난이 꼭 필요하다. 앨리슨 고프닉에 따르면 인간은 유년기가 유난히 긴 만큼 어른이 되어 한 분야를 파고들기 전에 다양한 것을 시도해볼 수 있다.[5] 이 장기간의 탐색기는 놀이의 시간이라고 할 수 있으며 자연스러운 환경에서 사회규범과 다양한 기술을 배우는 데 필수적이다.[6]

단일 종목에만 전념한 선수와 여러 종목을 두루 섭렵한 이후 단일 종목에 전념한 선수 중 어느 쪽이 성과가 더 좋은지 분석한 최근 연구가 있다.[7] 연구진은 세계 정상급 선수(올림픽, 세계육상선수권대회, 팬아메리칸게임Pan American Games 등 국제 대회 10위 안에 드는 선수) 772명, 국가대표급 선수(국가대표팀 선수나 전국선수권대회 10위 안에 드는 선수) 3028명, 주 대표급 선수(마이너리그 야구선수나 전미대학체육협회 1군 선수) 1706명, 지역 또는 카운티 수준의 선수 아흔 명 등 전부 6096명이 참여한 연구 쉰다섯 개를 메타분석 했다.

연구진은 나이 들 때까지 다양한 스포츠를 한 엘리트 운동선수가 유년기부터 줄곧 한 종목에 전념한 엘리트 운동선수보다 성인기에 지칠 가능성은 낮고 국내 및 국제 대회에서 성공할 가능성은 더 높다는 사실을 발견했다. 마이클 펠프스나 시몬 바일스 같은 운동선수만 있는 게 아니라 농구의 마이클 조던이나 여자축구의 앨릭스 모건 같은 운동선수도 있다. 조던은 고등학교에서 농구 말고 야구와 축구도 했다. 한창 잘나갈 때 아버지가 죽자 2년간 농구를 그만두고 야구만 한 적도 있다. 모건은 다양한 스포츠를 즐기며 자랐고 열네 살에야 축구팀에서 뛰기 시작했다. 고등학교에 들어가서도 축구뿐 아니라 배구와 육상을 병행했다.

이 연구의 또 다른 중요한 결론은 청소년 대회 수준에서는 운동 시작 연령이 낮을수록 성공할 가능성이 높은(빨리 시작할수록 더 성공적인) 반면, 성인 대회 수준에서는 운동 시작 연령이 높을수록 성공할 가능성이 높다는 것이다. 다시 말해 성인 엘리트 운동에서는 스포츠를 늦게 시작한 선수가 일찍 시작한 선수보다 성공적이었다. 마찬가지로 세계 정상급 선수들은 국가대표급 선수들보다 훨씬 늦게 주요 이정표(예를 들어 전국선수권대회 출전, 대표팀 지명)에 도달했다.

전문화는 단기적으로 성공할 확률이 높다. 하지만 장기적으로 보면 항상 성공으로 이어지는 것은 아니다. 실제로 이 연구에 따르면 성인 선수들의 경우 청소년이 주도하는 주 종목 이외의 경기(예를 들어 길거리농구 즉석 시합)에 많이 참여할수록 경기력이 향상되는 것으로 나타났다. 놀랍게도 세계 정상급 성인 선수들도 주 종목 연습 시간이 늘어날수록 경기력이 오히려 떨어지는 것으로 나타났다. 이런 연구 결과와 청소년이 주도하는 기타 스포츠 경기에 관한 연구 결과를 종합해볼 때, 엘리트 운동선수는 청소년이 주도하는 기타 스포츠 경기에 더 많이 참여하고 코치가 주도하는 주 종목 연습 시간은 줄이는 편이 나을 것이다.

흥미롭게도 완전히 다른 전문 영역인 과학에서도 조기 전문화의 부작용이 확인되었다. 독일에서 물리학, 화학, 경제학, 생리학·의학 분야 노벨상 수상자 마흔여덟 명과 독일 최고의 국가 과학상인 라이프니츠상 수상자들을 비교한 연구가 있다.[8] 노벨상 수상자 마흔여덟 명 중 마흔두 명은 다학제 연구 또는 업무 경험이 있었는데, 이는 비교적 나중에 전문화되었다는 의미다. 라이프니츠상 수상자 중 노벨상을 받지 못한 이들은 노벨상 수상자들보다 더 일찍 성공했다. 예를 들어 이들은 노벨상 수상자들보다 학생 시절 장학금을 받았을 가능성이 더 높았다. 내게 가장 흥미로운 점은 노벨상 수상자들이 정교수가 되기까지 걸린 시간도 라이프니츠상 수상자들보다 훨씬 더 길었다는 것이다. 다시 말해 노벨상 수상자들은 라이프니츠상 수상자들보다 더 다양한 연구 분야를 탐구하며 느리게 발전했지만 결국 지치지 않고 정상에 올라섰다.

프리드리히 니체는 저서 《이 사람을 보라》에 실린 에세이 〈인간적인, 너무나 인간적인〉에서 독일의 전문화에 관해 이렇게 썼다. "나는 수많은 젊은이가 똑같은 고통을 겪는다는 사실을 발견했다. 하나의 반反자연적 단계가 사실상 또 다른 단계로 이어진다는 것이다. 독일, 정확히 말해 독일제국에서는 너무 많은 사람이 너무 일찍 직업을 선택하고 이후로는 떨쳐낼 수 없는 부담에 짓눌려 소진되어갈 운명이다. 이런 사람들에게는 일종의 아편제로서 바그너가 필요하다. 잠시나마 자신을 잊고 지워버리기 위해―아니, 뭔 소리야? 잠시가 아니라 대여섯 시간 동안이겠지!"[9]

윌리엄 제임스 사이디스의 이야기도 비슷한 교훈을 준다.[10] 사이디스는 종종 역사상 가장 똑똑한 인물로 꼽힌다. 그는 여덟 살에 하버드 의대 해부학 시험과 매사추세츠공과대학MIT 입학시험을 통과했으며 열한 살에는 하버드에서 천체물리학 강의를 했다. 사이디스의 강의를 들은 MIT 물리학 교수는 그가 훌륭한 천문수학자이자 과학계의 선도자가 될 것이라고 했다. 하지만 교수의 예측은 빗나갔고 사이디스는 번아웃에 빠졌다. 조기 전문화는 인생의 다른 재미를 잃어버리고 일찌감치 탈진하는 길이 될 수 있다. 엘리트 운동선수와 학자의 번아웃 및 우울증 유병률이 높은 것을 보면 외골수적 근성에는 반드시 장난스러움이 동반되어야 하지 않을까.

2. 오타니 쇼헤이의 장난기

메이저리그 야구 시즌은 길고 고되다. 봄철 시범경기 서른세 경기, 정규시즌 162경기, 포스트시즌 최대 스물두 경기까지 총 217경기에 이르는 일정이다! 거의 모든 경기에서 타석에 나서고 일주일에 한 번 이상 투구도 하는 로스앤젤레스LA 다저스의 오타니 쇼헤이에게는 더욱 힘든 일정일 것이다. 그에게는 근성과 자신감이 있지만 한편으로 장난기도 있다.

타자로서 오타니는 2022년 시즌을 타율 1할 2푼 5리로 끔찍하게 출발했다. 어느 야구선수든 낙담에 빠질 타율이다. 그럼에도 그는 어느 날 또다시 경기에서 안타를 치지 못하고 더그아웃으로 돌아가다가 장난스럽게 야구방망이에 심폐소생술을 실시하는 시늉을 했다.[11] 그가 결국 긴장감을 떨쳐내고 뛰어난 선수로 착실히 활약하게 된 것은 난관에 빠졌을 때에도 유머 감각을 잃지 않는 성격 덕분이 아닐까. 메이저리그가 점점 더 데이터 분석에 좌지우지되면서 야구 경기는 점점 더 분석적으로 변하여 '국민 오락'이 아닌 '체스 시합'이 되었다. 장난기는 이런 무미건조함 속에서 재미를 되돌려준다.

샤킬 오닐 또한 많은 사랑을 받은 동시에 두려움의 대상이었던 프로 농구선수였다. 혹독한 근면성으로 유명했던 팀 동료 코비 브라이언트와 달리 오닐은 열성이 덜했다고 알려져 있다. 기업가이자 팟캐스트 진행자 패트릭 벳데이비드와의 인터뷰[12]에서 오닐은 이렇게 말했다. "코비는 엄청난 녀석이었어요. 그보다 더 열심인 친구는 없었죠. … 코비는 막 결혼해서 가정을 꾸린 참이었지만 나는 이미 애가 넷이었어요. 두세 시간 훈련하고 나면 아빠 노릇도 하고 남편 노릇도 해야 했죠. 할 일이 많았어요." 오닐은 여러모로 더 느긋하고 유쾌하며 엉뚱한 사람이었다. 같은 인터뷰에서 그는 "성공이란 여러 방식으로 정의할 수 있다고 생각해요"라고도 말했다. 오타니와 오닐 모두 엄청나게 성공한 선수다. 오타니는 2018년에 아메리칸리그 신인상을, 2021년과 2023년에는 최우수선수상MVP을 받았다. 오닐은 1993년에는 올해의 신인상을, 2000년에는 MVP를 받았으며 NBA에서 네 번이나 우승했다. 오닐이 브라이언트만큼 직업윤리work ethic가 투철했다면 농구선수로서 더 많은 업적을 남겼을 수도 있지만, 반대로 경력 초반에 번아웃에 빠졌을지도 모른다. 프로스포츠를 비롯해 경쟁이 심한 업계에서 성공하려면 직업윤리가 매우 중요하다는 점은 분명하다. 그렇지만 장기적으로 성공하려면 장난기가 필요하다는 점은 과소평가되는 듯하다.

3. 장난기가 필요한 이유

장난기가 실제로 유익하다는 실증적 증거가 있을까? 스위스 심리학자 르네 프로이어는 내가 아는 그 누구보다 집중적으로 성인의 장난기를 연구했다. 그는 경험에 대한 개방성과 외향성이 높되 성실성과 신경성은 상대적으로 낮을 때 장난기가 생겨난다는 사실을 발견했다.[13] "바보 취급을 받아도 개의치 않고, 자신의 능력을 염려하지 않으며, 자만하지 않지만 규범을 신성시하지도 않고, 모호함과 양면성을 지혜와 즐거움의 원천으로 생각"하는 것이다.[14] 장난기 많은 사람은 대체로 자신을 너무 진지하게 여기지 않으며 느긋해야 할 때와 진지해야 할 때를 구분하는 듯하다.

2013년 논문에서 프로이어는 장난기 많은 사람이 그렇지 않은 사람보다 자기 삶에 좀 더 만족한다는 점을 보여주었다.[15] 또 행복한 사람은 자연과의 교감을 즐기지만 장난기 많은 사람은 딱히 그렇지 않다는 것도 밝혀냈다. 한편 장난기 많은 사람은 휴가 때 여행을 떠나는 걸 좋아했지만 행복한 사람은 딱히 그렇지 않았다. 최근 연구에서는 일부 참가자를 무작위로 선정하여 일주일간 매일 장난을 치고 그 횟수를 헤아리게 했으며, 나머지 참가자에게는 그런 지시를 내리지 않았다.[16] 자신의 장난 횟수를 헤아린 사람들은 실험이 끝난 직후뿐 아니라 최대 3개월 이후까지도 대조군보다 삶에 대한 만족도가 높고 우울증은 덜한 것으로 나타났다. 연구진이 삶의 의미나 정신적 풍요로움을 측정하지는 않았지만, 장난기는 새롭고 흥미로운 인생 경험을 촉발할 가능성이 높은 만큼 정신적 풍요로움을 증진하는 데 매우 효과적일 것으로 짐작된다.

4. 즉흥적으로!

장난기와 마찬가지로 즉흥성도 우리 삶을 풍요롭게 한다. 〈프렌즈〉나 〈사인펠드Seinfeld〉 같은 시트콤이 여전히 인기 있는 이유 중 하나는 약속 없이도 내킬 때마다 친구 집에 들락거리며 날마다 계획에 없던 일을 할 수 있는 환상의 세계를 보여주기 때문이다. 즉흥적인 성격을 타고나지 못한 사람도 〈섹스 앤 더 시티〉의 서맨사처럼 친구를 사귐으로써 삶에 장난기와 즉흥성을 불어넣을 수 있다.

여기서 대답하기 어려운 질문을 던지겠다. 마지막으로 누군가와 약속 없이 만나서 논 것이 언제였는가? 나도 여전히 아내와는 짬이 날 때마다 즉흥적으로 외출하곤 하지만, 친구들과는 몇 년 넘게 그런 적이 없다. 친구들 대부분이 아직 학교에 있었던 대학원 시절에는 실험실 동료를 찾아가 함께 건너편 '에스프레소 로

열'에서 커피를 마시곤 했다. 거의 매일같이 커피를 마실 사람이 있었고 따로 약속하지 않아도 같이 점심밥을 먹으러 갈 사람이 있었다.

미네소타대학교 교수가 되고 나서도 나는 그때처럼 지내고 싶었다. 그래서 옆의 조교수 사무실 문을 두드리며 "안녕하세요, 밥, 커피 한잔할래요?"라고 물었다. 그는 "아뇨, 안 돼요. 지금은 시간이 없어요"라고 대답하더니 주머니를 뒤져 PDA를 꺼냈다(2000년 9월이었다). 그러고 나서 일정을 꼼꼼히 살펴보더니 "2주 후에 어때요?"라고 했다. 나는 경악했다. 바로 이게 대학원생과 교수의 차이로구나 싶었다. 교수는 바쁠 뿐 아니라 시간을 매우 귀하게 여긴다. 나중에 어느 선배 교수가 내게 시간에 인색해지라고 조언해주었다. 그렇지 않으면 생산성이 떨어질 거라고 말이다.

우리는 고도로 계획적인 시대에 살고 있다. 일정표가 빽빽하다 보니 즉흥적으로 뭔가를 할 기회가 드물다. 팬데믹으로 원격 근무를 하게 되면서 즉흥적인 상호작용이 더욱 제한되었다. 팀워크, 협업, 혁신을 전문적으로 연구하는 스탠퍼드경영대학원 교수 패멀라 하인즈는 각자 다른 공간에 있는 팀원들이 모두 한 공간에 있는 팀원들과 같은 속도로 협업하고 혁신할 수 있을지 알아보기로 했다. 하인즈는 마크 모텐슨과 협력하여 어느 다국적기업의 연구개발 부서 마흔아홉 개 팀을 대상으로 설문조사를 실시했다.[17] 조사 결과 지리적으로 분산된 팀은 지리적으로 집중된 팀에 비해 즉흥적인 의사소통이 매우 적고 정체성을 공유하지 않으며 업무 갈등도 훨씬 더 많은 것으로 나타났다. 하인즈와 모텐슨은 "즉흥적인 의사소통은 정체성 공유에 기여하고 공통 맥락을 만들어주며, 지리적으로 분산된 팀에서도 갈등이 커지기 전에 파악하고 해소하는 데 도움이 된다"라는 결론을 내렸다. 화상회의 프로그램 줌Zoom이나 기타 온라인 도구를 통한 업무 회의가 점점 더 늘어나면서 다른 사람과 즉흥적인 상호작용을 시도하기가 점점 더 어려워지고 있다.

5. 서른 넘어 친구를 사귀기 어려운 이유

어른이 되고 나서 새로운 친구를 사귀려 해도 즉흥성이 문제가 된다. 대학 시절 친구와 대학 졸업 후 사귄 친구의 차이는 무엇일까? 대학 시절 친구란 가까운 곳에, 나아가 같은 기숙사 방에 살면서 매번 계획 없이 만나던 친구다. 대학 졸업 후 사귄 친구란 직장 동료이거나 아이 친구의 부모일 것이다. 당신은 그들과 얼마나 친해졌는가? 대학 시절 단짝만큼 친해졌다면 정말로 놀라운 일일 것이다.

《뉴욕타임스》 기자 앨릭스 윌리엄스는 〈서른 넘어 친구를 사귀기 어려운 이유는 무엇인가?〉라는 에세이를 이렇게 마무리했다. "아무리 많은 친구를 사귀더라도, 어느새 파국이 슬그머니 다가온다. 10대나 20대 초반과 같은 식으로 단짝을 만들 수 있는 시기가 끝나간다. 이제는 상황에 맞는 친구를 사귀어야 할 때다. K.O.F.Kind Of Friends(친구 비슷한 것)를 만들어야 한다."[18] 직장에서 같은 프로젝트에 참여하는 사람과 친해질 수도 있다. 그러나 그 사람과 또다시 같은 프로젝트에 참여하지 않는 한 연락을 유지하기가 어렵다. 에세이에서 윌리엄스는 NBC 드라마 〈업 올 나이트Up All Night〉에 참여하면서 동료 여성 팀원과 매우 친해진 작가 이야기를 한다. "하지만 시험 방송이 끝나고 일상적인 교류가 중단되자마자 그때까지의 친분을 유지하기가 어려워졌다. 이제는 오후 내내 같이 있다가 저녁 해가 지면 바닷가로 나갔다가 술집에 가는 관계가 아니니까." 파트너가 있는 경우 그도 새로운 친구를 마음에 들어 해야 하니 상황이 더욱 어려워진다. 거기다 아이까지 한둘 생기면 나이 들어 친구를 사귀기란 불가능에 가깝다고 느껴질 수 있다. 다시 말해 대학을 졸업하고 나면 가까이 살면서 매일 만나 즉흥적으로 놀러 갈 친구를 찾기가 정말 어렵다.

물론 우리 스스로 즉흥적인 행동을 할 수도 있다. 철학자 제이슨 디크루즈는 계획된 행동과 계획되지 않은 행동에 관해 쓰면서 '휘발성 이성volatile reason'이라는 용어를 사용했다.[19] 디크루즈는 모리츠라는 가상 인물을 예로 들어 설명한다. 그의 시나리오에서 모리츠는 친구들을 만나러 베를린을 출발해 드레스덴으로 가는 기차표를 산다. 친구들은 그와 함께할 저녁 식사를 준비했고 모리츠는 그날 저녁 친구들과 같이 갈 공연 표를 가지고 있다. 다시 말해 그에게는 계획과 책임이 있다. 하지만 기차 안에서 그는 운행 시간표를 보고 드레스덴을 지나치면 미지의 도시 치타우로 갈 수 있다는 사실을 깨닫는다. 기차가 드레스덴에 도착하자 그는 즉흥적으로 치타우까지 가기로 결심한다. 친구들에게는 전화해서 계획을 취소하고 사과하면 된다. 기차가 드레스덴을 떠나자마자 모리츠는 엄청난 행복감과 아찔한 해방감을 느낀다. 디크루즈에 따르면 이는 계획되거나 의도된 행동이 아니었지만, 신나게 살고 싶다는 모리츠의 가슴속 열망을 충족시켜준 즉흥적인 행동이었다. 즉흥성이 책임감을 이긴 것이다. 우리는 가끔씩 모리츠처럼 행동할 수 있고 또 그래야 한다.

6. 하루에 한 번은 장난을 쳐보자

거의 모든 사람은 먹고살기 위해 생업에 숙달되려고 애쓴다. 나는 연구자로서 최신 문헌, 통계, 데이터 시각화 등의 정보를 따라가려고 노력한다. 이 모두는 진지한 과업이다. 시간을 들여 세심한 주의를 기울이고 헌신해야 한다. 그렇게 집중하다 보면 한동안 재미나 웃음 같은 건 잊어버리기 쉽다. 이 역시 마이클 펠프스, 시몬 바일스, 오사카 나오미 등 세계 최고의 여러 운동선수가 번아웃에 시달린 이유가 아닐까. 그들은 재능과 결단력에 더해 엄청난 근성까지 가졌다. 그런데 사랑하던 스포츠가 어느새 직업이자 생계 수단이 되면서 완전히 재미를 잃어버린 것이다. 물론 펠프스의 경우 부모의 이혼, 바일스의 경우 성폭력 등 정신 건강 문제를 일으킨 다른 중요한 요인들도 있었다. 이들이 번아웃과 우울증에 빠진 것이 진지함과 헌신 때문만은 아니라는 건 분명하다. 하지만 요점은 엘리트 운동선수의 삶이 힘들다는 것이다. 이들은 훈련에만 매진하고 끊임없이 경쟁하며 성과를 내야 한다. 잘하다가 가끔 부진한 성적을 내더라도 낱낱이 녹화되고 방송된다. 그러다 보면 그토록 잘하고 좋아하는 스포츠에도 당연히 환멸을 느낄 수 있다.

전문화와 전문성은 확실히 기술 습득과 향상에 유익하다. 하지만 스탠리 큐브릭의 영화 〈샤이닝〉에서 잭(배우 잭 니컬슨이 연기했다)의 운명을 기억하자. 일만 하고 놀지 않으면 멍청이가 될 뿐단 아니라 결국 미쳐버릴 수도 있다. 승리에만 집착하면 삶이 너무 버거워진다. 장난스러운 마음가짐은 정신적 위기에 빠진 사람이 슬럼프를 벗어나 결과뿐 아니라 여정을 즐기게 해준다. 즉흥적인 행동은 사전 계획 없이 인생을 경험하는 데 도움이 된다. 별생각 없이 저지른 일이 평생 가장 흥미로운 경험으로 남기도 한다. 나는 어느 날 온 가족을 차에 태우고 메릴랜드주 볼티모어에서 버지니아주 샬러츠빌로 가던 중 메릴랜드주 항구도시 아나폴리스 방향을 알리는 표지판을 보았다. 아내와 두 아이에게 "아나폴리스에 가고 싶은 사람?"이라고 물어보니 놀랍게도 다들 "한번 가봐요!"라고 말했다. 그래서 우리는 아무런 계획도 없이 아나폴리스에 갔고, 시내를 돌아다니다가 유람선을 탔다. 아들은 아직까지도 그날 탄 유람선 이야기를 한다.

　요컨대, 정신적으로 풍요롭게 사는 능력은 성격특성에만 좌우되지 않는다. 누구나 장난기와 즉흥성을 통해 정신적으로 풍요롭게 사는 법을 터득할 수 있다. 이런 면에서 정신적으로 풍요로운 삶은 보다 진지한 활동을 우선시하는 행복 및 의미 지향적 삶과 대척점에 있다. 삶의 의미를 찾으려면 중요한 대의에 헌신하고 종종 타인을 위한 어려운 과업에 시간을 쏟아야 한다. 행복 또한 진지한 문제다. 심리학자들은 행복해지려면 근성,[20] 친절,[21] 친화력,[22] 마음챙김[23]이 유익할 것이라고 말한다. 이 모두가 훌륭한 목표이지만, 근성이나 마음챙김은 꾸준한 노력을 필요로 하며 때로는 그러기가 어려울 수도 있다. 모든 사람이 날마다 목표를 위해 매진할 수는 없다. 샤킬 오닐처럼 마음챙김보다는 즐거움을, 진지함보다는 장난스러움을 선호하는 사람도 있다. 근성은 분명 행복해지는 데 도움이 되겠지만 외골수적인 태도는 인생의 재미와 풍요로움을 앗아 갈 수 있다. 시몬 바일스는 두려움과 불안을 이기지 못해 도쿄 올림픽에서 기권했지만, 잠시 휴식을 취한 뒤 강인하고 활기차게 돌아왔다.

우리에게는 지나친 진지함에 대한 해독제로서 장난스러움과 즉흥성이 필요하다. 의무보다 취미를, 책임보다 유희를, 헌신보다 휴식을 선택할 수 있어야 한다. 직장이나 가정에서 적어도 하루에 한 번은 장난스럽게 행동해보자. 파트너, 친구, 동료를 웃겨주자. 퇴근길에 괜히 빙 돌아가보자. 웅덩이에 뛰어들자. 헤엄치러 가자. 흠뻑 젖고 더러워져도 신경 쓰지 말자. 가끔은 어린아이처럼 굴어보자. 즉흥적으로 행동하면 더욱 풍요롭고 인상적으로 살아갈 수 있을 것이다.

8장

DIY의 미학

> 노동 생산력의 현저한 증진과 노동에 기울여지고 투입되는 기술과 솜씨, 판단력의 대부분은 분업의 효과일 것으로 보인다.
>
> _ 애덤 스미스, 《국부론》

1. 우리는 왜 생산성에 집착할까

지금까지 정신적으로 풍요롭게 살기 위한 요인으로 장난스러운 마음가짐과 엑스페디투스('떠날 준비가 된')의 태도에 관해 이야기했다. 이제부터는 앞서 논의한 조기 전문화의 잠재적 해악과 밀접하게 관련되어 있는 또 다른 힘에 대해 이야기해보겠다. 정신적으로 풍요로운 삶을 방해할 수 있고 생산성에 대한 강박이기도 하지만 거꾸로 삶을 정신적으로 풍요롭게 할 수도 있는 반발력, 즉 내 손으로 해보기Do-It-Yourself, DIY 말이다.

많은 사람이 몸에 카페인을 주입하면서 일정표를 확인하는 것으로 하루를 시작한다. "미국은 던킨으로 움직인다America Runs on Dunkin"라는 광고 문구가 대성공한 이유는 던킨 도너츠를 하루의 시작을 도와주는 회사로 자리매김시켜주었기 때문이다. 우리는 왕성하고 체계적이며 일 잘하는 개인을 우상화하는 문화 속에 살고 있다.[1] 생산성 향상은 좋지만 그 대가는 무엇일까? 효율성에 대한 집착에 따라올 의외의 정신적 여파는 무엇일까?

나는 애덤 스미스의《국부론》을 매우 좋아한다. 내가 구입한 판본에는 뛰어난 경제학자 앨런 크루거의 멋진 서문이 실려 있다.[2] 이 글에서 그는 현대 경제학의 기본서를 쓴 사람이 훌륭한 이야기꾼이라 경제학도는 운이 좋다고 적었다. 전적으로 동의한다.《국부론》은 놀라울 정도로 흥미진진한 책이었다. 내가 윌리엄 제임스의《심리학의 원리Principles of Psychology》보다《국부론》을 먼저 읽었다면 심리학 대신 경제학을 선택했을지도 모른다. 내가 영어로 쓴 첫 번째 책의 제목도《심리학적 국부론The Psychological Wealth of Nations》이었다.[3]

좋은 책이 항상 그렇듯이《국부론》도 놀라운 통찰에서 시작된다. 핀 공장을 상상해보자. 노동자 한 명이 핀 하나를 생산하는 데 필요한 공정을 전부 혼자 처리한다면 하루에 핀 한 개를 생산할 수 있을 것이다. 다시 말해 노동자 열 명이 각각 따로 작업한다면 하루에 핀을 열 개만 생산할 수 있다. 하지만 노동자 열 명이 각각 한두 가지 공정을 전문으로 한다면 어떨까? 예를 들어 한 사람은 철사를 뽑고, 다른 사람은 철사를 곧게 펴고, 또 다른 사람은 철사를 자르고, 마지막 사람은 윗부분을 뾰족하게 다듬는 식으로 말이다. 애덤 스미스는 이렇게 하면 노동자 열 명이 하루에 핀 4만 8000개를 생산할 수 있다고 추산했다. 이는 노동자 1인당 4800개에 해당한다. 지극히 단순한 분업으로 생산성이 4800배나 향상되는 것이다! 현대화가 전문화 및 분업과 동일시되곤 하는 것도 놀랍지 않다.

《국부론》이 출간된 1776년은 미국이 독립을 선언한 해이기도 하다. 당시 미국은 농업국가에 가까웠고 공장이라곤 없었다. 헨리 포드는 1908년에 자동차 모델 T를 생산하기 시작하여 큰 인기를 끌었다. 처음에 포드 공장에서는 하루에 몇 대만 생산할 수 있었다. 그렇지만 1913년에 훨씬 효율적인 분업 방식인 조립라인을 도입한 후 하루 1만 대 이상을 생산할 수 있게 되었다. 조립라인이 발명된 지 100년도 훨씬 넘은 지금, 생산성은 이미 최대치에 도달한 것처럼 보인다. 어쨌든 각각의 공정을 무한히 쪼갤 수는 없지 않겠는가? 하지만 아마존이나 타깃Target 같은 기업들은 고용 변동부터 실시간 재고 파악에 이르기까지 효율성을 개선할 더 많은 방법을 끊임없이 모색하고 있다.

2. 모든 것을 혼자서 처리하던 시절

과거에는 분업이 대체로 공장, 농장, 식당 등의 일터에만 국한되었다. 1990년대까지는 사람들 대다수가 가정에서 직접 요리와 청소와 빨래를 했다(전자레인지, 세탁기, 식기세척기 덕분에 집안일이 더 수월해지고 시간도 덜 들긴 했지만 말이다). 그러나 지난 20년 동안 효율성 추구가 우리 일상에까지 침투하면서 분업이 더욱 심화되었다. 외주화outsourcing는 더 이상 다국적기업이나 부유층에 국한되는 용어가 아니다. 많은 중산층 가정에서 집 안 청소, 잔디 깎기, 심지어 식료품 쇼핑까지 외주화하고 있다. 바쁜 전문직 종사자는 일정 관리, 계획 수립, 심지어 금융 투자에까지 인공지능AI을 활용한다.

학계에서는 대규모 연구팀이 전통적인 소규모 실험실을 대체하면서 고도의 분업이 요구되고 있다. 대규모 사회심리학 연구팀에서는 실험 자료를 준비하는 사람, 실험을 진행하는 사람, 데이터를 정리하는 사람, 데이터를 분석하는 사람, 데이터를 설명하는 사람이 각각 다르다. 각 팀원이 자신의 역할을 수행하고 팀 전체가 모든 부분을 빠르게 조립한 후 다음 논문으로 넘어간다. 이렇게 매년 수십 편의 논문이 작성된다.

하버드대학교 심리학과 교수였던 고故 제롬 케이건은 이런 추세를 한탄했다. "내가 대학원에 다닐 때 과학자란 대학 건물 지하에서 흥미로운 결과를 보고하는 논문을 몇 번이고 고쳐 쓰는 사람이었다. … 많은 경우 외부 보조금도 없이 대학원생 조수 한 명만 두고 두 머리와 네 손으로 모든 작업을 수행했다. 이런 환경에서는 실험이 성공할 때의 뿌듯함도, 반대로 실패할 때의 서글픈 좌절감도 오직 두 사람의 몫이다. 전문화된 인력 수백 명이 팀을 이루어 실험을 설계하고 수행하면 이런 감정이 크게 희석된다."[4]

3. 분업은 육체를 죽이고 정신을 파멸시킨다

정확히 말하면 케이건은 연구팀 과학자들의 생산성을 불평한 것이 아니다. 오늘날 과학 연구의 정신적이고 경험적인 측면을 아쉬워한 것이다. 카를 마르크스는 분업의 여러 부정적 여파를 예견한 것으로 유명하다. 예를 들어 그는 분업이 인간을 1차원적으로 만들 것이라고 염려했다. "분업은 경제뿐 아니라 사회의 모든 영역을 장악하며, 인간을 전문화하고 구분하여 다른 모든 직능을 희생시키고 한 가지 직능만 지니게 만드는 지극히 외곬수적인 체계의 토대를 놓는다." 마르크스는 나아가 분업이 노동자를 바보로 만들 것이라고 우려했다. "분업은 단지 노동자의 이익 대신 자본가의 이익에 봉사할 뿐 아니라, 개별 노동자를 불구화함으로써 노동의 사회적 생산력을 증대한다." 마르크스에 따르면 분업은 "육체를 죽이고 정신을 파멸시킨다."[5]

미국 사회학회 학장이었던 카이 에릭슨은 1985년 학회 연설에서 마르크스의 소외 이론이 현대의 직장에서도 여전히 유효한 이유를 논했다. 그는 특히 소외의 주요 원인이 "첫째, 노동을 점점 더 협소한 전문 분야로 쪼개고 둘째, 노동자의 업무에 대한 통제력을 제한하는 현대 직장의 구조"에 있다고 주장했다. 사무직 근로자는 할당량, 기계적 업무, 관리자의 지속적인 감시에서 벗어날 수 없다. 에릭슨은 현대의 분업이 "인간의 무관심, 잔인함, 피로, 잔인함, 무감각"의 잠재 요인으로 작용한다고 성토했다.[6]

사회학자 멜빈 콘은 마르크스의 예측을 뒷받침하는 몇 가지 증거를 발견했다. 그는 민간 직종에 종사하는 미국인 3101명의 설문조사 데이터를 분석하여 노동의 세 가지 층위(밀착 감독, 업무 기계화, 업무의 실제 복잡성)와 소외의 네 가지 구체적 측면(무력감, 자기소외, 무규범, 문화적 단절)을 측정했다. 밀착 감독, 기계화된 업무, 복잡성이 결여된 업무를 경험한 사람은 자신의 삶을 통제할 수 없고 무력감을 느낀다고 응답할 가능성이 높았다. 또한 목적이 없고 사람들 대부분이 중요시하는 가치로부터 단절되었다고 느끼며 옳고 그름에 신경 쓰지 않는다고 응답할 가능성도 높았다.[7]

케이건이 말한 '희석된 감정'이 마르크스의 소외 개념과 정확히 일치하지는 않는다. 마르크스가 말한 소외는 한층 더 비판적인 의미였다. 게다가 대규모 연구팀의 일원으로서 데이터 분석처럼 전문화된 업무를 수행하는 사람은 공장 조립라인에서 일하는 사람보다 소외감을 덜 느낄 수도 있다. 자신보다 더 큰 무언가의 일부가 되는 것이 즐거울 수도 있다. 콘의 연구를 읽고 나자 분업의 정신적 결과, 특히 삶의 행복과 의미와 정신적 풍요로움에 미치는 영향이 궁금해졌다. 분업으로 기계적인 효율성을 추구하면 감정적 경험이 전부 희생될까? 전문화로 정신적 풍요로움이 감소하고 지루함이 증대할까? 혹은 그냥 맡은 일만 잘하면 아무런 문제도 없을까?

나는 이런 질문에 답하기 위해 대학원생 차영재와 함께 온라인 조립 실험을 설계했다. 참가자들은 미리 정해진 시간에 지정된 줌 링크로 초대되어 우리의 연구 조교를 맞이했다. 각 실험에는 세 명씩 참가했으며, 이들은 온라인에서 팀을 이루어 오토바이를 조립할 것이라는 설명을 들었다. 참가자들은 우선 팀 이름을 정하며 팀워크를 다지는 시간을 보냈다. 그런 다음 조립라인의 한 공정(분업 조건) 또는 전체 생산(혼자서 오토바이를 조립하고 한 대가 끝내면 다음 오토바이로 이동하는 조건)에 배정되었다고 안내받았다. 과제가 팀 단위로 진행되었기에 실험은 분업과 전체 생산 조건을 번갈아가며 실시했다. 우리는 참가자들에게 오토바이를 최대한 많이 생산해달라고 요청했다. 실험이 끝났을 때 참가자들에게 얼마나 행복하다고 느끼는지, 작업이 얼마나 의미 있었다고 생각하는지, 정신적으로 얼마나 풍요로워졌는지 물었다. 생산성 측면에서는 분업 참가자들이 전체 생산 참가자들보다 훨씬 나은 성과를 보였다. 혼자서 오토바이 전체를 조립하면 평균 다섯 대를 생산할 수 있었다. 3인조였으니 평균 열다섯 대를 생산한 셈이다. 반면 분업 팀은 같은 시간에 오토바이를 평균 예순 대 생산했다. 분업으로 생산량이 네 배나 증가한 것이다!

그러나 분업에는 정신적 대가가 따르지 않았을까? 행복 측면에서는 그렇지 않았다. 양쪽 참가자들은 서로 비슷한 수준의 즐거움과 행복을 느꼈다고 보고했다. 의미 측면에서도 마찬가지였다. 양쪽 참가자들이 작업에서 느낀 의미는 서로 비슷한 수준이었다. 하지만 분업 참가자들이 보고한 정신적 풍요로움의 수준은 전체 생산 참가자들에 비해 현저히 낮았다. 다시 말해 분업이 작업을 더 지루하고 단조롭고 흥미 없게 만들었다는 것이다. 오토바이 한 대를 혼자 조립하는 것은 효율적이지 않았고 오히려 그 반대였지만, 그럼에도 훨씬 더 흥미로운 경험이었다.

컨설팅 회사에 취직해 다른 여러 직원들과 함께 대규모 협력 프로젝트에 투입된다고 상상해보자. 팀 내에서 한 분야를 전담하여 날마다 비슷한 업무를 반복해야 한다고 쳐보자. 이렇게 일한다면 어떤 느낌일까?

이번에는 각자 독립적으로 일하는 컨설팅 회사에 취직한다고 상상해보자. 당신은 다양한 업무가 요구되는 대형 프로젝트에 투입되었다. 독립적으로 일하는 만큼 다양한 업무를 혼자 처리하는 제너럴리스트generalist가 되어야 한다. 이렇게 일한다면 어떤 느낌일까?

이 문제를 조사하기 위한 연구에서, 우리는 버지니아대학교 학생들로 이루어진 표본집단을 절반으로 나누어 각각 두 가지 시나리오를 상상해보라고 했다. 놀랍게도 학생들은 독립적으로 일하는 제너럴리스트보다 협력 프로젝트의 전문가, 즉 스페셜리스트specialist 쪽이 더 행복할 것이라고 예상했다. 의미에 있어서는 양쪽 모두 비슷한 수준을 예측했다. 그러나 가장 중요한 점은 학생들이 스페셜리스트보다 제너럴리스트로 일하는 삶이 정신적으로 더 풍요로우리라고 생각했다는 것이다. 온라인 조립 실험의 결과가 재연된 셈이다. 분업 참가자들과 마찬가지로 스페셜리스트 참가자들도 자신의 업무가 제너럴리스트보다 덜 흥미로울 것이라고 생각했다.

물론 참가자들이 상상한 삶이 반드시 현실에 부합하는 것은 아니다. 이 점을 규명하기 위해 이번에는 행동 호기심을 측정하는 또 다른 실험을 실시했다. 실험 환경은 컨설팅 회사 실험과 동일하게 유지했지만, 참가자들에게 컨설팅 회사에서 일하는 삶을 상상하면 어떤 느낌인지 묻는 대신 간단한 과제를 수행해달라고 요청했다. '발명품 특허를 보유한 유일한 미국 대통령은 누구일까?'와 같은 문제에 대답하는 과제였다. 문제가 제시된 후 참가자는 대기 버튼이나 건너뛰기 버튼을 누를 수 있었다. 건너뛰기 버튼을 누르면 정답이 표시되지 않고 다음 문제로 넘어갔다. 대기 버튼을 누를 경우 일정 시간(정확한 시간은 10초에서 15초까지 무작위로 정해졌다)이 지나면 답변(에이브러햄 링컨)을 볼 수 있었다. 호기심 많은 사람이라면 대체로 정답을 확인하려고 대기 버튼을 누를 터였다. 전부 열다섯 문항이었고, 대기 버튼을 여러 번 누를수록 더 호기심 많은 사람으로 평가되었다.[8]

제너럴리스트가 된다고 상상했던 참가자는 스페셜리스트가 된다고 상상했던 참가자보다 호기심이 더 많고 여러 번 기다렸다가 정답을 확인한 것으로 나타났다. 정신적 풍요로움 연구 결과가 개념적으로 재연된 것이다. 다시 말해 스페셜리스트가 되어야 하면 담당 업무와 무관해 보이는 다른 문제에 관심이 줄어들고, 제너럴리스트가 되어야 하면 매사에 호기심이 늘어난다.

왜 그럴까? 어떤 분야의 스페셜리스트가 되면 자기 전문 분야와 관련된 정보에만 선별적으로 관심을 기울이고 상관없는 정보는 건너뛴다. 예를 들어 의료 컨설턴트는 의료 비즈니스에 관해 배울 것이 너무 많아서 해당 업계와 무관한 정보는 무시해야 할지 모른다. 스페셜리스트가 되면 특정 주제와 관련된 고급 지식과 잘 팔리는 기술을 습득하겠지만, 본의 아니게 삶의 다른 영역에는 흥미를 잃을 수 있다. 루브르박물관에서 〈모나리자〉에만 집중하느라 주변을 돌아보지 못하고 다른 걸작들을 전부 놓치는 셈이다!

6. 직접 마당 공사를 하며 깨달은 정신적 풍요로움

외주화는 현대를 더 효율적으로 살아가는 방식이다. 잔디 깎기나 배수구 청소는 전문가가 일반인보다 훨씬 더 빠르고 능숙하게 처리해줄 수 있다. 이런 맥락에서 외주화의 주된 목적은 시간 확보다. 예를 들어 200달러를 지불하고 집 청소를 다른 사람에게 맡긴다면, 자유 시간이 몇 시간 늘어나서 더 행복해질 가능성이 크다. 하버드경영대학원 조교수 애슐리 윌런스와 동료들이 4469명을 대상으로 설문조사를 실시한 결과, 매달 일정 금액을 지불하면서 자유 시간을 확보하는 사람들이 그러지 않는 사람들보다 행복하다는 사실을 발견했다.[9] 시간에 대한 스트레스는 "오늘 시간이 촉박하다고 느낀다"와 같은 문항으로 어느 정도 측정 가능하다. 즉 시간을 확보해주는 서비스에 돈을 쓴 사람들은 시간에 대한 스트레스가 적었고, 시간에 대한 스트레스가 적을수록 전반적으로 삶에 대한 만족도가 높았다.

이후 윌런스와 동료들은 시간 확보를 위한 지출의 인과적 역할을 확인하는 실험에 착수했다. 연구진은 참가자들에게 80달러를 준 뒤 주말에 시간을 확보해주는 서비스 비용으로 40달러를 쓰고 나머지 40달러로는 다른 주말에 쇼핑을 하라고 요청했다. 그리고 참가자들이 40달러를 쓴 날마다 그들에게 연락을 취했다. 참가자들은 쇼핑보다 시간을 확보해주는 서비스에 지출한 후 긍정적 감정을 더 많이 느꼈고 부정적 감정은 덜 느꼈다고 보고했다. 또한 앞선 실험에서와 마찬가지로 시간을 확보해주는 서비스를 받고서 시간에 대한 압박감이 줄었고 이런 압박감이 줄어들수록 행복하게 느꼈다고 보고했다.

외주화는 분업과 달리 반복적인 업무와 비인간적인 근무조건을 수반하지 않는다(적어도 돈을 지불하는 사람에게는). 외주화는 시간 확보의 문제다. 내가 하고 싶지 않은 일을 남에게 돈을 주어 맡기고 자유 시간을 얻는다면 더 행복하다고 느낄 것이다. 하지만 정신적 풍요로움은 어떨까? 우리가 실증 연구를 하지는 않았지만, 외주화는 전문화나 분업과 마찬가지로 정신적 풍요로움을 저해할 가능성이 있다.

몇 년 전 아내와 나는 너저분한 우리 집 옆 마당을 벽돌 파티오로 바꿀 생각을 했다. 몇몇 곳에서 견적을 받아보니 최저 비용이 9000달러였다. 자재비만 따지면 4000달러 정도였다. 그러면 우리가 직접 땅을 파고 벽돌을 쌓을 경우 최소 5000달러를 절약할 수 있지 않을까? 우리는 유튜브 동영상을 몇 편 찾아보았다. 할 수 있을 것 같았다. 그래서 직접 공사를 해서 돈을 아끼자고 결정했다. 이후로는 전형적인 DIY 이야기다. 예상했던 것보다 훨씬 더 고된 작업이었다. 비탈지고 나무뿌리투성이에 바위처럼 딱딱하게 다져진 가로 7.3미터, 세로 6미터의 마당을 23센티미터 깊이로 파내려니 정말 힘들었다. 땅을 다져서 벽돌을 쌓아 올릴 만큼 탄탄하고 평평한 기반을 만드는 일도 버거웠다. 우리 집은 언덕 꼭대기였고 공사 장소는 진입로 건너편에 있어서 자갈과 모래 300자루를 외바퀴 손수레에 실어 나르는 건 엄청난 중노동이었다. 벽돌 2000장을 나를 때에는 문자 그대로 허리가 부러질 뻔했다. 아침에 눈을 뜨면 허리가 아파서 일어나지도 못하는 날이 많았다. 우리의 결정에 여러 차례 회의를 품기도 했다. 몇 번이나 서로를 비난했고 사람을 고용하지 않은 것을 후회했다. 공사를 마치는 데 석 달 가까이 걸렸다. 최종 결과는 나쁘지 않았지만, 9000달러를 썼다면 사나흘 만에 더 나은 결과물을 얻었을 터였다! 우리가 공사에 들인 시간을 고려할 때 결과적으로 비용을 크게 절감했는지도 의문이었다.

그렇지만 몇 년이 지난 지금도 우리는 파티오 공사의 추억을 이야기한다. 내가 땅을 파다가 뱀을 보고 비명을 지른 적도 있다! 뱀 공포증이 있다 보니 독이 없고 동면 중인 뱀을 보고서도 펄쩍 뛴 것이다. 그 전까지 나는 벽돌을 쌓아본 경험이 없었다. 대체로 손재주가 없는 편이라 DIY에 있어서는 자존감이 무척 낮기도 하다. 하지만 파티오 공사를 하면서 내가 벽돌 모서리를 맞추는 건 제법 잘한다는 사실을 깨달았다. 나 자신에 대한 새로운 발견이었다. 만약 사람을 고용해 모든 걸 맡겼더라면 내가 아직도 공사 이야기를 하고 있을까? 그렇지 않을 것이다. 동면 중인 뱀을 발견하지 못했을 것이고 벽돌 모서리 맞추는 재주도 깨닫지 못했을 테니까. 우리의 파티오 공사는 석 달 동안 온갖 스트레스와 통증, 불만을 초래했다. 공사를 외주로 돌렸다면 단기적으로는 더 행복했을지도 모른다. 그러나 그러지 않았기에 장기적으로 친구들에게 들려줄 이야기가 훨씬 많아졌으며 희석되지 않은 생생한 자부심과 성취감, 고뇌와 통증의 기억도 남았다.

일상적인 청소를 외주화하더라도 정신적 풍요로움 면에서 기회비용이 발생하지는 않을 것이다. 자기 집을 청소하는 것이 딱히 흥미로운 이야깃거리는 아니니까. 그렇다면 돈을 절약하는 것 말고 별 의미가 있을까? 하지만 벽돌 파티오 공사 같은 프로젝트를 외주화하는 건 실수일 수 있다. 정신적 풍요로움에 대한 기회비용을 지불해야 할 수 있으니 말이다. 다른 사람을 고용하여 일을 맡긴다면 자칫 인생담을 풍요롭게 해줄 흥미로운 경험의 기회를 빼앗길지도 모른다.

7. 생산성의 함정에서 벗어나자!

정신적으로 풍요롭게 살려면 낯설고 위험하며 도전적인 것을 선택해야 한다. 오토바이 전체를 조립하는 것은 부품을 조립하는 것보다 훨씬 힘들고 시간도 많이 걸린다. 벽돌로 파티오를 만드는 것은 남에게 돈을 주고 시키는 것보다 훨씬 어렵다. 제너럴리스트가 되려면 스페셜리스트보다 시야가 더 넓어야 한다. 익숙함은 행복을 보장해주지만 삶을 풍요롭게 만들지는 못한다. 반면 까다로운 프로젝트는 단기적으로 온갖 부정적 감정을 불러일으키겠지만 장기적으로는 정신적 풍요로움을 증진할 수 있다. 남에게 돈을 주고 일을 맡기기 전에 자문해보자. 이 일을 내가 직접 할 수 있을까? 내가 직접 한다면 흥미로운 이야깃거리가 될까? 과연 효율성이 전부일까? 가끔은 생산성의 함정에서 벗어나보자. 같은 일을 더 느리게 할 방법을 찾아보자. 직접 빵을 굽고 원두를 갈아 커피를 내려보자. DIY로 삶에 활력을 더해보자.

9장

미적 경험은 중요한가

나는 끊임없이 서가로 가서 그 신성하고
특별한 음료를 한 모금 더 마시곤 했다.

_ 버지니아 울프, 《파도》[1]

1. 독서로 4000번의 삶을 산 사람

지금까지 거론한 정신적으로 풍요로운 경험은 거의 모두 유학이나 파티오 공사 같은 직접경험이었다. 소설 읽기와 같은 미적 경험aesthetic experiences도 그만큼 정신적으로 풍요로울 수 있을까?

무함마드 아지즈는 분명 그렇다고 말할 것이다. 일흔두 살인

아지즈는 모로코의 라바트 메디나에서 서점을 운영한다. 여섯 살에 부모를 잃은 그는 생계를 유지하고 고등학교까지의 학비를 벌기 위해 고기잡이를 시작했다. 하지만 교과서값이 부담되어 열다섯 살에 중퇴할 수밖에 없었다. 그는 좌절감을 떨쳐내기 위해 책 장사를 시작했다. 처음에는 나무 그늘에 깔개를 펼쳐 책 아홉 권을 올려놓고 시작했지만, 지금은 어엿한 서점 주인이며 날마다 여섯 시간에서 여덟 시간까지 책을 읽는다. 어느 인터뷰에서 그는 이렇게 말했다. "내 삶은 독서를 중심으로 돌아갑니다. … 4000권 이상 책을 읽었으니 4000번 넘게 인생을 산 셈이죠."[2] 아지즈는 매일 열두 시간씩 일하고 휴가도 거의 가지 않지만, 책 4000권을 통해 4000번을 살면서 정신적으로 풍요로운 경험을 쌓았다.

마르셀 프루스트는 대표작《잃어버린 시간을 찾아서》1편《스완네 집 쪽으로》에서 자신의 독서 경험을 회고한다. "그런 오후는 평생 겪을 경험을 다 합친 것보다도 더 극적인 사건들로 차고 넘쳤다. 바로 내가 읽는 책 속에서 일어난 사건들이었다." 이어서 그는 소설가가 구사하는 마법을 설명한다. "그[소설가]는 한 시간 동안 세상의 모든 기쁨과 슬픔을 우리 안에 풀어놓는다. 그중 몇몇 감정은 현실 세상을 한참 더 살아간 후에야 깨달을 수 있으며, 가장 강렬한 감정은 평생토록 체험하지 못할 수도 있다."[3] 그렇다. 우리는 책을 통해서도 정신적으로 풍요롭게 살 수 있다.

가즈오 이시구로의 《남아 있는 나날》은 내게 영국에서 2차 세
계대전이 끝날 때까지 귀족 달링턴 경을 섬긴 집사 스티븐스에
관한 흥미진진한 소설일 뿐만 아니라, 도덕적 딜레마와 삶의 의
미에 관한 이야기이기도 하다. 이 소설에서 스티븐스(영화에서는
앤서니 홉킨스가 연기했다)는 최선을 다해 달링턴 경을 모셨다. 경
력의 전성기였던 2차 세계대전 중에는 달링턴 경이 중요한 회의
를 자주 주최했기에 하인을 스물여덟 명이나 고용하고 감독해야
했다. 그는 가내의 모든 업무를 신중하게 계획하고 완벽하게 실
행하는 전문성과 능력을 지녔다고 자부했다. 하지만 전쟁이 끝
나자 달링턴 가문이 여러 세대에 걸쳐 소유했던 달링턴 홀은 미
국인 사업가 패러데이에게 매각되었고, 스티븐스가 관리할 하인
도 네 명으로 줄었다. 스티븐스는 집사가 된 후 처음으로 정식
휴가를 내서 영국 서부를 여행하기로 결심한다. 그리고 난생처
음 지금까지의 삶과 달링턴 경에게 봉사한 시간을 되돌아본다.

스티븐스는 평생 달링턴 경과 달링턴 홀에 헌신했다. 그의 삶
에는 목적이 있었고 의미도 있었다. 전쟁이 끝나고 달링턴 경이
나치 동조자이자 어설픈 아마추어 외교관으로서 결과적으로 영
국에 해를 끼쳤음이 밝혀졌을 때까지. 그렇다면 스티븐스는 평
생을 낭비한 것일까, 아니면 그의 헌신은 그 자체로 가치 있었을
까? 소설 마지막에 스티븐스는 이렇게 말한다. "달링턴 경은 악

인이 아니었습니다. 절대 나쁜 사람은 아니었어요. … 용기 있는 분이었지요. 그분은 삶에서 특정한 길을 선택했습니다. 알고 보니 잘못된 길이긴 했지만 적어도 스스로 선택한 길이었어요. 하지만 나는 스스로 선택한 길이라고 말할 수도 없습니다. 아시겠죠, 나는 믿었습니다. 내가 모시는 분의 지혜를 믿었어요. 그분을 섬기는 기나긴 세월 동안 내가 가치 있는 일을 한다고 믿었단 말입니다.”[4]

이 소설을 읽는 동안 내가 1930년대와 1940년대 초의 달링턴 홀에 가 있는 것처럼 느껴졌다. 난생처음 이런 생각이 들었다. ‘무언가에 대한 나의 헌신이 완전히 잘못되었고 인류에게 유익하기보다 해로운 것으로 밝혀질 수도 있을까?’ 일본인인 나는 항상 제국주의 일본의 장교와 정치인을 사악하기 그지없는 존재로 간주해왔지만, 그들을 위해 일하고 목숨을 바친 사람들의 도덕성은 생각해본 적이 없었다. 《남아 있는 나날》을 읽고 나서 2차 세계대전 당시의 일본 장교들을 비롯해 불명예스러운 상황에 놓인 이들에 관한 생각이 바뀌었다. 어쩌면 그들은 대의에 봉사한다고 (잘못) 믿으며 자신의 임무를 다했을 뿐인지도 모른다. 이 책은 확실히 내가 일본 역사를 바라보는 관점을 변화시켰다. 이전까지는 그런 가능성을 떠올려본 적이 없었지만, 어쩌면 나도 그들과 같은 상황에서는 사악한 장교가 되었을 수도 있다. 유쾌한 생각은 아니었지만 그럼에도 깊고 풍요로운 독서 경험이었다.

2. 〈나 홀로 집에〉에는 없고 〈기생충〉에는 있는 것

지금까지 살펴본 것처럼 우리는 책, 영화, 예술을 통해 정신적 풍요로움을 간접적으로 경험할 수 있다. 하지만 시청각 경험이 항상 풍요로운 것은 아니다. 그렇다면 정신적으로 풍요로운 미적 경험의 핵심은 무엇일까? 첫째, 책을 읽거나 영화를 보는 동안 이야기 속 세계에 완전히 몰입하여 실제 주변 세계의 사소한 변화(예를 들어 누군가가 방에 들어온 것)를 알아차리지 못한다. 이처럼 주의력과 이미지와 감정이 하나로 융합된 상태를 심리학자들은 '몰입transportation'이라고 부른다.[5] 시청자가 이야기 속 세계로 이동하여 실제로 거기에 있는 것처럼 사건을 경험해야 한다. 둘째, 현실에서의 경험이 그렇듯 몰입 경험도 항상 정신적으로 풍요롭지는 않다. 기억에 남고 인상적인 경험이어야 정신적으로 풍요로울 수 있다. 나는 주말에 영화를 보고 나서 며칠 만에 줄거리를 잊어버린 적이 많다. 시청각 경험이 풍요로우려면 기억에 생생하게 남아야 한다. 다시 말해 이런 경험이 머릿속에 남아 있지 않으면 삶을 풍요롭게 하지 못한다.

물질적으로 부유해지려면 돈을 모아야 하듯이, 정신적으로 풍요로워지려면 직간접적으로 흥미로운 경험을 쌓아야 한다. 자극을 추구하는 사람은 온 세상을 돌아다니며 다양한 경험을 쌓고서도 그 자체가 만족스러운 삶으로 직결되진 않는다는 것을 깨닳곤 한다. 그런 사람은 끊임없이 새로운 경험을 필요로 한다. 말하자면 번 돈을 족족 탕진해버리는 고소득자와 같다. 고소득자라도 물질적으로 부유해지려면 저축을 해야 하듯이, 정신적으로 풍요로워지려면 경험을 되새기고 소중히 간직해야 한다. 기억은 매우 중요하다.

마지막으로, 시청각 경험이 풍요로우려면 어느 정도 복잡성이 있고 궁극적으로 관점을 변화시키는 경험이어야 한다. 〈나 홀로 집에〉는 몰입도가 높고 재미있으며 기억에 남는 영화이지만, 정신적으로 풍요로운 영화라고 말하기는 어렵다. 복잡성이 떨어지고 내 인생관을 바꿔놓지도 않았으니까.

당신이 생각하는 정신적으로 풍요로운 영화는 무엇인가? 내게는 구로사와 아키라의 〈라쇼몽〉(1950)이 풍요로운 미적 경험의 범주에 속한다. 이 영화는 사무라이가 살해당한 사건 하나를 중심으로 전개되지만, 네 주인공이 사건에 관해 각각 전혀 다르게 진술한다. 이들 모두 자기 이야기가 진실인 것처럼 관객을 설득하려 하지만, 다음 이야기가 나올 때마다 앞 이야기의 모순이 명확히 드러난다. 인간 본성의 잔인함과 기억의 오류에 관한 우울한 이야기로 영화가 끝나려 할 때, 갑자기 인간의 선함을 상징하는 마지막 사건이 일어난다. 나는 세상이 끔찍해 보이던 시기에 〈라쇼몽〉을 보고서 세상에 희망이 있다고 믿게 되었다. 심오하고 흥미로우며 정신적으로도 풍요로운 영화였다.

〈라쇼몽〉이 너무 옛날 영화로 느껴진다면 〈매트릭스〉(1999)를 떠올려보자. 그 유명한 빨간 약과 파란 약이라는 선택지, 현실과 가상현실 사이의 혼란 등 여러 면에서 인상적인 영화다. 모피어스는 이렇게 말한다. "매트릭스는 어디에나 있어. 우리 주변에, 그리고 지금 이 방 안에도 있지. 창밖을 내다봐도 보일 거야. … 이 세상이 네 눈을 가려 진실을 은폐하고 있어." "무슨 진실이요?" 네오가 묻자 모피어스가 대답한다. "네가 노예라는 것 말이야, 네오. 누구나 그렇듯 너도 갇힌 채로 태어났어. 맛보거나 보거나 만질 수 없는 감방, 네 정신이라는 감방에서." 어느새 관객도 영화 속 인물들에게 실제로 무슨 일이 일어나고 있는지 알아차린다.

〈매트릭스〉도 너무 옛날 영화 같다면 〈기생충〉(2019)은 어떨까? 이 영화는 두 가족에 관한 이야기다. 가난한 김기택-박충숙 부부와 부유한 박동익-최연교 부부에게는 각각 아들과 딸이 하나씩 있다. 어쩌다 보니 김기택 가족 네 명 모두 박동익 가족의 집에서 일하며 부자의 삶에 관해 알게 된다. 가난한 사람은 무기력하고 무능하다는 고정관념과 달리 김기택-박충숙 부부의 아이들은 영리하고 말쑥하며 교활하다. 이들은 각각 예술가와 명문대 학생을 자처하며 박씨 부부를 속여 그들 아들딸의 미술과 영어 과외 교사로 고용된다. 한편 부자는 교활하고 계산적이라는 고정관념과 달리 박동익-최연교 부부는 친절하고 잘 속는다.

기억에 남는 장면이 있다. 김기택이 최연교에 대해 "부자인데 착하다"라고 말하자 박충숙이 이렇게 대꾸한다. "부자인데 착한 게 아니고, 부자니까 착한 거지. 이 돈이 다 내 거였어 봐? 난 더 착하지!" 이 영화는 부유한 사람과 가난한 사람, 능력과 기회, 공정성과 도덕성에 관해 새로운 관점을 제시한다.

3. 끝없는 수다는 이제 그만

이마누엘 칸트는 《판단력 비판》에서 아름다운 예술과 쾌적한 예술을 구분했다. 그는 쾌적한 예술이란 "단지 즐거움만을 목적으로 하는 예술"이라고 설명했다. "식탁에서 손님을 즐겁게 해줄 수 있는 모든 매력적인 예술과 … 흘러가는 시간을 잊게 해주는 것 이상의 흥미를 불러일으키지 않는 모든 놀이가 이 부류에 속한다." 반면 "아름다운 예술은 그 자체가 목적인 표현 방식이며, 설사 [명확한] 목적이 없더라도 사회적 의사소통과 관련하여 정신력에 의거한 문화를 증진한다."[6] 여기서 칸트는 미적 경험을 단순한 감각적 즐거움이 아니라 감각과 현실의 간극, 대상의 새로운 정신적 표현과 이해를 아우르는 '반성적 판단'의 즐거움으로 정의한다.

전설적인 재즈 색소폰 연주자 소니 롤린스는 예술에 관한(정확히는 예술이 중요한 이유에 관한) 질문에 칸트의 미적 판단을 연상시키는 대답을 들려주었다. "기술은 구세주가 아니다. 우리는 먹고 자고 화면을 보고 돈을 벌지만, 이와 같은 물질적 존재의 모든 측면은 무의미하다. 예술은 정반대다. 예술은 무한하다. 예술이 없었다면 이 세상은 존재하지 않았을 것이다. 예술은 비물질적인 영혼, 우리가 마음속에 느끼는 직관을 나타낸다. 오늘날 예술이 그 어느 때보다 중요한 이유는 세상만사에 쒼 논쟁적이고 정치적인 외피보다 더 오래가기 때문이다. … 마찬가지로 예술은 우리가 새로운 것을 찾도록 촉구하는 동시에 우리가 모르는 것을 조명해주기도 한다."[7]

데이비드 브룩스는 에세이 〈정치 시대 예술의 힘〉에서 소니 롤린스의 지적에 동조한다. "많은 사람들과 마찬가지로 나도 정치에 너무 많은 시간을 할애한다. … 그래서 대책을 강구하고 있다. 예술로 도피하는 것이다." 그에 따르면 "예술은 우리가 가던 길을 멈추고 숨을 고르고 마음을 활짝 열어 종종 어린아이 같은 경외심과 경이감으로 그 혜택을 받아들이게 한다. … 예술 작품은 우리의 감정적 레퍼토리를 넓혀준다. 시를 한 편 읽거나 조각품을 바라보면 새로운 사실을 알게 된 것이 아니라 새로운 경험을 한 것이다."[8] 우리는 문학 작품 읽기뿐 아니라 예술 작품 감상을 통해서도 새로운 경험에 마음을 열 수 있다.

롤린스와 브룩스의 예술에 대한 견해는 마르틴 하이데거가 말한 '끝없는 수다Das Gerede'를 떠올리게 한다.[9] 《존재와 시간》에서 하이데거는 우리가 "수다와 소문이 전달되는 경로를 따라" 살아가며 일상의 끝없는 수다로 진정 중요한 것이 가려진다고 주장했다. '끝없는 수다'의 세계에서 우리는 스스로 깊이 생각하지 않고서도 만사를 이해한다. "끊임없는 산만함의 가능성"이 우리를 공격한다. 소셜미디어는 끝없는 수다다.[10] 잡담도 끝없는 수다다. 수다를 떨다 보면 삶이 뿌리도 정처도 없이 부유하는 것처럼 느껴진다. 빽빽한 일정표와 끝없는 산만함 사이에서 우리는 한순간도 깊이 생각하거나 숭고함을 마주하기가 어렵다.

내게 예술과 스포츠는 드물게 일상의 끝없는 수다에서 벗어날 수 있는 순간들을 제공한다. 〈No. 13(황색 위에 백색, 적색)〉 같은 마크 로스코의 색면회화를 볼 때마다 독특하고 말초적인 경험을 한다. 단순한 색채와 흐릿한 선이 마음을 가라앉히고 몰입시키며 뒤흔들어놓는데, 아마도 로스코가 우울증에 시달리다 결국 자살했다는 사실 때문일 것이다. 하지만 이런 배경지식과는 별개의 문제일 수도 있다. 나는 몇 번이나 메트로폴리탄미술관에 가서 〈No. 13〉 앞에 앉아 있곤 했다. 그 작품에 몰입하면 다른 것들이 전부 희미해진다. 마크 로스코가 말했듯이 "그림은 경험에 관한 것이 아니다. 그 자체가 경험이다."[11]

4. 관점 변화가 중요하다는 실증적 증거

심리학자 대니얼 벌린은 1971년 저서 《미학과 심리생물학Aesthetics and Psychobiology》에서 미적 판단에 관한 일련의 실험을 개괄했다. 그가 발견한 요점은 쾌적함에 최적인 복잡성과 흥미로움에 최적인 복잡성의 정도가 다르다는 것이었다. 단순한 기하학 도형은 대체로 복잡한 도형보다 쾌적하게 인식되는 반면 복잡한 도형은 일반적으로 단순한 도형보다 흥미롭게 인식된다.[12]

한 실험에서 벌린은 기하학 도형의 두 가지 특징을 조작했다.[13] 하나는 대칭성(도형을 이루는 요소가 얼마나 대칭적이고 균일한지)이었고 다른 하나는 수(도형을 이루는 요소가 다섯 개 이하인지 혹은 더 많은지)였다. 그리하여 단순하고 대칭적인 도형, 단순하고 비대칭적인 도형, 복잡하고 대칭적인 도형, 복잡하고 비대칭적인 도형으로 구분했다. 참가자들은 단순하고 대칭적인 도형이 가장 쾌적하다고 평가했다. 그다음으로는 복잡하고 대칭적인 도형, 단순하고 비대칭적인 도형, 복잡하고 비대칭적인 도형 순이었다. 대칭이 쾌적함의 비결이었다. 그렇지만 참가자들은 단순하고 대칭적인 도형(가장 쾌적하다고 평가한 도형)을 가장 따분하다고 평가하기도 했다. 복잡성과 비대칭성은 흥미로움을 더해주는 동시에 쾌적함을 떨어뜨리는 것으로 나타났다.

좀 더 최근에는 심리학자 폴 실비아와 새뮤얼 터너 주니어가 미적 판단에 관해 흥미로운 실험을 했다.[14] 참가자들은 고전 명화 열세 점을 보았는데, 그중 여섯 점은 에드가르 드가의 〈오페라 극장의 무용 연습실〉과 클로드 모네의 〈수련이 있는 연못〉 같은 차분한 느낌의 그림이었다. 나머지 일곱 점은 프랜시스 베이컨의 〈고기가 있는 인물화〉(소 두 마리의 사체에 둘러싸여 공포에 질린 교황)와 프란시스코 고야의 〈아들을 잡아먹는 사투르누스〉(그렇다, 인간의 몸을 뜯어먹는 신이다) 등 불안한 느낌의 그림이었다. 후자의 그림들은 상당히 충격적이고 그로테스크하며, 평온하고 따스한 분위기로 유명한 모네의 그림과 비교하면 더욱 그렇다. 참가자들은 각각의 그림을 본 후 해당 작품이 얼마나 흥미롭거나 따분한지, 밋밋하거나 매력적인지, 재미있거나 재미없는지, 쾌적하거나 불쾌한지, 이해할 수 있거나 어려운지, 친숙하거나 낯선지 평가했다. 그 결과 그림의 쾌적함을 예측할 수 있는 요소는 이해도, 친숙성, 단순성으로 나타났다. 다시 말해 이해하기 쉽고 단순한 그림일수록 더 쾌적하다고 평가받았다. 반면 그림의 흥미로움을 예측할 수 있는 요소는 불안함과 불쾌함이었다. 즉 그림이 불안하고 불쾌할수록 더 흥미롭다는 평가를 받았다.

또 다른 실험에서 실비아는 이해력의 역할을 탐구했다.[15] 예를 들어 참가자들에게 스콧 매클라우드의 유명한 추상 시 〈하이피슈의 생애The Life of Haifisch〉를 읽어보게 했다. 추가 정보를 제공하지 않은 참가자들은 시를 이해하지 못했고 흥미도 느끼지 못했다. 반면 시의 제목과 Haifisch가 독일어로 '상어'라는 설명 등 추가 정보를 얻고 나서 시를 읽은 참가자들은 내용을 잘 이해했으며 훨씬 더 흥미로워했다. 다시 말해 미묘한 선線이 존재한다. 예술을 감상하려면 적어도 최소한의 이해는 가능해야 한다.

나는 버지니아대학교에서 에린 웨스트게이트와 닉 버트릭이라는 두 학생과 함께 연구한 적이 있었다. 우리는 폴 실비아의 글을 비롯한 기존의 실험 미학 논문을 함께 읽었다. 그러다 보니 어릴 때부터 다양한 책을 읽으면 더 복잡한 내용을 이해하고 지적으로 풍요롭게 사는 데 도움이 되는지 궁금해졌다. 그래서 어린 시절의 독서 습관, 현재의 인지 방식, 자신이 얼마나 정신적으로 풍요롭다고 생각하는지 등에 관해 5000명 이상을 조사했다.[16] 우리의 가설은 대체로 유년기에 독서를 많이 한 사람의 인지 방식이 더 유연하고 정신적으로도 풍요로우리라는 것이었다. 하지만 조사 결과는 예상했던 것보다 더 복잡했다.

첫째, 우리가 예상했듯이 성장기에 순문학을 많이 읽은 사람은 그렇지 않은 사람보다 더 귀인 복잡성attributionally complex(인간 행동의 원인을 추론할 때 다수의 원인과 그 복잡한 상호작용을 고려하는 성향—옮긴이)이 높았고(즉 어떤 사람이 특정한 행동을 하는 이유를 다양하게 추측할 수 있다) 성인이 되어서도 정신적으로 더 풍요롭게 살았다. 둘째, 예상외로 성장기에 로맨스 소설을 많이 읽은 사람은 그렇지 않은 사람보다 귀인 복잡성이 훨씬 낮은 것으로 나타났다. 이들은 로맨스 소설을 적게 읽은 사람에 비해 '본질주의'에 빠지기 쉬운 것으로 나타났다. 예를 들어 어릴 때 로맨스 소설을 많이 읽은 사람은 세상을 더 단순하게 보는 경향이 있었다. 이 남자는 얼간이, 저 여자는 천사, 야구는 따분한 것이고 오페라는 노인이나 보는 것이라는 식이다. 반면 어릴 때 순문학을 많이 읽은 사람은 본질주의에 빠질 가능성이 낮았고, 이 남자가 어떤 사람에게는 얼간이일 수 있지만 노숙자에게는 친절하고 관대할 수 있다고 생각할 가능성이 높았다. 셋째, 우리는 본질주의 척도와 같은 기타 척도를 적용하여 재연 실험을 해보았다. 참가자의 연령, 성별, 학력, 소득, 정치 성향을 통계적으로 통제한 실험에서도 유의미한 결과를 확인할 수 있었다. 다시 말해 순문학을 많이 읽는 것과 인지 복잡성은 연결되어 있었지만, 순문학 독자가 교육 수준이 더 높거나 나이가 많거나 정치적으로 진보적이기 때문은 아니었다.

결국 우리가 발견한 실증적 증거는 문학비평가 라이어널 트릴링의 1950년 저서 《자유주의적 상상력The Liberal Imagination》의 주요 논지와 부합한다. "문학은 다양성, 가능성, 복잡성, 난이도를 최대한 상세하고 정확하게 숙고하는 인간 활동이다."[17] 우리의 연구는 어디까지나 상관연구(복수 변인의 관계도와 방향성에 초점을 맞춘 연구—옮긴이)이므로 문학 독서의 인과적 역할에 관해서는 향후 추가 연구가 필요하다. 전반적으로 문학 독서는 인지 복잡성을 높이고 관점 전환 기술(타인의 행동을 관찰자가 아닌 당사자의 관점에서 보는 기술 및 능력)을 키워주며, 인생의 우여곡절을 이해하는 데에도 도움이 되는 것으로 보인다.

나는 관점 변화가 정신적으로 풍요로운 경험의 핵심이라고 거듭하여 주장해왔지만, 지금까지 이 주장에 대한 실증적 증거를 제시하지는 못했다. 그래서 전경-배경 착시 그림처럼 다양하게 해석되는 그림이 한 가지로만 해석되는 그림보다 시각적으로 더 풍부한지 알아보기 위해 조던 액스트, 최혜원과 함께 일련의 실험을 실시했다.

노마 바의 그림을 보자. 맥주가 가득 담긴 가늘고 긴 잔이 그려져 있다(그림 2). 상단 거품은 특정한 방향에서 보면 얼굴처럼 보인다. 한 실험에서 우리는 이 그림을 화면에 띄우고 실험 참가자들에게 "무엇이 보이나요?"라는 질문을 제시했다. 참가자가 답을 적고 페이지를 넘기면 새로운 질문이 나왔다. "그 외에는 무엇이 보이나요?" 참가자 대부분이 처음에는 맥주잔을 보았지만 그다음에는 눈과 코와 입이 있는 얼굴을 보았다. 각자의 관점에 따라 맥주잔이 보일 수도 있고 얼굴이 보일 수도 있다.

또 다른 참가자 집단은 이 그림을 변형한 이미지를 보았다(그림 3). 모든 게 그대로이지만, 그림 2에서 '눈'이 되었던 부분을 지워서 맥주 거품이 얼굴처럼 보이지 않게 되었다. 즉 변형된 이미

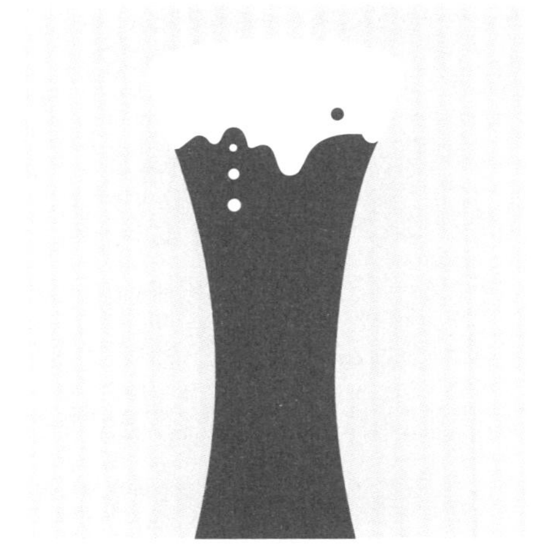

지는 가득 찬 맥주잔에 불과하다. 우리는 이번에도 두 가지 질문을 제시했다. "무엇이 보이나요?", "그 외에는 무엇이 보이나요?" 이번에도 참가자 대부분은 맥주잔을 보았다. 하지만 얼굴을 본 사람은 아무도 없었다. 첫 번째 참가자 집단에게는 일련의 전경-배경 착시 그림을 한 번에 하나씩 제시하고 무엇을 보았는지 쓰게 했다. 두 번째 참가자 집단에게는 이 그림들을 약간 변형해서(본질적으로 같은 그림이지만 2차 형상을 제거했다) 제시하고 무엇을 보았는지 쓰게 했다. 그런 다음 모든 참가자에게 그림들을 평가하고 현재 기분을 보고해달라고 요청했다.

일련의 실험 결과 전경-배경 착시 그림을 본 참가자들은 주제

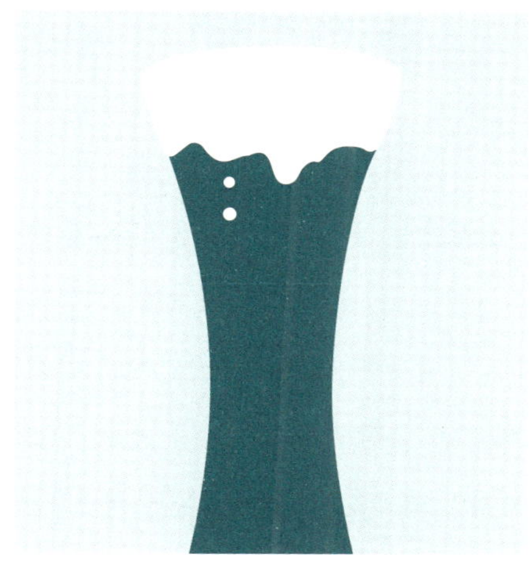

틀 명확히 알아볼 수 있는 그림을 본 참가자들보다 정신적으로 더 풍요롭고 즐겁고 상쾌하게 느꼈으며 지루함과 따분함은 덜 느꼈다.[18] 미세한 시각적 차이가 두 집단의 정신상태를 크게 갈라놓았다. 전경-배경 착시 그림을 본 집단은 하나의 그림에서 여러 가지를 보았다. 처음에는 뭔가 이상하다고 느껴서 당황했겠지만, 2차 형상을 더 명확히 알아보면서 그런 느낌도 사라졌을 것이다. 반면 대조군은 단일하고 명확하며 모호하지 않은 그림을 보았다. 주목할 점은 모든 실험에서 두 집단이 비슷한 기분을 느꼈다는 것이다. 대조군도 전경-배경 착시 그림을 본 참가자들만큼이나 유쾌하게 느꼈다고 보고했다. 그럼에도 약간의 복잡성

과 예상치 못한 요소가 마치 미적 향신료처럼 시각적이고 지각
적인 풍요로움을 증진시켰다.

5. 스포츠는 끝날 때까지 끝나지 않는다

어떤 사람들에게 스포츠는 칸트가 말했듯 "흘러가는
시간을 잊게 해주는 것 말고는 흥미로울 게 없는 놀이"[19]이자 심
심풀이일 뿐이지만, 다른 사람들에게는 오락 그 이상이다. 스포
츠는 유난히 많은 드라마를 탄생시키는데, 결과가 각본에 따라
정해지지 않기 때문이다. 어떤 일이 일어날지 아무도 모른다. 당
신이 응원하는 야구팀이 월드시리즈에서 우승하기 직전 평범한
땅볼이 스타 1루수의 손을 벗어나 다리 사이로 지나가는 바람에
결국 상대 팀이 우승을 차지할 수도 있다(실제로 1986년에 이런 일이
일어났다). 그런가 하면 예상치 못한 순간에 매직 존슨의 경이로운
패스와 마이클 조던이나 르브론 제임스의 경악스러운 덩크슛이
터지기도 한다. 프로스포츠에는 드라마와 아름다움이 있다. 철학
자 스티븐 멈퍼드가 2012년 저서 《스포츠 관람: 미학, 윤리, 감정
Watching Sport: Aesthetics, Ethics and Emotion》에서 자세히 설명했듯이,
실제로 스포츠 관람은 미적 경험으로 해석될 수 있다.[20]

솔직히 말하자면 내가 미국에 온 이유 중에는 NBA 농구와 메

이저리그 야구 경기를 보고 싶다는 것도 있었다. 1995년 내가 가장 좋아하는 농구팀 휴스턴 로키츠의 경기에서 극적인 사건이 일어났다. 휴스턴은 내가 가장 좋아하는 선수 하킴 올라주원이 이끈 1993-1994 시즌에 창단 첫 NBA 우승을 차지했고, 그에 이어 1994-1995 시즌에도 9연승으로 출발했다. 누가 봐도 또 한 차례 우승할 기세였다.

그러나 공격이 잘 풀리지 않았다. 결국 휴스턴은 47승 35패로 정구시즌을 마무리하고 서부 콘퍼런스 플레이오프에서 6번 시드를 받았다. 정규시즌이 실망스럽게 끝나버린 것이다. 플레이오프 1라운드에서는 60승 22패로 정규시즌을 마감하고 칼 멀론과 존 스톡턴을 선수 명단에 올린 유타 재즈와 맞붙었다. 3번 시드를 받은 유타는 5전 3선승제 경기에서 2 대 1로 앞서고 있었다. 한 번만 더 이기면 다음 단계로 넘어갈 수 있었다. 하지만 4차전에서 휴스턴이 승리하며 2 대 2로 동률이 되었다. 5차전은 유타에서 진행되었다. 유타의 홈 어드밴티지로 휴스턴의 시즌이 끝나버렸을까? 아니었다. 휴스턴이 95 대 91로 유타를 꺾었다.

플레이오프 2라운드에서 휴스턴은 2번 시드를 받은 피닉스 선스와 맞붙었다. 피닉스는 7전 4선승제 경기에서 3 대 1로 앞서고 있었다. 이번에도 한 번만 더 패하면 휴스턴의 시즌은 끝났을 것이다. 휴스턴이 피닉스를 꺾으려면 3연승을 거둬야 했다. 피닉스는 5차전에서 승리할 기회가 있었지만, 주전 포워드인 찰스 바클리가 그답지 않게 정규 시간 종료 직전 자유투를 모두 놓치는 바람에 경기는 연장전으로 이어졌다. 결국 휴스턴은 피닉스에서 열린 5차전에서 승리했다. 이후의 이야기는 다들 알 것이다. 휴스턴은 홈에서 열린 6차전에서, 그리고 피닉스에서 열린 7차전에서도 승리했다. 콘퍼런스 결승전에서 휴스턴은 1번 시드를 받은 샌안토니오 스퍼스를 꺾었고, 결승전에서 올랜도 매직까지 제압하며 NBA 2연패를 달성했다.

6번 시드를 받은 팀이 우승을 차지한 것도 놀라운 일이지만, 5전 3선승제 경기에서 1승 2패로, 7전 4선승제 경기에서 1승 3패로 뒤지다가 역전한 것은 사실상 전대미문의 사건이었다. 나도 플레이오프를 시청하며 몇 번이나 이젠 끝이라고 생각했던 순간들이 있었다. 하지만 그렇지 않았다. 루디 톰자노비치 감독은 "챔피언의 심장을 절대 과소평가하지 말라!"라는 명언을 남겼다. 1995년 플레이오프는 1번 시드의 우승을 지켜보는 것보다 감동적이고 드라마틱했으며 정신적으로도 훨씬 풍요로운 경험이었다. 이처럼 패자의 승리는 가능성에 대한 시야를 넓혀준다.

6. 예술을 통해서만 가능한 것들

그렇다. 시나 소설을 읽고 영화를 보고 예술 작품을

감상하고 경외심을 불러일으키는 스포츠 경기를 보면 정신적 풍요로움이 증진된다. 그러려면 시인, 소설가, 영화감독, 예술가의 신념과 표현을 독자적으로 해석하고 운동선수의 비범한 움직임에서 아름다움을 인지할 수 있어야 한다. 이런 의미에서 미적 경험은 개인의 모험을 통해 이루어지는 직접경험과는 다르다. 그렇지만 상황에 따라서는 예술과 스포츠를 통해서도 매우 생생하고 즉각적인 경험을 할 수 있다.

연작소설《잃어버린 시간을 찾아서》의 마지막 7편인《되찾은 시간》끝부분에서 프루스트는 예술의 역할에 관해 더 개괄적으로 이야기한다. "우리는 예술을 통해서만 자신으로부터 벗어날 수 있고, 자신의 우주와 다른 우주에서 다른 사람이 보는 것을 알 수 있다. 예술이 없다면 그곳의 풍경은 달에 존재할지도 모르는 풍경처럼 우리에게 알려지지 않은 채로 남아 있으리라. 예술 덕분에 우리는 자신의 세계 하나만을 보는 대신 스스로 증식하는 세계를 보게 되었고, 독창적인 예술가의 수만큼이나 많은 세계를, 무한한 공간에서 회전하는 서로 다른 세계를, 렘브란트든 페르메이르든 그 불빛의 근원이 사라진 지 수백 년이 지난 지금까지도 우리에게 각각 특별한 빛을 보내는 세계를 마음대로 활용할 수 있게 되었다."[21] 실제로 프루스트는 자주 몸이 아팠고 멀리 여행하기를 꺼렸지만, 예술 덕분에 시간과 공간을 넘나들며 다양한 세계를 경험할 수 있었다.

영화평론가 로저 이버트는 영화를 1만 편 이상 보고 리뷰를 6000편 넘게 썼다.[22] 그는 자신이 본 영화 대부분을 잊어버렸지만 기억할 가치가 있다고 생각되는 영화는 잊지 않았다. 이버트는 이렇게 설명했다. "영화에 집중하다 보면 사람들이 마음속 가장 깊은 곳에서 무엇을 갈망하고 또 두려워하는지 알게 된다. 적어도 좋은 영화라면 그렇다. 그래서 우리는 마음속 깊은 곳에서 감동받기를 바라며 영화를 보러 간다." 마음속 깊은 곳에서 자주 감동받을수록 우리의 내면도 더 풍요로워진다. 일리노이주 어배너에서 태어나 일리노이대학교 어배너-샘페인 캠퍼스를 졸업한 이후로 쭉 시카고에만 살았던 이버트는 물리적·지리적 탐험은 하지 않았지만 미적·지적으로 탐험하며 살았음이 분명하다.

우리는 복잡한 이야기 속 세계나 각본 없는 스포츠의 세계에 열중하면서 몰입하고 변화한다. 이는 일상의 경험과는 다른 초월적인 경험이며, 평소와 다른 생각과 감정을 불러일으키고, 때로는 예상치 못한 가능성과 새로운 인생관까지 일별하게 한다. 한마디로 정신적으로 풍요로운 경험이다.

10장

탐색의 중요성

결국 인생의 목적은 살아가면서 최대한의 경험을 맛보는 것, 더욱 새롭고 풍요로운 경험을 두려움 없이 열렬하게 추구하는 것이다. 그러려면 호기심과 지칠 줄 모르는 모험심이 있어야만 한다.

_ 인권운동가 엘리너 루스벨트, 《살아가면서 배운다You Learn by Living》[1]

1. 노랑배박새의 먹이 확보 전략

프로레슬링 경기 관전은 흥미로운 주말 나들이가 될 수 있다. 국립공원에 가면 일상에서 체험하기 어려운 놀라움과 경이로움을 느낄 수 있다. 영화 〈쉰들러 리스트〉는 볼 때마다 눈물을 자아낸다. "그래서 어쨌다고?"라고 반문할 사람도 있으리라(설사 9장을 다 읽었다 해도). 이 모두가 결국 철학자 블레즈 파스

칼이라면 "기분 전환divertissement"[2]이라고 했을 일들 아닌가? 권태를 피하고 시간을 때우는 것 말고 이런 활동에 진정한 장점이 있을까? 다시 말해서, 탐색해야 할 이유가 무엇일까?

자연에서 그 답을 찾아보자. 노랑배박새는 박새목에 속하며 몸길이가 13센티미터 정도로 유럽, 북아프리카, 중동, 중앙아시아에서 흔히 볼 수 있다. 영국 동물학자 존 리처드 크레브스와 동료들은 노랑배박새가 먹이 확보 가능성이 서로 다른 두 식생 가운데 어느 쪽에서 먹이를 찾아야 할 줄을 '아는지' 알아보았다.[3] 한쪽 식생이 다른 쪽보다 훨씬 더 나은 경우(예를 들어 먹이 확보 가능성이 50퍼센트 높음), 노랑배박새는 잠시 탐색한(열 번쯤 뛰어서 돌아다닌) 후 더 나은 쪽을 알아내고 더 나은 식생에 머물거나 그곳을 '활용'했다. 먹이 확보 가능성이 크게 다르지 않은 경우(예를 들어 10퍼센트) 더 오래 탐색한(평균 마흔 번 이상 뛰어서 돌아다닌) 후 좀 더 나은 식생을 선택했다.

과학자들은 또한 컴퓨터시뮬레이션을 실행하여 최적의 결과를 실제 노랑배박새 실험 데이터와 비교했다. 놀랍게도 노랑배박새의 선택은 이상적인 시뮬레이션 행동과 거의 동일했다. 즉 노랑배박새는 본능적으로 이상적인 '탐색exploration 후 활용exploitation' 전략을 사용했으며, 다양한 장소의 먹이 확보 가능성에 따라 탐색 시간을 조절했다.

당연하게도 정신적으로 풍요로운 삶은 '활용' 전략보다는 '탐

그림 4. 대학생들이 생각하는 이상적인 대학 생활 (버지니아대학교에서 조사, 강제 선택형 문항)

	정신적 풍요로움	행복	의미
1학년	**43.4%**	34.1%	22.5%
2학년	37.5%	**41.2%**	21.3%
3학년	33.9%	33.9%	32.1%
4학년	13.6%	40.9%	**45.5%**

색' 전략으로 기울어진다. 노랑배박새처럼 사람들도 상황에 따라 전략을 바꾸는 듯하다. 2019년 가을에 버지니아대학교 학생 585명에게 어떤 대학 생활을 원하는지 물어보았다. 그 결과, 정신적으로 풍요로운 생활을 선택한 비율이 학년별로 매우 다르게 나타났다.[4]

1학년생들은 정신적으로 풍요로운 생활을 가장 많이 선택했고 행복한 생활이 두 번째, 의미 있는 생활이 마지막이었다. 2학년생의 경우 행복한 생활이 가장 많았고 정신적으로 풍요로운 생활이 그다음이었다. 3학년생들은 세 가지를 비슷하게 선택했다. 마지막으로 4학년생은 의미 있는 생활을 가장 선호했고 행복한 생활이 그 뒤를 이었다. 많은 대학생이 초창기에는 탐색을 선호하지만, 노랑배박새와 마찬가지로 일단 자기가 하고 싶은 일을 파악하면 우선순위가 바뀌어 의미 있는 대학 생활을 추구하는 듯하다. 우리는 대학생도 노랑배박새처럼 탐색 후 활용 전략을 사용하는 경향이 있음을 알게 되었다.

2. 짝을 찾을 때는 최대한 많이 만나봐야 한다

그런데 이 버지니아대학교 학생들의 전략이 과연 최선일까? 대다수가 최적의 탐색-활용 전략을 사용할까? 인지심리학자 피터 토드와 제프리 밀러는 이런 질문에 나보다 더 잘 대답할 수 있는 사람들이다. 다양한 의사결정 상황에서 최적의 탐색-활용 전략 전문가인 토드와 밀러는《'오만과 편견'에서 '설득'으로: 만족스러운 짝 찾기》라는 재미있고 유익한 논문을 저술했다.[5]

이 논문은 독일의 천문학자이자 수학자였던 요하네스 케플러 이야기로 시작한다. 케플러의 첫 번째 아내는 1611년 콜레라로 사망했지만, 결혼 생활이 행복하지 않았기에 그는 크게 슬퍼하지 않았다. 얼마 지나지 않아 그는 새로운 아내를 얻기 위해 체계적인 탐색에 나섰다. 2년 동안 여성 열한 명에게 정식으로 구애하고 그들과 진지하게 대화도 나눠보았다. 친구들은 지위가 높고 지참금도 많은 4번 여성과 결혼하라고 권했지만, 그는 케플러가 자기를 너무 오래 기다리게 했다며 청혼을 거절했다. 그래서 케플러는 가장 마음에 들었던 5번 여성을 선택했다. 부유한 가문 출신은 아니지만 교육을 잘 받은 여성이었고 편안한 가정을 꾸려서 케플러가 이후로도 주요 저작 네 권을 더 쓸 수 있게 했다고 전해진다. 케플러는 시간을 들여 흥미롭고 활기차고 광범위한 탐색에 나섰으며 결과적으로 적당한 재혼 상대를 선택했다. 그의 두 번째 결혼 생활은 행복했다.

케플러는 당대 최고의 수학자였으니 확률법칙도 잘 알았을 것이다. 통계학에는 '비서 문제'라는 유명한 문제가 있다. 일련의 면접을 바탕으로 가능한 한 최선의 후보자를 채용하는 문제다. 연구진은 참가자가 채용할 사람을 결정하기 전에 정해진 후보자 중 몇 명을 면접했는지 측정한다. 후보자를 면접한 후 합격 아니면 불합격의 이분법으로 결정을 내려야 하며, 이전 면접 대상자로 들어갈 수는 없다. 컴퓨터시뮬레이션에 따르면 이 경우 최적의 전략은 일단 후보자 가운데 37퍼센트를 면접한 다음(즉 이들을 전부 불합격시킨 다음) 나머지를 초반 37퍼센트 중 가장 우수했던 후토자와 비교해가며 결정하는 방식이다. 이를 '37퍼센트 법칙'이라고 한다. 하지만 실제로 37퍼센트 법칙을 따르는 사람이 얼마나 될까? 매우 드물다.

당신에게 잠재적 배우자 100명이 있다고 치자. 그중 서른일곱 명과 한 번 이상 데이트한 다음 37퍼센트 법칙에 따라 가장 적합한 배우자를 찾겠는가? 그렇지 않을 것이다. 그렇게 많은 사람과 데이트하면 경제적 비용뿐 아니라 정신적 비용도 클 테니까. 그러다 마침내 짝을 찾았다 싶더라도 상대가 구애를 거절한다면 그동안의 광범위한 탐색은 헛수고가 될 것이다. 내 마음에 들고 그쪽에서도 호감을 보인 첫 번째 상대를 선택하는 편이 더 합리적이다.

흥미로운 사실은 그럼에도 심리학자들이 추가 탐색 비용을 최소화하기 위한 '비서 문제' 실험을 여러 차례 수행해왔다는 것이다(예를 들어 데이트 상대를 만날 시간과 장소를 찾는 대신 카드를 뒤집는 방식으로). 탐색 비용이 매우 적은 인위적인 실험실 환경에서도 최적의 전략을 사용하는 사람은 극소수에 불과하다. 예를 들어 실험실 환경에서 37퍼센트 법칙을 따른 대학생 참가자는 30퍼센트밖에 되지 않았고, 비둘기는 더 적어서 17퍼센트에 그쳤다.[6] 심리학자 월터 허브랜슨과 동료들은 다음과 같이 결론을 내렸다. "총 세 번의 실험에서 비둘기와 인간 모두 '비서 문제'에 일관되게 최적의 전략을 사용하는 데 실패했다. 가장 중요한 점은 두 생물종이 똑같은 방식으로 실패했다는 것이다. 양쪽 모두 이상적인 가짓수의 선택지를 고려하지 않고 너무 빨리 선택을 내렸다."

탐색 비용이 적은 과제에서 너무 일찍 선택을 내렸다면, 탐색 비용이 많고 거절 확률이 높은 실제 짝짓기에서 너무 일찍 선택할 확률은 훨씬 더 높아진다. 실제로 경제학자들은 사람들이 짝을 고를 때 충분히 탐색하지 않아서 차선을 선택한다고 주장한다.[7] 거의 모든 사람은 많이 탐색할수록 더 나은 선택을 내릴 수 있다.

3. '열두 가지 선택지' 추론법

심리학자 서맨사 코언과 피터 토드는 실제 배우자 결정어서 탐색-활용의 균형 지점을 알아보기 위해 CDC에서 수집한 미국 전역 대표 데이터를 분석했다.[8] 어떤 사람은 결혼하기 전에 여러 사람과 오래 데이트하는 반면, 어떤 사람은 단기간에 몇몇 사람과 데이트하고 서둘러 정착한다는 사실이 밝혀졌다. 탐색-활용의 균형 지점이라는 측면에서 보면 전자는 오래 탐색하그 활용에 들어간 반면 후자는 잠시 탐색하고 활용에 들어간 셈이다. 동물행동학 논문과 컴퓨터시뮬레이션 모두 탐색이 불충분할수록 많은 오류가 발생한다고 암시한다. 물론 후보자 중에 군계일학이 있다면 선택지가 확실하니 더 탐색할 필요가 없을 것이다. 하지만 현실적으로 짝을 찾다 보면 후보자 대다수가 고만고만하게 마련이다. 다시 말해 한 사람에게 정착하기 전에 더 많이 탐색할수록 좋다는 뜻이다. CDC 데이터에 따르면 실제로 결혼 전 탐색 기간이 짧은 사람(진지한 관계를 시작한 지 얼마 안 되어 결혼하는 사람)은 탐색 기간이 긴 사람보다 이혼할 확률이 더 높다. 따라서 평균적으로 결혼 전 탐색 기간이 길수록 결혼 생활도 안정적이다.

CDC 데이터는 37퍼센트 법칙과 부합한다. 그러나 피터 토드와 제프리 밀러는 몇 가지 근거를 들어 37퍼센트 법칙에 이의를 제기한다. 예를 들어 동물은 최고의 짝과 상위 10퍼센트의 짝을 구분할 수 없다. 게다가 동물에게는 최고의 짝을 찾는 것이 그리 중요하지 않다. 최상의(이를테면 상위 10퍼센트) 선택지 중 하나만 찾으면 된다. 우리도 기준을 '최상의 선택'에서 '최상의 선택지 중 하나'로 바꾸면 어떨까? 그러면 잠재적 배우자의 수를 100명으로 설정할 경우 초반 37퍼센트 대신 초반 14퍼센트만 살펴보면 된다. 좀 더 신속할 뿐 아니라 성공할 확률도 가장 높다. 잠재적 배우자의 수를 1000명으로 설정할 경우 3퍼센트만 탐색해도 상위 10퍼센트에 속하는 사람을 찾을 확률이 최적화된다. 다시 말해 잠재적 배우자가 100명이라면 처음 열네 명을 주의 깊게 살펴보고 이후로는 열네 명 중 가장 나았던 사람보다 더 나은 사람을 선택하면 된다. 잠재적 배우자가 1000명이라면 처음 서른 명을 주의 깊게 살펴보고 이후로는 서른 명 중 가장 나았던 사람보다 더 나은 사람을 선택하면 된다. 37퍼센트 법칙보다 훨씬 합리적이다.

결론적으로 토드와 밀러는 어떤 문제든 상위 10퍼센트의 선택지를 찾으려면 '열두 가지 선택지' 추론법이 효과적이라고 주장한다. 즉 새로운 연애 파트너나 이사할 집을 찾는다면 결정을 내리기 전에 최소 열두 가지 선택지를 고려해보는 편이 좋다. '열두 가지 선택지' 추론법은 37퍼센트 법칙보다는 훨씬 수월하지만 여전히 만만하지 않다. 결혼 전에 진지한 관계를 열두 번이나 가지는 게 쉬운 일은 아니니까. 케플러는 2년 동안 후보자 열한 명을 놓고 심사숙고했으니 토드와 밀러의 '열두 가지 선택지' 추론법과 매우 비슷하다.

4. 결혼의 지리학: 큐피드는 단거리 비행사

케플러와 통계학자들이 우리가 내리는 많은 결정에 대한 최적의 해결책을 찾았다고 하니 이를 더 깊이 파헤쳐보면 어떨까? 탐색 비용과 거절 확률 말고 또 무엇이 중요할까? 그리고 이를 통해 정신적으로 풍요로운 삶에 관해 뭔가 알아낼 수 있을까?

사회학과 사회심리학에서 답을 찾을 수도 있다. 펜실베이니아 대학교 사회학 교수 제임스 보사드는 1931년 필라델피아와 주변 지역의 혼인신고서 5000건을 입수하여 신고 당시 신랑과 신부가 어디에 살았는지 조사했다.[9] 그는 이들이 결혼하기 전에 서로 얼마나 멀리 떨어져 살았는지 알아봄으로써 필라델피아의 결혼 지리학을 파악하려고 했다. 미혼자들이 광범위한 선택지를 탐색했다면 그중 다수가 멀리 사는 사람과 결혼했을 터였다.

조사 결과 1930년대 필라델피아 사람들은 가까운 곳에서 배우자를 찾은 것으로 나타났다. 부부 890쌍, 즉 17.8퍼센트만이 한쪽은 필라델피아에 거주하고 한쪽은 다른 지역에 거주했던 것으로 드러났다. 나머지 82.2퍼센트는 둘 다 결혼 전부터 필라델피아에 살았다. 이 조사에서 매우 유명한 부분이 있다. 과반수의 커플이 결혼 전 서로 스무 블록 이내에 살았고 33.58퍼센트는 다섯 블록 이내에 살았다는 것이다! 필라델피아 같은 대도시의 미혼 남녀에게는 말 그대로 수십만 명의 잠재적 배우자가 있지만, 대다수는 가까이 사는 상대만을 배우자로 고려했던 듯하다. 그러지 않았다면 어떻게 대부분의 부부가 스무 블록 이내에서 맺어졌겠는가? 보사드는 조사 결과에 관해 "큐피드의 날개는 장거리 비행에 적합하지 않은 것 같다"라고 말했다.

가까이 살았다는 것은 다양한 요인을 암시할 수 있다. 우선 1931년에 필라델피아는 인종적·민족적으로 분리되어 있었다.[10] 따라서 근접성이란 문화적·언어적·종교적 배경이 같다는 의미이기도 했다. 당시에는 이런 배경이 지금보다 더욱 중요했다. 근접성은 멀리 사는 사람보다 가까이 사는 사람끼리 교류할 가능성이 더 높다는 뜻이기도 했다. 다시 말해 가까이 사는 사람끼리 알고 지낼 확률이 훨씬 더 높았다.

필라델피아 연구가 대단하긴 하지만 1931년은 너무 옛날이라고 말하는 사람도 있을 것이다. 이제는 거주지, 만남 경로, 잠재적 배우자 등 많은 것이 변했다. 1931년에는 다른 인종 간의 결혼이 거의 불가능했고, 같은 백인끼리도 종교가 다르면 결혼하는 경우가 드물었다. 온라인 데이트 플랫폼이 성황인 이 시대에는 잠재적 배우자의 수도 기하급수적으로 증가한 것처럼 보인다. 주거지 근접 효과는 이제 옛날이야기가 되었을까?

인문지리학자 카런 한드리크만과 동료들은 바로 이 질문에 대답하기 위해 네덜란드의 전체 인구동태통계를 살펴보았다.[11] 그렇다, 네덜란드 전체 인구가 조사 대상이었다. 구체적으로는 2004년 1월 1일부터 12월 31일 사이에 동거 신고를 한 28만 9248명을 선정했다.

먼저 연구진은 이들 각자가 동거를 시작하기 전에 어디 살았는지 조사했다. 2004년에 동거 신고를 했더라도 그 전부터 동거했을 가능성이 있기에, 그보다 5년쯤 전에는 파트너와 얼마나 떨어진 곳에 살았는지도 조사했다. 양쪽 데이터 모두에서 동거 이전 서로 간의 거리는 1킬로미터 정도인 경우가 가장 많았다. 동거 신고를 한 커플의 약 13퍼센트는 동거를 시작하기 직전에 서로 1킬로미터쯤 떨어져 살았고, 그보다 5년 전에는 약 10.5퍼센트가 서로 1킬로미터쯤 떨어져 살았다. 전체 커플의 동거 직전 평균 거리는 6.2킬로미터, 5년 전 평균 거리는 7.8킬로미터, 그리고 각자 출생 시점의 평균 거리는 22.9킬로미터였다. 2004년에 동거를 시작한 네덜란드인의 절반이 출생지로부터 반경 24킬로 미터 내에서 태어난 파트너를 선택했다는 얘기다. 유럽에서도 손꼽히는 다문화 국가임이 무색할 정도로 작은 세계를 보여주는 통계다. 온라인 데이트는 2000년대 초반에도 이미 대중화되어 있었지만, 2004년 네덜란드의 큐피드는 1931년 필라델피아의 큐피드와 마찬가지로 장거리 비행에 서툴렀다. 이는 어떤 의미 일까?

5. 근접성효과

1940년대 후반에 사회심리학자 리언 페스팅거, 스탠 리 샤흐터, 커트 백도 거리와 인간관계 문제에 관심을 가졌다.[12] 이들은 MIT 웨스트게이트와 웨스트게이트웨스트 기숙사의 교 우 관계를 조사하기로 했다. 이 지역은 필라델피아와 달리 소수 민족 거주지(예를 들어 중국인 이민자가 모여 사는 차이나타운)가 없었 기에 선택효과(이 경우 거주자가 특정 지역에 살기로 선택하는 현상)가 최소화되었다.

페스팅거와 동료들은 참가자 전원의 정확한 거주지를 파악 한 후 간단한 질문을 던졌다. "당신이 웨스트게이트나 웨스트게

이트웨스트에서 가장 자주 만나는 세 사람은 누구인가요?” 조
사 결과 필라델피아와 네덜란드에서의 연구 결과가 대학 기숙
사라는 소우주에서도 그대로 재연되었다. 친구 후보자 187명
중 112명(60퍼센트)이 옆방이나 계단으로 연결된 방에 살고 있었
다. 네 세대 이상 떨어져 사는 사람이 언급된 경우는 일곱 건에
불과했다. 따라서 물리적 거리는 확실히 중요하다. 이 연구의 또
다른 흥미로운 결과는 기능적 거리도 중요하다는 것이다. 계단
가까이 사는 거주자는 계단에서 멀리 떨어진 거주자보다 다른
층 거주자와 친해질 가능성이 훨씬 더 높았다. 물리적이고 기능
적인 거리가 우연한 만남의 가능성을 좌우하며, 자주 비공식적
으로 만날수록 친해질 확률도 높아진다는 이야기다. 페스팅거의
연구 결과는 문화적·인종적·종교적 배경이 무작위로 뒤섞인 대
학 기숙사에서 위치와 우연하고 반복적인 만남의 중요성을 보여
준다. 하지만 왜 우연한 만남이 중요한 걸까?

6. 단순노출효과

최고의 사회심리학자들은 현실 세계에서 두 변수(예
를 들어 주거지 근접성과 교우 관계)의 연관성을 파악한 다음 인과관
게 메커니즘, 즉 관찰된 상관관계를 설명하는 요인을 확인하는

방식으로 작업한다. 우연한 만남이 반복되면 친숙성도 높아진다. 사회심리학 역사에서 손꼽히는 위대한 학자인 로버트 자욘츠는 친숙성효과familiarity effect, 즉 '단순노출효과mere exposure effect'에 주목하여 일련의 실험을 실시했다.[13]

자욘츠는 해당 실험 이전에도 단어 빈도와 '호감도'(단어의 어감이 좋거나 나쁜 정도)의 연관성 연구를 정교하게 개선한 바 있다. 단어 빈도를 공동으로 연구한 에드워드 손다이크와 어빙 로지는 1920년대와 1930년대에 출판된 책과 잡지에서 각각의 단어가 얼마나 자주 나왔는지 일일이 헤아려가며 조사했다. 단어 호감도는 다양한 영어 단어에 대한 영어 사용자의 평가를 집계한 결과였다. 'good'(좋은)은 좋은 뜻이지만 'better'(더 좋은)만큼 좋진 않다는 건 누구나 동의할 것이다. 그러나 단어 빈도를 보면 'good'이 'better'보다 훨씬 더 자주 사용된다. 따라서 자주 접하는 단어일수록 어감이 좋다면 'good'이 'better'보다 더 호감도가 높을 것이다. 실제로 참가자들은 'good'이라는 단어가 'better'라는 단어보다 더 좋게 들린다고 보고했다!

손다이크와 로지의 단어 빈도 연구 결과는 흥미롭지만, 여전히 상관연구에 그친다. 단어 빈도와 호감도의 인과관계는 추론할 수 없다는 뜻이다. 그래서 자욘츠는 참가자들에게 'iktitaf', 'afworbu', 'saricik'처럼 무의미한 단어를 만들어 제시하는 실험을 설계했다. 그는 참가자들에게 이 단어들이 튀르키예어라고 말하고(실제로는 그렇지 않았다) 각 단어의 발음을 들려주었다. 그런 다음 이 '튀르키예어' 단어들을 발음하게 하고 각 단어가 좋은 뜻일지 나쁜 뜻일지 추측해보라고 요청했다. 어떤 단어는 한두 번만 제시된 반면, 어떤 단어는 열 번 또는 스물다섯 번이나 제시되었다. 친숙성을 조작하기 위해서였다. 실험 결과는 일관성을 보였다. '튀르키예어' 단어 열두 개 중 자주 제시된 단어가 덜 제시된 단어보다 더 좋은 의미일 것으로 평가받았다. 자욘츠는 그다음엔 한자를 사용하여 최초의 실험 결과를 재연했다. 미시간주립대학교 졸업생들의 사진을 활용한 실험 결과도 마찬가지였다. 똑같은 사진도 참가자들에게 자주 제시될수록 호감도가 더 높아졌다.

단순노출효과 이야기는 이걸로 끝이 아니다. 리처드 모얼랜드와 로버트 자욘츠는 실제 대학 강의실에서 다음과 같은 현장실험을 실시했다.[14] 매력도가 비슷비슷한 여성 조교 네 명을 선정하여 심리학 개론 수업에 각각 다양한 빈도로 출석하게 했다. 첫 번째 여성은 한 학기 내내 한 번도 출석하지 않았고 두 번째 여성은 다섯 번, 세 번째 여성은 열 번, 네 번째 여성은 열다섯 번 출석했다. 그들은 학생 대부분의 눈에 띄도록 강의실에 들어오면 항상 같은 계단을 지나서 같은 구역에 앉도록 요청받았다. 그들 모두 캐주얼한 옷차림을 하고 있었다.

학기가 끝날 무렵 수강생들에게 네 여성의 사진을 보고 매력도, 친숙성, (그들이) 인지한 유사성을 평가해달라고 요청했다. 이 전의 실험실 연구와 거의 비슷한 결과가 나왔다. 학생들이 평가한 네 여성의 매력도(7점 만점)는 출석 횟수가 많을수록 선형적으로 증가했다. 강의에 한 번도 출석하지 않은 여성은 3.62점, 다섯 번 출석한 여성은 3.88점, 열 번 출석한 여성은 4.25점, 열다섯 번 출석한 여성은 4.38점을 받았다.

출석 횟수가 늘어날수록 학생들이 인지한 유사성도 높아졌다. 흥미롭게도 단순노출효과는 무의식중에도 나타나는 것으로 보인다. 예를 들어 학생들에게 이 네 명을 아는지 딱 잘라 물었을 때 아무도 그렇다고 대답하지 않았고 심지어 이들을 본 적이 있다는 사람도 거의 없었다. 그러나 친숙성 측면에서는 열 번이나 열다섯 번 출석한 여성들이 아예 출석하지 않았거나 다섯 번만 출석한 여성들보다 더 친숙하다는 평가를 받았다.

자욘츠와 동료들은 이런 실험들을 통해 반복적인 노출로 친숙성뿐 아니라 (참가자가) 인지한 유사성과 호감도도 증폭한다는 것을 보여주었다. 이전 실험에서도 유사성을 인지하면 매력도 느끼게 마련이라는 사실이 설득력 있게 증명된 바 있다.[15] 새로운 실험에 따르면 주거지 근접성은 친숙성과 인지된 유사성을 모두 증가시켜 주변 사람들과의 인간관계에 이끌리게 한다. 자욘츠의 정교한 실험들은 단순 노출만으로도 호감도가 높아진다는 것을 입증하여 필라델피아 결혼 연구와 네덜란드 동거 연구이 설득력 있는 인과성을 제공한다. 우연하고 반복적인 만남은 사람들이 서로 느끼는 매력을 증폭하여 낭만적 관계를 맺어주기도 한다.

7. 해외에서 고향 사람을 만나면 유난히 반갑다

단순노출효과는 우리 삶의 다른 측면에도 영향을 미칠 수 있다. 예를 들어 미국의 도시와 교외가 왜 다들 비슷비슷해 보이는지 궁금했던 적이 있는가? 나는 뉴욕 스태튼섬의 대형 쇼핑몰에 처음 갔을 때 그곳의 규모와 매장 수에 감탄했다. 훗날 메인주 포틀랜드 교외의 중형 쇼핑몰에 가고 나서는 의아해졌다. 왜 두 쇼핑몰이 똑같이 생겼을까? 어째서 스태튼섬의 쇼핑몰에서 본 매장 여럿이 포틀랜드의 쇼핑몰에도 있는 걸까?

대학원생이 되어 미국 여러 도시에서 열리는 심리학 콘퍼런스에 다닐 때도 비슷하게 느꼈다. 나는 비행기를 타고 대도시에서 멀리 떨어진 교외의 대형 공항에 도착하곤 했다. 그런 다음 택시를 타고 광대한 다차선 고속도로와 비슷비슷한 주택단지, 대형 상점, 쇼핑몰을 지나 마침내 콘퍼런스가 열리는 도심에 이르렀다. 왜 미국 도시들은 전부 비슷해 보일까? 일본은 그렇지 않았다. 도쿄나 오사카나 고층 건물이 많고 대규모 기차역이 있는 대도시인 점은 같지만, 지역 고유의 상점, 식당, 카페가 넘쳐나다 보니 느낌이 전혀 다르다. 반면 미국 교외에서는 뉴욕 근처든 LA 근처든 똑같은 매장(타깃, 홀푸드Whole Foods 등등)과 식당(치즈케이크팩토리Cheesecake Factory, 파네라Panera 등등)을 볼 수 있다.

샬러츠빌에 있을 때는 매일 동네 커피숍에 다녔고 스타벅스에는 한 번도 가지 않았다. 그런데 여행을 하다 보니 갑자기 스타벅스에 가는 게 좋다는 걸 깨달았다. 버지니아대학교 심리학과 건물(길머 홀)에 있을 때는 지나가는 대학원생을 보면 "안녕" 하고 한마디 던지는 정도였다. 그런데 라스베이거스의 콘퍼런스에 갔다가 같은 대학원생을 보고서는 "게리, 정말 반가워!"라고 말하며 포옹할 뻔했다. 길머 홀에서였다면 그를 포옹할 일이 있었을까? 그럴 리가 없다. 다시 말해 익숙한 장소를 벗어나 낯선 사람들에 둘러싸였을 때 익숙한 사람이나 가게가 더욱 매력적으로 느껴지는 것 같다. 그렇다면 낯선 환경에 있을 때 단순노출효과가 더 강해질 수 있을까?

이를 알아보기 위해 내 학생들과 나는 미국 인구조사의 주거 이동 데이터를 활용하여 우리가 낯선 사람을 만나는 빈도를 추산해보기로 했다.[16] 사람들이 많이 이동하는 도시에서는 그렇지 않은 도시보다 낯선 사람에 둘러싸일 가능성이 훨씬 높다는 이론에서 출발하여, 펜실베이니아나 웨스트버지니아처럼 이동성이 낮은 주보다 네바다나 플로리다처럼 이동성이 높은 주에 칠

리스Chili's, 홀푸드, 신발 소매업체 페이리스Payless 같은 전국 체인점이 더 많은지 확인했다. 낯선 도시에 오면 전국 체인점이 지역 고유의 상점보다 더 친숙하고 정신적으로 편하게 느껴질 것이다. 그렇다면 네바다나 플로리다처럼 새로 이주한 사람이 많은 주에서는 전국 체인점이 더 인기 있을 것이다. 당연하게도 안정된 주보다 이동이 많은 주에 전국 체인점이 더 많은 것으로 밝혀졌고, 이는 중위소득과 총인구를 통제해도 마찬가지였다(부유하고 인구가 많은 주가 더 많은 기업을 유치할 테니까).

같은 버지니아대학교에 다녀도 성장기에 자주 이사를 한 학생들은 한곳에서 자란 학생들보다 더 전국 체인점을 좋아한다는 사실도 밝혀졌다. 마지막 일련의 실험에서는 참가자를 셋으로 나누어 주거 이동에 대한 사고방식을 조작했다. 첫 번째 집단에는 대학 졸업 직후 2년마다 새로운 도시로 이사해야 하는 직장에 취직한다고, 두 번째 집단에는 한 도시에서 적어도 10년 이상 머물러야 하는 직장에 취직한다고 생각해보게 했다. 세 번째 집단은 대조군으로서 자신의 평범한 하루 일상을 생각해보게 했다. 그런 다음 한자와 인물 사진을 제시하는 자욘츠의 단순 노출 실험을 다소 수정하여 실시했다.

세 가지 조건 모두에서 단순노출효과가 나타나며 이전 실험 결과가 재연되었다. 그러나 가장 중요한 점은 참가자들이 주거 이동 조건에서 특히 강한 친숙성편향효과를 보였다는 것이다.

다시 말해 한곳에 오래 머문다고 생각할 때나 평범한 일상을 떠올릴 때보다 앞으로 자주 이동해야 한다고 생각할 때 익숙한 한자나 얼굴을 선호하는 경향이 있었다. 이동 조건 참가자들은 앞으로의 생활을 묘사할 때 안정 또는 통제 조건 참가자들보다 불안 관련 단어를 더 많이 사용했으며, 불안 관련 단어를 많이 쓸수록 친숙성편향효과가 더 강하게 나타났다. 즉 스트레스와 불안은 익숙한 대상을 좋아하는 경향을 증폭한다.

단순노출효과는 재연 가능한 현상이자 흥미로운 읽을거리다. 하지만 그 의미를 비판적으로 생각해보자. 파트너를 찾는 경우 '비서 문제'는 어떻게 해결해야 할까? 최적의 결정을 내리려면 정착하기 전에 낯선 후보자들을 탐색해야 한다. 정말로 좋은 파트너를 찾으려면 일군의 잠재적 배우자를 놓고 심사숙고해야 한다. 이런 과정은 스트레스를 준다. 심리학 연구에 따르면 인간은 익숙한 상대를 좋아하고 추가로 노력하기를 싫어하기 때문에 빨리 정착해버리기 쉽다. 우리의 실험 결과 스트레스를 받으면 이런 나쁜 습관이 악화되는 것으로 나타났다. 얄궂게도 새로운 장소에 가면 보수적인 사고방식이 더 강해져서 친숙한 것을 찾게 된다.

내가 베이츠대학에 유학할 무렵 다른 일본인 학생은 요코, 기요미, 마리코 셋뿐이었다. 민망한 얘기지만 당시 나는 그 세 친구와 지나치게 자주 만났던 것 같다. 기껏 도쿄에서 메인주 루이스턴까지 와놓고서 왜 일본인하고만 어울렸을까? 비합리적인 행동이었지만 정신적으로는 납득이 된다. 우리는 서로를 위로하고 이해할 수 있다. 친숙성은 강력한 원동력이자 우리를 위로해주는 정신적 곰 인형이다. 역설적이고 안타까운 사실이지만, 우리가 세상을 돌아다니며 불편한 상황에 처했을 때 단순노출효과는 가장 강해지고 정신적 곰 인형도 가장 포근해지게 마련이다.

8. 고치거나 옮기거나

집 구하기를 예로 들어보자. 당신은 새로운 도시로 이사했을 때 어느 동네에서 집을 구했는가? 나중에 그 도시에서 집을 샀다면 어느 동네의 집이었는가? 일본어에는 '스메바미야코住めば都'라는 속담이 있다. 어느 동네든 일단 살면서 정이 들면 (설사 별것 없는 동네라도) 고향처럼 느껴진다는 뜻이다. 내가 처음으로 미네소타대학교에 왔을 때에는 1년간 세인트폴 도심지의 아파트를 빌렸다. 거의 모두가 미니애폴리스 번화가인 업타운을 추천했고 살아보니 역시나 세인트폴 도심지보다는 업타운이 편리할 듯싶었다. 하지만 동네에서 마음에 드는 커피숍을 찾았고 마음에 드는 일식당도 찾았다. 그래서 같은 해 10월 세인트폴 도심지에서 콘도를 구했다. 샬러츠빌로 이사 왔을 때에는 곧바로

도시 중심부의 노스다운타운에 작은 집을 샀다. 10년이 지나자 네 식구가 살기에는 집이 너무 좁아져서 더 큰 집으로 이사했다. 어느 동네였을까? 노스다운타운이었다!

인기 있는 TV 예능 프로그램 〈고치거나 옮기거나Love It or List It〉에는 집 전체를 뜯어고쳐야 하는 커플들이 나온다. 이 프로그램의 진행자는 집 개조를 돕는 인테리어디자이너 힐러리와 새 동네에서 새집을 찾도록 돕는 부동산중개사 데이비드다. 데이비드는 부부의 희망 사항에 부합하는 집을 세 채 보여준다. 객관적으로 보면 데이비드가 소개하는 집이 개조한 원래 집보다 더 매력적일 때가 많다. 하지만 적어도 내가 본 방송에서는 다들 개조 결과가 만족스럽다며 집을 내놓고 이사하려던 계획을 포기했다. 동네가 너무 마음에 들어서 떠날 수 없다는 것이었다. 앞에서 설명한 친숙성편향의 대표적인 사례다.

이와 관련하여 행동경제학자 리처드 세일러는 '소유효과endowment effect'라는 현상을 발견했다.[17] 내가 머그잔을 만들어 5달러에 내놓았는데 당신이 친절하게도 그걸 사주었다고 해보자. 그런데 일주일 후 내가 당신에게 머그잔을 되살 수 있을지, 그럴 수 있다면 얼마를 지불해야 할지 물어봤다고 치자. 논리적으로 따지면 일주일 사이에 머그잔의 가치가 높아지진 않았을 것이다. 오히려 이제는 '중고' 머그잔이니 5달러보다 더 저렴해야 한다. 그렇지만 이런 내용으로 설문조사를 해보니 거의 모두가 5달러 이상 받겠다고 응답했다! 사람들이 자신의 소유물을 팔겠다는 최저가는 대체로 그들이 똑같은 물건을 살 때 쓰겠다는 최고가의 두 배에 달했다. 자신이 5달러로 산 머그잔을 다른 사람에게는 10달러로 팔고 싶어 했다는 것이다. 이것이 바로 소유자의 심리, 즉 소유효과다. 무언가를 소유한 사람에게는 그 물건의 가치가 상승한다. 거의 모든 사람이 자기 집의 가치를 과대평가하는 이유이기도 하다. 소유하고 있고 친숙하기에 남들보다 더 좋아하고 더 가치 있게 생각한다는 것이다. 〈고치거나 옮기거나〉에 나오는 커플들이 옮기는 대신 고쳐 살기를 선택하는 또 다른 이유다.

게다가 친숙성은 다양성보다 더 매력적일 때가 많다. 소비자데게 앞으로 사흘 동안 어떤 간식을 먹을지 계획하게 했더니 많은 사람이 날마다 다른 세 가지 간식을 선택했다.[18] 예를 들어 첫날에는 말차 킷캣, 둘째 날에는 허쉬 리세스 피넛버터 컵, 셋째 날에는 허쉬 밀크초콜릿이라는 식이었다. 사흘 연속으로 같은 간식을 먹으면 너무 지루할 것 같다는 이유였다. 그들은 다양성을 원했다! 하지만 놀랍게도 소비자에게 실제로 사흘 동안 먹을 간식을 한꺼번에 구입하도록 했을 때에는 다양한 간식 세 가지가 아니라 가장 좋아하는 간식 세 개(내 경우 말차 킷캣 세 개)를 고른 사람이 많았다.

여기서 교훈을 얻을 수 있다. 우리는 다양성이라는 관념은 좋아하지만 결국 익숙한 물건을 선택하기 쉽다는 것이다. 매주 다른 식당에 가볼 생각을 하며 즐거워하지만 실제로는 좋아하는 식당에 몇 번이고 계속 가듯이 말이다. 우리는 계획 단계에서는 다양성을 추구한다. 다양한 간식을 먹어보겠다는 상상은 흥미진진하다! 알프스 하이킹을 꿈꾸는 것도 신나는 일이다! 그렇지만 실행 단계에서는 여타 현실적 요인(예를 들어 스위스까지의 장거리 비행 요금)을 인식하고 익숙함과 편안함을 좇기 쉽다. 실제로 선택할 순간이 오면 우리는 불확실한 것보다는 확실한 '1순위'를 선택하는 경향이 있다. 새로운 것을 시도하기는 버겁기 때문에 익숙한 것에 안주한다. 우리는 장기적으로는 새로움을 원하지만 단기적으로는 안전함을 원한다. 친숙성은 따스하고 안온하며, 우리를 정신적 풍요로움에서 멀어지게 하는 놀라운 힘이 있다.

이는 인간의 더욱 큰 편향인 손실회피와도 연관된다.[19] 대니얼 카너먼과 아모스 트버스키는 피험자들에게 다음과 같이 질문했다. "상금 1000파운드에 당첨될 확률이 50퍼센트이고 450파운드에 당첨될 확률이 100퍼센트라면 어느 쪽을 선택하겠습니까?" 논리적으로는 전자의 기대 가치가 500파운드이고 후자의 기대 가치는 450파운드이니 전자를 선택해야 한다. 그럼에도 대부분은 후자를 선택할 것이다. 우리는 가상의 이익이 확실한 이익보다 클 가능성이 있더라도 가상의 이익보다는 확실한 이익을 원한다. 확실한 승리는 유쾌하고 안락하다. 가상의 승리는 위험하고 불안스러우며 불편하다. 손실회피는 많은 의사결정 상황에서 우리를 보수적으로 만든다.[20] 그러나 항상 확실한 승리만 선택한다면 결코 안전지대를 벗어나지 못할 것이며, 안전지대를 벗어나지 못하면 예상치 못한 상황에 맞닥뜨리는 일도 없을 것이다.

단순노출효과와 친숙성 또는 확실성의 힘에 대한 경험적이고 실증적인 증거는 무수히 많다. 그렇다면 정신적 풍요로움은 불가능한 목표일까? 하지만 여기에 흥미로운 반전이 있다. 우리는 자신이 실제로 원하는 것을 모를 수도 있다. 우리는 낯선 사람과의 대화가 재미없을 거라고 생각하지만 실제로 낯선 사람과 대화하게 되면 생각보다 훨씬 더 즐거워하기도 한다. 다시 말해 우리는 낯선 사람과의 대화처럼 익숙지 않은 일의 즐거움을 과소평가하는 경향이 있다. 사회심리학자 니컬러스 에플리와 줄리애나 슈뢰더는 영리한 현장실험을 통해 사람들이 통근열차에서 낯선 이와의 대화를 얼마나 즐기는지 알아보았다.[21] 그들의 연구조교는 시카고 도심 밀레니엄역까지 가는 급행 노선의 출발역 가운데 하나인 홈우드역에서 통근자 118명에게 접근했다. 그중 3분의 1에게는 "오늘 열차에서 낯선 사람과 대화하면서 친해지려 해보고 그 사람의 흥미로운 점을 찾아내세요"라고 요청했다. 다른 3분의 1에게는 "열차에 계속 혼자 있으면서 고독을 즐기세요"라고 요청했다. 마지막 3분의 1에게는 "평소 출퇴근 때와 똑같이 하세요"라고 요청했다. 이들 모두에게 설문지가 든 봉투를 주고 열차에서 내린 후 작성하여 동봉한 반송 봉투로 부쳐달라고 말했다. 통근자 118명 중 아흔일곱 명이 설문지 답안을 보내왔다. 무작위로 낯선 사람과 대화하도록 요청받은 사람들은 혼자 있었거나 평소대로 지낸(대조군) 사람들보다 훨씬 더 즐거운 출퇴근 시간을 보냈다고 응답했다.

흥미롭게도 에플리와 슈뢰더는 홈우드역에서 통근자 105명을 추가로 모집하여 낯선 사람과 대화하는 조건, 고독 조건, 대조군 조건에 처했을 때 어떤 기분이 들지 상상해달라고 요청했다. 실제 실험 참가자들과 달리 가상 실험 참가자들은 낯선 사람과 대화하는 것이 다른 두 조건보다 훨씬 덜 즐겁다고 응답했다. 출퇴근 시간에 평소대로 혼자 있는 편이 동료 통근자와 대화하는 것보다 더 낫다는 생각은 명백한 착각이다. 우리가 새로운 인간관계를 맺기보다 평소 출퇴근 습관을 고수하는 것은 친숙성편향이 분명하다. 우리는 충분히 탐색해보기도 전에 직원이나 잠재적 배우자를 결정해버린다. 새로운 미지의 세계를 탐험하려면 이런 친숙성편향을 극복해야 한다.

9. 계속 새롭게 태어나지 않으면 계속 새롭게 죽는다

스티브 잡스는 친숙성편향에 빠지지 않았다. 열아홉 살에 미지의 세계인 인도를 탐험하러 갔지만 안타깝게도 거기서

병에 걸려 체중이 확 줄었다. 하지만 수년 후 그는 인도에서의 경험 덕분에 자신감이 생겼고 자신의 직관을 믿을 수 있게 되었다고 말했다. 이성과 직관을 모두 중시하는 그의 독특한 의사결정 방식은 여러 훌륭한 선택으로 이어졌지만 여러 미심쩍은 선택을 초래하기도 했다.

잡스는 정말로 독특하고 유일무이한 인물이었다. 그가 인도에서 한 경험에 일반화 가능한 지점이 있을까? 아니면 오직 그였기에 가능했던 일일까? 사회심리학자 앤절라 카이 렁, 윌리엄 매덕스, 애덤 갤린스키, 치위유 치우는 다문화 경험이 창의성을 증진한다는 증거를 수집해왔다.[22] 참가자들에게 카를 둥커의 촛불 문제를 풀도록 요청한 실험을 예로 들어보자. 여기 초 하나, 성냥갑 하나, 압정 한 상자가 있다. 촛불이 제대로 타면서 탁자나 방바닥에 촛농이 떨어지지 않도록 초를 벽에 붙일 수 있겠는가? (정답은 주석에 있다.)[23] 둥커의 촛불 문제는 창의성 테스트에 자주 활용된다. MBA에서도 외국 거주 경험이 많은 학생이 적은 학생보다 이 문제를 풀 확률이 높았으며, 여타 다양한 창의성 테스트에서도 같은 결과가 확인되었다.

그렇다면 다문화 경험이 창의성과 연결되는 이유는 무엇일까? 렁과 동료들은 다문화 경험을 통해 새로운 생각과 개념을 습득하기 때문이라고 추측한다. 내가 미국으로 이주하고 나서 깨달은 개념 하나가 집을 직접 짓거나 고칠 수 있다는 것이었다.

미국인에게는 특별할 게 없겠지만 내게는 혁신적인 관점이었다. 물론 일본인도 DIY를 하지만 대부분 선반이나 책장을 짜는 소소한 프로젝트에 그친다. 전문가가 아닌 사람 혼자서 집 전체를 고치거나 새로 짓는다는 것은 상상도 못 했다. 그런 열망과 개척 정신이 내게는 생소했다. 미국식 벌룬프레임 공법(일정한 규격대로 대량생산 된 목재와 못을 사용해 건물 뼈대를 만드는 방식—옮긴이)은 집짓기를 더 쉽게 만들어준 천재적인 발명이다. 내겐 그야말로 상식을 뛰어넘는 개념이었지만 지금은 지극히 평범해 보인다. 도쿄에 있는 대학 친구들은 내가 집을 직접 짓겠다고 하면 미쳤다고 생각할 것이다.

렁과 동료들은 다문화 경험이 같은 행동에 다양한 의미가 존재한다는 것도 가르쳐준다고 추측한다. 웃음이 좋은 예다.[24] 어린 시절 나는 사람들을 마주 보며 웃으면 무례해 보일 수 있으니 그러지 말라고 배웠다. 그렇지만 미국에 왔더니 다들 더 많이 웃으라고, 웃어야 예의 바른 사람이라고 말했다! 이제 나는 일본에 돌아가면 의식적으로 웃지 않으려고 노력해야 한다. 한번은 도쿄 긴자의 고급 백화점에 갔다. 엘리베이터를 탔더니 나보다 먼저 탄 사람들이 있었다. 다들 굳은 얼굴이었고 나를 두려워하는 기색이었다. 왜 날 무서워하지? 나도 예의 바른 일본인인데! 하지만 다음 순간 문득 내가 그들의 눈을 마주 보며 웃고 있었다는 걸 깨달았다. 정말 무례한 짓이었다! 일본에서는 다음과 같이 행동해야 한다. 엘리베이터에 탄다. 다른 사람을 똑바로 쳐다보지 말고 눈도 마주치지 않는다. 남들을 귀찮게 하지 말고 아래만 내려다본다. 렁과 동료들은 이런 경험이 같은 행동의 다양한 의미를 이해하고 나아가 하나의 도구나 아이디어로 다양한 용도를 생각해내는 데 유익하다고 주장한다.

최근의 연구 검토로 다문화 경험의 장점은 창의성뿐만이 아니라는 사실도 밝혀졌다.[25] 예를 들어 외국에서 지낸 시간은 자신이 어떤 사람이며 어떻게 살고 싶은지 파악하는 데 도움이 된다. 외국에서 오래 지내본 사람은 타인을 더 잘 믿고 이해하며 공감할 수 있다. 세상을 널리 둘러본 사람은 부정적 고정관념과 편견이 적은 편이며, 그렇지 않은 사람에 비해 외집단 구성원을 덜 차별한다.

다문화 경험에는 바람직하지 않은 결과도 따를 수 있다는 데 유의해야 한다.[26] 이를테면 다문화 경험이 많은 사람일수록 도덕적 상대주의를 믿을 가능성이 더 높다. 도덕성, 즉 선과 악이 절대적이 아니라 상대적이라고 생각한다는 것이다. 또한 수행 과제에서 속임수를 쓸 기회가 생겼을 때 다문화 경험이 많은 사람이 그렇지 않은 사람보다 속임수를 쓸 확률이 높았다.[27]

잡스 역시 여러 제품 발표 행사에서 기기의 성능에 관해 청중에게 거짓말을 했다. 그는 정기적으로 홀푸드 매장의 장애인 주차구역에 차를 세우는 등 도덕적 상대주의 성향을 보였다. 하지만 잡스는 창의적이기도 했다. 그는 매킨토시, 아이팟, 아이패드, 아이폰 디자인에 참여했다. 좋아하는 뮤지션 밥 딜런과 비틀스를 언급하며 이렇게 말하기도 했다. "그들은 계속 진화하고 움직이며 자신들의 예술을 다듬었죠. 나도 항상 그러려고 노력해왔습니다. 계속 움직여야 합니다. 딜런이 말했듯 '계속 새롭게 태어나지 않으면 계속 새롭게 죽어갑니다.'"[28] 그러니 계속 움직이자. 정신적 편향에 넘어가지 말고 부단히 탐색하자. 창의성, 경험적 지혜 그리고 상위 10퍼센트의 짝을 발견할지도 모른다.

11장 역경의 필요성

반면 건강한 사람에게는 병이 오히려 삶의 활력소이자
더 오래 살게 하는 자극제로 작용할 수도 있다. … 그는
불행한 사고事故를 자신에게 유리하게 활용한다. 그를
죽이지 못하는 것은 그를 더 강하게 만든다.

_프리드리히 니체,《이 사람을 보라》[1]

1. 너를 죽이지 못하는 것은 너를 더 강하게 만든다

정신적으로 풍요로운 경험은 대체로 의도한 것이다.
우리는 보통 자발적 의사에 따라 유학을 떠난다. 마르셀 프루스
트의 책을 읽거나, 아녜스 바르다가 만든 영화를 보거나, DIY 프
로젝트에 참여하기도 한다. 하지만 의도하지 않은 경험은 어떨
까? 지진이나 허리케인 같은 자연재해나 질병은 돌연하고 고통

스러운 경험이다. 이런 일을 겪은 피해자는 흔히 새로운 관점을 갖게 된다. 그렇다면 의도하지 않은 부정적 경험도 우리 삶을 정신적으로 풍요롭게 해줄까?

철학자 프리드리히 니체는 지진이 일종의 카타르시스라고 생각했다.[2] "지진은 많은 우물을 메워버리고 여러 사람을 무력하게 만들지만, 땅속에 숨겨진 힘과 비밀을 드러내기도 한다." 고전철학 전문가였던 니체는 고대 세계를 잘 알았다. 고대 그리스에서 그는 위기의 순간에 나타나는 인간의 가장 큰 힘, 살아가고 재창조하려는 의지를 보았다. 최고의 인간성은 종종 최악의 조건에서 발현된다.

니체는 〈나는 왜 이렇게 현명한가〉 〈나는 왜 이렇게 영리한가〉 〈나는 왜 이렇게 좋은 책을 쓰는가〉라는 유머러스한 제목의 글들을 썼다.[3] 그는 유쾌한 사람이었다. 어떻게 그토록 통찰력이 풍부할 수 있었을까? 니체 본인에 따르면 병 때문이었다. 1869년 스물네 살이었던 그는 스위스 바젤대학교 고전문헌학(언어의 역사를 연구하는 학문) 교수직에 역대 최연소로 임용되었으나 1876년에 건강이 악화되면서 결국 학교를 떠났다. 장기간의 투병 생활은 그의 습관을 완전히 바꾸는 계기가 되었다. 투병을 통해 그는 통상의 관습에서 벗어날 수 있었다. 그는 나중에 이렇게 썼다. "병은 내게 잊어도 된다고, 잊으라고 **명령했다**. 가만히 누워 여유를 갖고 기다리며 인내하는 것의 필요성을 알려주었다. 이는 곧 생각의 필요성을 의미했다."[4] 투병 중에 니체는 독서를 그만두고 상념에 빠져들었다. 그는 이후 자신의 삶을 되돌아보며 평생 가장 아프고 고통스러웠던 그때보다 더 행복했던 적도 없었다고 적었다. 투병 중에 그는 자신이 본래의 자아로 돌아가고 있음을 느꼈다. "병자의 관점에서 더욱 건강한 개념과 가치를 바라보고, 거꾸로 충만하고 자신감 넘치며 풍요로운 삶의 관점에서 퇴폐적 본능의 은밀한 작용을 바라보는 것 … 이제 나는 관점을 뒤집는 방법을 터득했다."[5] 니체는 병 덕분에 관점이 바뀌었고 지혜로워졌다며 역경에는 정신을 풍요롭게 할 잠재력이 있다고 주장했다.

2. 대니얼 카너먼의 '흥미로운' 삶

대니얼 카너먼은 2002년에 노벨경제학상을 수상했다. 1970년대와 1980년대에 그는 아모스 트버스키와 함께 영향력 있는 일련의 논문을 발표하며 세계에서 손꼽히는 유명 심리학자로 자리매김했다. 그의 논문은 인간 인지에 관한 심리학자들의 사고뿐 아니라 현대 경제학의 기본 전제인 합리성에 관한 경제학자들의 사고도 변화시켰다. 널리 인용되는 1974년 논문에서 트버스키와 카너먼은 대표성 휴리스틱, 가용성 휴리스틱, 기준점과 조정 휴리스틱의 세 가지 휴리스틱을 설명했다.[6] 이 세

가지 휴리스틱에서 각각 수천 편의 추가 연구논문이 나왔다. (1974년《사이언스》에 발표된 이 논문이 2022년에도 논문 4851편에 인용된 것을 보면 그 영향력이 여전함을 알 수 있다.)

그러나 2024년 아흔 살로 사망한 카너먼은 평범한 노벨상 수상자가 아니었다. 그에게는 특별한 개인사가 있었다. 일곱 살 때 나치가 점령한 프랑스 파리를 탈출한 것이다. 카너먼은 노벨상 이후 회고록에서 무시무시한 사건 하나를 회상했다. "1941년 말이나 1942년 초였을 것이다. 당시 유대인은 다윗의 별 표식을 달고 저녁 6시 통금 시간을 지켜야 했다. 나는 기독교인 친구네 집에 놀러 갔다가 너무 늦게까지 머물렀다. 표식을 숨기려고 갈색 스웨터를 뒤집어 입고서 몇 블록 떨어진 집으로 돌아갔다. 텅 빈 거리를 걸어가는데 독일 군인이 다가오는 게 보였다. 다른 군인들보다도 더 조심해야 한다고 들었던 검은 제복의 군인이었다. 특별히 선발된 나치 친위대 군복 말이다. 그에게 가까워지자 나는 빨리 걸어서 지나가려고 했지만, 그가 나를 빤히 쳐다보고 있다는 것을 알아차렸다. 그는 나더러 이리 와보라고 하더니 번쩍 들어 올려 꼭 껴안아주었다. 그가 내 스웨터 안쪽에 숨겨진 별을 알아챌까 봐 무서웠다. 그는 감정에 북받친 목소리로 내게 말을 걸었지만 독일어라서 알아들을 수가 없었다. 그는 나를 내려놓고 지갑을 열어 한 소년의 사진을 보여주더니 돈을 몇 푼 쥐여주었다." 아슬아슬한 순간이었다. 카너먼은 이렇게 이야기를 맺는다. "나는 그 어느 때보다 더 어머니의 말이 옳았다고 확신하며 집으로 돌아갔다. 사람들은 정말로 무한히 복잡하고 흥미로운 존재였다."[7] 그가 심리학자가 되기로 결심한 데는 어머니의 영향이 컸다고 한다.

카너먼의 아버지는 드랑시에 억류되었다가 강제수용소로 보내질 예정이었다. 그러나 고용주가 개입한 덕분에 풀려날 수 있었다. 카너먼 가족은 비시로 탈출했지만 독일군이 그곳까지 오자 또다시 프랑스 중부로 탈출해야 했다. 아버지는 1944년에 사망했고, 남은 가족은 2차 세계대전이 끝난 후 팔레스타인으로 이주했다.

카너먼은 히브리대학교를 졸업하고 이스라엘군에서 소대장으로 1년을 복무한 후 이스라엘 방위군 심리학 분과 장교로 1년 더 근무했다. 그리고 UC버클리에서 대학원 과정을 시작했다. 다양한 주제에 관심이 많아서 잠재의식 지각, 광학대, 성격 평가, 루트비히 비트겐슈타인, 과학철학 등 온갖 주제를 폭넓게 공부했다. 아모스 트버스키와의 유명한 인지 편향 공동연구 이전에는 정신분석, 기억, 시각, 동기부여를 연구했다. 공동연구가 끝난 후에는 쾌락과 고통 그리고 행복과 삶의 만족도를 연구하며 이들 분야의 기반을 마련했다.

카너먼은 장교, 교사, 학자로서 사회에 다양하게 공헌한 만큼 스스로 매우 의미 있게 살았다고 자부할 만했다. 하지만 그러지 않았다. 카너먼은 자신의 삶을 의미 있다고 규정하지 않았다. 2018년 인터뷰에서 그는 이렇게 말했다. "긍정심리학의 창시자 마틴 셀리그먼과의 대화가 기억납니다. 내 삶은 의미 있었다고 나를 설득하려 하더군요. 나는 내 삶이 '흥미로웠다'라고 반박했고 지금도 그렇게 생각합니다. '의미 있다'라는 건 내가 이해할 수 없는 말입니다."[8]

카너먼은 자신의 삶이 전적으로 행복했다고 생각하지도 않았다. 같은 인터뷰에서 그는 "4년 동안 혼자서 책 한 권에 매달린 적이 있었습니다. 정말로 끔찍하고 비참한 시절이었지요"라고 말했다. 2차 세계대전 중 나치가 점령한 파리를 탈출하고 3~4년 간 도피 생활을 거쳐 훗날 노벨상을 수상하기까지, 그의 삶은 우여곡절로 가득했다. 그는 자신의 삶을 "흥미로웠다"라고 표현했는데, 나라면 정신적으로 풍요로운 삶이었다고 말하겠다.

3. 허리케인이 뉴욕시를 강타했을 때

2012년 10월 29일, 허리케인 샌디가 미국 뉴욕시를 강타했다. 예순네 살인 후지모토 다카시는 스태튼섬의 지하 아파트에 혼자 살고 있었다. 그가 사진 조명 장비로 작업을 하고 있는데 아파트 안으로 물이 흘러들어 왔다. 그는 코드를 뽑으려다 감전 사고를 당했고 밤새 정신이 오락가락하는 상태로 침수된 아파트 안을 둥둥 떠다녔다. 다음 날 아침 집주인이 물웅덩이에 잠긴 그를 발견하고 구급차를 불렀다. 뇌졸중을 일으키고 화상을 입은 후지모토는 이후 37일간 입원 치료를 받았다. 집 안 세간도 대부분 망가졌지만, 가톨릭 자선단체에서 그에게 겨울 외투와 옷, 신발을 살 보조금 500달러를 제공했다.《뉴욕타임스》 기사에 따르면 "후지모토 씨는 태풍 이후 그를 도와준 사람들 이야기를 하면서 눈시울이 촉촉해졌다. '이 일로 삶에 대한 관점이 바뀌었습니다.'"[9]

후지모토가 허리케인 샌디로 인해 겪은 일은 의도된 경험이 아니었다. 그는 지난 36년간 혼자서 잘 살아왔다는 자부심을 품고 있었지만 임사체험을 통해 변화했다. 끔찍했지만 다시금 공동체를 믿게 해준 경험이었고, 그는 이후로도 같은 지하 아파트에서 같은 집주인과 이웃들 곁에 머물기로 선택했다.

뉴욕시는 허리케인 샌디로부터 상당히 빠르게 회복되었지만, 뉴올리언스는 허리케인 카트리나의 여파로 수년 동안 고통을 겪었다. 2018년에 조 브리지스와 그의 아들 조던은 13년 전 지나간 카트리나의 여파를 회고했다. 처음엔 애틀랜타로 대피했다가 워싱턴D.C.로 옮겨 간 그들은 2006년 1월에 뉴올리언스로 돌아왔다. 조에 따르면 "돌아와 보니 당황스러웠어요. 우리가 지내던 워싱턴D.C.는 모든 게 근사했거든요. 좋았죠. 그런데 뉴올리언스로 돌아오니 사방 천지가 엉망진창이더군요." 조던은 카트리나 당시 버려진 집들이 2018년에도 그대로라며 그 태풍이 여전히 "장막처럼" 도시를 뒤덮고 있다고 묘사했다. 오랫동안 회복되지 않는 피해에도 불구하고 조던은 이렇게 말한다. "그 일로 인해 뉴올리언스가 더 나은 도시가 되었다고 생각합니다. 인간관계가 훨씬 더 강해지고 끈끈해졌어요. 카트리나처럼 엄청난 사건을 가족이나 친구들과 함께 견뎌내며 다진 유대감은 절대 사라지지 않을 겁니다."[10] 허리케인 카트리나와 샌디는 많은 사람의 삶을 파괴했지만, 니체가 지적한 것처럼 연민이 인간의 위대한 강점 중 하나임을 일깨워주었다.[11]

4. 고베 대지진이 발생했을 때

1995년 1월 17일, 진도 7.3의 지진이 일본 고베시와 주변 지역을 뒤흔들었다. 한신·아와지 대지진으로 알려진 이 지진의 진원지는 인구가 142만 명에 이르는 고베 도심 근처였다. 무너진 주택, 망가진 고속도로, 화재로 사방이 전쟁터처럼 보였다. 10만 채가 넘는 주택이 폐허로 변하고 6400명 이상이 사망했다. 일본에서 도쿄를 비롯한 도호쿠 지역은 지진이 자주 발생한다고 알려져 있지만 고베를 비롯한 간사이 지역은 그렇지 않다. 그래서 고베 주민에게 이 지진은 놀랍고도 충격적인 일이었다.

이런 경험이 정신적으로 얼마나 깊은 상처를 남길까? 이를 조사하기 위해 나는 안식년(2012년 가을에서 2013년 여름)을 고베에서 보냈다.[12] 2001년, 2003년, 2005년, 2011년에 고베시와 주변 지역에서 실시된 효고현 생활 복구 설문조사를 분석했다. 보험회사들은 피해를 입은 주택을 조사하여 '완전 피해, 절반 피해, 부분 피해, 피해 없음'의 네 가지 범주로 분류했다. 2001년까지 고베와 주변 지역의 물리적 피해가 완전히 복구되었고, 따라서 1995년에 집이 완전히 파괴된 응답자와 그렇지 않은 응답자의 생활 조건은 첫 번째 조사 당시 크게 다르지 않았다.

하지만 집을 잃었던 사람들은 여전히 정신적 상처를 드러냈다. 예를 들어 1995년 지진으로 집이 완전히 파괴된 주민은 지진 피해를 입지 않은 주민에 비해 2001년에도 삶에 대한 만족도가 현저히 낮았고 더 심한 부정적 감정과 신체질환을 호소했다. 시간이 모든 것을 치유하지는 못했다. 2003년, 2005년, 심지어 지진 이후로 16년이 지난 2011년의 결과도 2001년과 비슷했으니까. 정신적 면역계로는 지진의 참화를 완전히 극복할 수 없었다. 이재민은 그만큼 시간이 지난 후에도 마찬가지로 삶에 대한 만족도가 현저히 낮았고 더 많은 부정적 감정과 신체질환을 호소했다.

또한 설문조사에 따르면 집이 심하게 파괴된 사람일수록 가족을 잃었을 가능성이 높았다. 이런 인적 손실은 웰빙에도 장기적으로 부정적 영향을 미칠 수 있다. 그래서 우리는 주택 피해와 인적 손실을 함께 조사했다. 분석 결과 주택 피해와 인적 손실은 각각 따로 웰빙에 영향을 미쳤으며, 주택 피해와 인적 손실이 큰 응답자일수록 삶에 대한 만족도가 떨어지고 더 많은 부정적 감정과 건강 문제를 호소한 것으로 나타났다. 요컨대 고베 대지진은 시간이 치유해주지 못한 비극적 사건이다.

5. 자연재해 경험이 우리에게 남기는 것

리베카 솔닛은 저서 《이 폐허를 응시하라》에서 재난 피해자들의 수많은 친사회적 행동 사례를 기록한다. 예를 들어 애나 홀샤우저는 1906년 샌프란시스코 지진 직후 대피소에서 임시 무료 급식소를 시작했다. 그는 샌프란시스코만 너머 오클랜드에서 지원을 받아 하루에 200~300명에게 식사를 제공했다. 솔닛은 이렇게 결론을 내린다. "그들[부상자, 사망자, 고아] 주변에는 종종 같은 도시 주민, 나아가 같은 동네 이웃이 있다. 큰 피해를 입지는 않았지만 심각한 혼란에 빠진 더 많은 사람들로 둘러싸여 있다. 여기서 중요한 것은 재난의 파괴력, 낡은 질서를 무너뜨리고 새로운 가능성을 열어주는 재난의 힘이다. … 심오한 감정, 존재의 핵심에 대한 연결, 가장 강렬한 감정과 능력을 발휘하게 만드는 소명은 임종의 자리에서도, 전쟁이나 위기 상황에도 풍요로울 수 있다." 솔닛은 자연재해가 우리 존재의 가장 깊은 곳까지 도달하여 우리의 본색을 드러내고 심지어 우리 내면에서 최상의 부분을 깨닫게 해준다고 말하려는 것이 아닐까. 반면 행복에 관해서는 "안락한 사람들의 고질병인 권태와 불안을 보면 알 수 있듯이, 행복한 환경이라고 여겨지는 것은 흔히 심오함으로부터의 단절일 뿐이다"라고 지적한다.[13]

다시 말해 솔닛에 따르면 1995년 고베 대지진 같은 엄청난 자연재해에도 희망이 있을 수 있다. 1995년 당시 살아남은 아이들에 대한 TV 인터뷰를 본 기억이 난다. 장래 희망이 무엇이냐는 질문에 많은 아이가 간호사, 소방관, 의사가 되고 싶다고 대답했다. 스태튼섬의 후지모토 다카시가 그랬듯 대지진으로 인해 아이들이 삶에 대한 생각을 바꾸고 더 친사회적으로 변했을 수도 있을까?

신경과학자 장 드세티와 동료들이 실시한 연구는 이 질문에 대한 가장 훌륭하고 직접적인 증거 자료다.[14] 이들은 2008년 4월 중국 쓰촨성에 사는 여섯 살과 아홉 살 아이들을 대상으로 이타적 기부에 관한 데이터를 수집했다. 한 달 후인 2008년 5월 12일, 진도 7.9의 지진이 쓰촨성을 강타했다. 지진 발생 한 달 후 연구진은 같은 학교에서 새로운 여섯 살과 아홉 살 집단의 데이터를 수집했다. 이를 통해 지진 전후 조건에서 무작위로 참가자를 선정하는 자연 실험이 이루어졌다(즉 지진 이전 연구에 참여한 아이들은 대지진 경험 외에 다른 측면에서는 지진 이후 연구에 참여한 아이들과 차이가 없었을 것으로 추정된다).

실험은 다음과 같이 진행되었다. 여성 연구원이 아이를 한 번에 한 명씩 조용한 교실로 불러서 스티커 100장 중에 열 장을 골라 가지라고 했다. 아이들이 마음에 드는 스티커 열 장을 고르고 난 후, 반 친구 가운데 몇 명은 이 실험에 뽑히지 않아서 스티커를 못 받지만 네가 받은 스티커 중 일부를 기부하고 싶으면 그래도 된다고 말했다. 그리고 익명의 반 친구에게 기부하고 싶은 스티커를 담을 수 있도록 빈 봉투를 제공했다. 실험이 끝난 후 연구진은 이타적 기부의 행동 척도로서 아이들이 각각 얼마나 많은 스티커를 기부했는지 세어보았다. 지진 발생 전에 아홉 살 아이들은 평균적으로 스티커 열 장 가운데 하나 정도를 기부했다. 지진 한 달 후 아홉 살 아이들은 평균적으로 스티커 열 장 가운데 네 장 정도를 기부했다.

자연재해 경험이 피해자의 가치관과 직업 선호도에 장기적으로 어떤 영향을 미치는지 보여주는 자료가 더 없을까? 우리는 이 질문에 대답하기 위해 1989년부터 2000년까지 고베와 도쿄의 지자체 단위 구인 지원자 동향을 살펴보았다.[15] 고베는 해당 기간에 대지진이 일어난 반면 도쿄는 그렇지 않았다. 두 지역에서

사회복지사, 소방관, 유치원 교사(일본에서는 지자체 단위로 채용하는 직업들이다) 일자리에 몇 명이 지원했는지 확인해보니 1995년 고베에서는 직책당 지원자 수가 급증했지만 도쿄에서는 그러지 않은 것으로 나타났다. 이런 결과는 지진으로 인해 친사회적 일자리에 대한 선호도가 높아졌음을 시사한다.

고베 대지진으로 집을 잃은 주민은 지진을 겪고 16년이 지난 후에도 집이 무너지지 않은 주민보다 삶에 대한 만족도가 더 낮고, 더 많은 신체질환을 호소했다는 사실을 상기해보자. 이런 연구 결과는 자연재해가 생존자의 웰빙에 미치는 부정적 영향이 오래간다는 것을 보여준다. 비극은 생존자의 정체성과 인생담에 새겨지고 그들의 행복과 평범한 일상을 앗아 갈 수 있다. 어느 누구도 이 같은 비극을 겪고 싶지 않을 것이다. 그러나 자연재해의 여파로 인해 행복해지기가 불가능하더라도 생존자는 여전히 잘 살아갈 수 있다. 실제로 인류가 지닌 최고의 자질은 이처럼 어려운 시기에 슬픔에 대한 해독제로 작용하며, 많은 생존자가 더욱 친사회적으로 변한다. 지진 생존자들이 겪은 관점 변화는 그들의 삶이 이전보다 정신적으로 더 풍요로워졌다는 의미일 수 있다. 그들은 "폐허 속 보물"[16]을 발견한 셈이다.

6. 코로나19가 가져온 놀라운 결과

코로나19 팬데믹은 우리 모두의 삶을 혼란에 빠뜨리고 생활과 업무 방식을 변화시켰다. 우리가 세상을 바라보는 방식이 변했을까? 우리는 정신적으로 더욱 풍요로워졌을까? 팬데믹 초기 코로나19에 노출된 사람(즉 응답자 본인이나 가족, 지인이 확진되거나 사망한 사람)이 그렇지 않은 사람보다 친사회적 행동을 더 많이 하는지 조사한 연구가 있다.[17] 참가자들은 예상치 못했던 특별수당을 받았다(미국에서는 5달러, 이탈리아에서는 4유로). 그런 다음 수당 일부를 그들이 거주하는 지역의 자선단체 또는 국내나 국제 자선단체에 기부하겠느냐는 질문과 함께 연구자도 그들이 기부한 것과 동일한 금액을 기부할 것이라는 말을 들었다. 미국에서든 이탈리아에서든 코로나19에 노출된 참가자가 그렇지 않은 참가자보다 자선단체에 기부할 확률이 높았을 뿐 아니라 기부 금액도 더 많았다. 코로나19에 대한 개인적 경험이 감염자의 가치관을 친사회적으로 변화시켰음을 암시하는 결과다.

코로나19라는 특수한 경험이 정신적 풍요로움을 증진했을까? 스웨덴 스톡홀름경제대학교 교수 미카엘 달렌과 노르웨이 노르웨이경제대학교 교수 헬게 토르비에른센은 이 질문의 답을 직접 알아보기로 했다.[18] 두 사람은 2021년 4월 둘째 주 동안 스웨덴인 973명에게 코로나19에 감염된 적이 있는가, 정신적으로 풍요롭게 살고 있다고 느끼는가 하는 설문지에 익명으로 응답하게 했다. 그 결과 코로나19에 감염된 적이 있는 사람이 감염된 적이 없는 사람보다 정신적으로 더 풍요롭게 느낀다고 응답한 것으로 나타났다. 또한 코로나19에 감염된 적이 있는 응답자는 감염된 적이 없는 사람보다 삶에서 팬데믹 시기를 지워버리고 싶다고 대답할 확률이 낮았다. 즉 코로나19에 감염되었던 사람은 그렇지 않은 사람보다 후회하는 정도가 덜했다.

달렌과 토르비에른센은 2021년 6월 스웨덴의 대표 표본집단에 두 번째 설문조사를 실시했다. 첫 번째 설문조사 결과와 마찬가지로, 코로나19에 감염된 적이 있는 사람은 그렇지 않은 사람보다 자신의 삶이 정신적으로 더 풍요로워졌다고 답했다. 또한 코로나19에 감염된 응답자는 그렇지 않은 응답자에 비해 죽음에 대한 불안감이 낮아졌다고 답했다. 즉 코로나19 경험으로 인해 죽음에 대한 두려움이 줄어들고 두려움 없이 살아갈 수 있게 된 것으로 보인다. (물론 역인과관계도 가능하다. 죽음에 대한 불안감 없이 외출한 사람들이 정신적으로 더 풍요롭게 살았지만 코로나19에 걸릴 확률도 더 높았다는 식으로 말이다.)

7. 세상은 악마가 있어 더 풍요로워진다

그렇다고 해서 전쟁이나 팬데믹 같은 비극적 사건이 바람직하다고 주장하려는 것은 아니다. 어떤 재난은 그 자체보다 더 나쁜 결과를 초래하기도 한다(학살이나 대규모 폭력처럼). 1923년 간토 대지진 다음 날 조선인이 약탈과 폭동을 벌이고 있다는 소문이 빠르게 번졌다. 공황 상태가 이어졌고 도쿄 지역에서 조선인이 6000명 이상 학살당했다.[19] 마찬가지로 허리케인 카트리나 직후에도 사회 무질서에 대한 과도한 공포인 '엘리트 패닉'(재난의 직접 피해자가 아니라 관료 및 언론인 등 엘리트가 공황에 빠지는 현상—옮긴이)이 발생했다. 자경단이 결성되어 흑인 주민에게 이유 없이 폭력을 행사하기도 했다.[20] 절대로 일어나서는 안 되는 일이었다. 자연재해의 여파로 오랫동안 트라우마에 시달리는 사람도 있고, 심지어 자살을 결심하는 사람도 있다.

하지만 연구에 따르면 사람들 대부분은 놀랍도록 회복탄력성이 뛰어나다. 거의 모두가 다시 일어선다. 정신적 회복탄력성의 세계적 권위자인 앤 매스튼은 수십 년에 걸친 회복탄력성 연구를 다음과 같이 요약했다. "학계와 대중매체에 나타난 회복탄력성의 초창기 이미지는 아이들에게 종종 무적 또는 불사신 같은 단어로 표현되던 놀랍고 특별한 뭔가가 있다고 암시했다. … 회복탄력성이 뛰어난 아이를 특별한 힘이나 내적 회복력을 지닌 탁월한 개인으로 여기는 관념이 심지어 학술논문에도 잔존해왔다. … 회복탄력성 연구에서 가장 놀라운 것은 현상의 평범함이다. 회복탄력성은 대부분의 경우 인간의 기본 적응 체계에서 비롯되는 일반 현상인 것으로 보인다."[21] 이런 연구는 사자성어 칠전팔기七顚八起에 대한 경험적 증거가 된다.

행복이 손에 닿지 않는다고 느껴지는 시기에는 삶의 틀을 잡아줄 또 다른 가치들이 있다. 불행한 사건에 관해 이렇게 생각해보자. 그 '풍요로운' 경험이 행복한 경험과는 거리가 멀더라도 의도치 않게 우리 삶을 풍요롭게 할 수 있다고 말이다. 바로크 시대 이탈리아 화가 귀도 레니의 그림 중 사탄의 목에 발을 얹은 성 미카엘을 묘사한 작품이 있다. 윌리엄 제임스는 이 그림에 관해 이렇게 말했다. "세상은 악마가 있어 더욱 풍요로워진다. 우리가 악마의 목에 발을 올리고 있기만 한다면."[22] 우리가 불행을 견제하는 한, 정신적 풍요로움과 불행은 공존할 수 있다.

12장

당신 인생의 이야기

우리는 얼마나 자주 자신의 삶을 이야기하는가? 우리
는 얼마나 자주 인생담을 매만지고 꾸미고 교묘하게
편집하는가? 그리고 우리가 오래 살수록 그 이야기에
이의를 제기할 사람은, 우리의 삶은 실제 삶이 아니라
우리가 들려주는 이야기일 뿐임을 상기시켜줄 사람은
점점 줄어들어간다. 다른 사람에게도 물론이지만 주로
우리 자신에게 들려주는 이야기 말이다.

_줄리언 반스, 《예감은 틀리지 않는다》[1]

1. 흥미로운 삶 vs. 흥미로운 이야기

11장에서 자연재해 피해자들은 타인의 복지에 관심
이 커지고 인생관이 달라지기 쉽다는 것을 보여주었다. 하지만
이들의 경험이 진정으로 삶을 풍요롭게 할 수 있을지는 스스로
에게 어떤 이야기를 들려주는지에 달려 있다. 극적이고 인상적
이며 궁극적으로 희망찬 이야기도 있지만 절망적이고 우울하며

어두운 이야기도 있다. 이 장에서는 스토리텔링이 정신적 풍요로움에 어떤 역할을 하는지 자세히 살펴보자.

정신적 풍요로움은 본질적으로 이야기의 양과 질에 직결되어 있다. 흥미로운 이야기가 많은 사람일수록 정신적으로 더 풍요롭게 살 수 있다. 그러나 영국 소설가 줄리언 반스가 지적했듯이 우리의 인생담은 매번 다른 식으로 풀리곤 한다. 당신은 자신의 인생담을 어떻게 이야기하는가? 더 일반적으로 말하자면, 정신적 풍요로움을 이루는 데 스토리텔링 능력은 얼마나 중요할까? 그리고 이야기 구조는 얼마나 중요할까? 예를 들어 조지 W. 부시 이야기는 그의 저명한 가문과 그가 유력 정치인 일가의 순종적인 맏아들로서 아버지와 할아버지의 발자취를 따랐다는 데 초점을 맞출 수 있다. 그렇지만 이와 전혀 다른 이야기를 들려줄 수도 있다. 그의 반항적이었던 젊은 시절과 아버지인 조지 H. W. 부시가 그에게 큰 기대를 품지 않았다는 내용을 추가할 수 있다. 버릇없는 부잣집 아이가 성경을 사랑하고 술을 멀리하며 온화한 보수 정치인으로 변모하는 이야기다. 내가 제기하고 싶은 질문은 다음과 같다. 어떤 사람의 인생담을 정신적으로 더 풍요롭게 바꿀 수 있을까?

2. 방향 전환: 이야기 편집의 기술

저명한 심리학자 티머시 윌슨은 저서 《스토리》에서 그가 '이야기 편집'이라고 부르는 과정을 설명한다.[2] 이야기 편집이란 "사람들이 자신과 세상살이에 관한 서사를 방향 전환 하기 위해 고안해낸 일련의 기술"이다. 예를 들어 살아오면서 부딪혔던 온갖 난관을 강조하는 것도 자신의 이야기를 편집하는 한 가지 방법이다. 대대손손 예일대학교에 다녔고 학창 시절 난관을 겪지도 않았을 조지 W. 부시의 경우 재학 당시(1964~1968) 학내에서 반체제 정서가 커지고 사상 최초로 그와 같은 기여 입학생이 경멸당하는 등 중대한 변화의 시기를 거쳤다고 말할 수 있으리라. 그는 자신의 가치를 증명하기 위해 과다한 음주와 파티라는 비생산적인 방식을 선택했다. 조지 W. 부시는 예일 재학 시절을 성숙한 30대 어른이 되기 위한 서막으로 재구성할 수 있을 것이며, 10대와 20대에 얼마나 흥청망청 지냈는지 강조함으로써 자신의 발전상을 강조할 수도 있다.

이 정도면 비교적 건전한 자기평가라고 할 수 있다. 실제로 앤 윌슨과 마이클 로스의 연구에서는 심리학 입문 수강생의 부모들에게 스스로 또래 중년과 비교하여 얼마나 관대하고 자신감 있고 사회적 역량이 뛰어난지 0점(대다수보다 훨씬 못하다)부터 5점(대다수와 비슷하다), 10점(대다수보다 훨씬 낫다)까지 평가해달라고 요청했다.[3] 부모들은 현재(평균 49세)를 기준으로 응답한 다음 각 각 16세, 자녀와 같은 나이(평균 20세), 자신과 자녀의 나이 중간 지점(평균 35세) 기준으로도 응답해야 했다. 관대함, 자신감, 사회 적 역량과 같이 바람직한 특성에 대한 부모들의 자기평가 점수 는 16세 때 5.87점으로 평균보다 약간 높았다가 자녀 나이(대략 20세) 때 6.67점, 35세 때 7.21점, 현재(대략 49세) 7.47점으로 꾸준 히 상승했다. 스스로 평균적인 49세보다 훨씬 관대하고 자신감 있으며 사회적 역량이 뛰어나다고 평가한 것이다. 조사 결과 미 국인 대부분은 자신이 (음악이나 수학 분야와 같은 구체적인 능력에서 는 아니지만) 리더십이나 사회성 같은 여러 바람직한 역량에서 평 균 이상이라고 평가했다.[4] 하지만 이 연구에서 더욱 흥미로운 점 은 부모들이 젊은 시절 자신의 능력을 과소평가하는 경향이 있 으며 따라서 스스로 많이 발전했다고 느낀다는 것이다.

연구에 참여한 부모들이 실제로 젊은 시절 사회적 역량이 떨 어지고 자신감이 부족했을 수도 있겠지만, 확실히 알아낼 방법 은 없다. 윌슨과 로스는 이 현상을 더 깊이 통찰해보기 위해 종 단연구를 실시했다. 한 학년이 시작되는 9월에 학부생 참가자들 에게 현재 자신이 또래 대학생과 비교하여 얼마나 독립적이고 자신감 있고 사회적 역량이 뛰어난지 평가해달라고 요청했다. 약 두 달 후인 11월에 다시 한번 현재 자신이 또래 대학생과 비 교하여 얼마나 독립적이고 자신감 있고 사회적 역량이 뛰어난지 평가해달라고 요청했다. 2차 평가 시에는 학생들에게 학기 초를 되돌아보고 당시 자신이 얼마나 독립적이고 자신감 있고 사회적으로 능숙했는지 평가해달라는 요청도 추가했다. 학생들은 현재의 자신과 그들이 기억하는 과거의 자신을 평가했고, 이를 통해 그들의 기억과 두 달 전의 실제 평가를 비교할 수 있었다. 9월에 그들은 자신의 바람직한 특성에 10점 만점 기준으로 (평균보다 상당히 높은) 6.35점을 주었다. 11월에는 자신의 바람직한 특성에 똑같이 10점 만점 기준으로 6.05점을 주었다. 9월 평가가 11월 평가보다 훨씬 좋았던 셈이다. 하지만 11월에는 9월의 자신이 현재의 자신보다 훨씬 별로였다고 기억했다. 그들이 9월의 자신을 돌아보고 매긴 점수는 5.74점이었다!

월슨과 로스의 논문 제목은《얼간이에서 챔피언으로: 과거와 현재의 자신에 대한 사람들의 평가》였다. 과거의 자신은 사회적 역량이 부족하고 자신감이 모자라며 독립적이지 않았다고 생각한다면 현재의 자신이 그런 면에서 훨씬 더 나아졌다고 간주할 수 있다. 티머시 월슨의 표현을 빌리면 우리는 끊임없이 이야기를 편집하는 셈이다. 과거의 자신을 깎아내리는 것도 하나의 편집 방식이다. 나는 지금도 수줍음을 타지만 젊었을 때는 정말로 수줍음이 많았다(고 생각한다). 그래서 젊었을 때와 비교하면 훨씬 덜 수줍어한다고 말할 수 있다. 나는 글을 잘 쓰는 편은 아니지만 젊었을 때는 정말로 글을 못 썼다. 그러니 스물다섯 살 때와 비교하면 글을 좀 더 잘 쓴다고 할 수 있다. 이런 식으로 내가 시간이 지남에 따라 한 인간으로서 성장했다고 느낄 수 있다.

3. 다른 사람들의 고난에서 배울 수 있는 것

우리는 성숙함부터 글재주, 도덕성까지 다양한 영역에서 과거의 자신을 깎아내릴 수 있다. 다만 객관적 성과에 있어서는 이야기를 편집하기 어렵다. 예를 들어 내 또래 마라톤선수라면 자신의 10년 전, 5년 전 혹은 지난달 기록을 정확히 기억할 것이다. 10년 전에는 2시간 31분, 5년 전에는 2시간 39분, 지난달에는 2시간 48분이라는 식으로 말이다. 대학교 1학년 2학기에 재학 중인 학생이라면 1학기 학업성적이 어땠는지 정확히 기억할 것이다. 실제로 성적이 향상되지 않았다면 '얼간이에서 챔피언으로' 서사를 동원하기가 어려워진다.

하지만 우리는 보다 객관적인 지표에서도 개인의 성장 서사에 끌린다. 티머시 윌슨과 듀크대학교 조교수 퍼트리셔 린빌은 그 이유를 보여주기 위해 흥미로운 실험을 실시했다.[5] 이들은 듀크대학교에서 1학년 1학기 성적이 나빴던 1학년 2학기 재학생을 모집했다. 실험 참가자 절반은 상급생들도 1학년 때는 성적이 나빴지만 시간이 지나면서 점점 좋아졌다고 이야기하는 인터뷰를 시청했다. 한 인터뷰 대상자는 학점이 2.0점에서 2.6점을 거쳐 3.2점까지 올랐다고 이야기했다. 실험 조건 참가자들은 다음과 같은 상급생들의 설문조사 결과도 확인했다. "67퍼센트는 1학년 때 성적이 예상보다 낮았다고 응답했고, 62퍼센트는 1학년 1학기에서 고학년이 될 때까지 학점이 상당히 올랐다고 응답했다." 나머지 참가자 절반은 아무런 정보도 얻지 못했다. 모든 참가자는 설문지에 응답한 후 약식 GRE(미국 등에서 대학원 지원자의 학업 능력을 평가하기 위한 시험─옮긴이) 독해와 철자 순서 바꾸기 문제를 풀었고, 일주일 후에는 또 다른 GRE 독해와 철자 순서 바꾸기 문제를 풀었다.

1주 차와 2주 차 GRE 성적을 비교한 결과, 학점 정보를 제공받은 참가자들이 그렇지 않은 참가자들보다 훨씬 성적이 향상되었다. 또한 실험군 참가자들은 대조군 참가자들에 비해 2학년 때 자신의 학점이 더 많이 오를 것으로 예상했다. 놀랍게도 학점 정보를 제공받은 학생들은 실제로 1학년 1학기부터 2학년 2학기까지 학점이 0.34점 오른 반면, 그렇지 않은 학생들은 0.05점 떨어진 것으로 나타났다. 마지막으로 대조군 학생들 중 25퍼센트는 2학년이 끝날 무렵 듀크대학교를 떠난 반면, 실험군 학생들 중 학교를 떠난 이는 5퍼센트에 그쳤다.

윌슨과 린빌의 실험은 역할모델이 있으면, 다시 말해 자신과 비슷한 고난을 겪었지만 결국 성공한 사람을 알면 나아지고 극복할 수 있다는 생각과 희망이 생긴다는 것을 보여준다. 여기서 이야기 편집의 핵심 사례는 학생들이 첫 학기의 부진한 학업성적을 어떻게 바라보았는가 하는 것이었다. 그들은 "나는 듀크대학교에 다닐 만큼 똑똑하지 않아"라고 말하는 대신 "1학년은 누구에게나 힘든 시기이고 똑똑한 학생들도 애를 먹어"라고 말할 수 있게 되었다.

마찬가지로 우리 대부분에게 물리학은 어려운 과목이다. 갈릴레이, 뉴턴, 아인슈타인 같은 천재들을 떠올리면 그들은 뭐든 자연스럽게 터득할 것이며 우리와는 완전히 다른 존재라고 생각하게 된다. 따라서 $E=mc^2$를 배울 때에도 우리를 아인슈타인과 동일시하기 어렵다. 하지만 아인슈타인도 고난을 겪었다는 이야기를 들으면 어떨까? 그는 자신의 상대성이론에 전자기학을 포함하지 못해서 불만족스러워했다. 전자기 현상과 중력 현상을 상대성이론에 통합하려고 죽을 때까지 25년이나 노력했지만 안타깝게도 성공하지 못했다. 대만 국립정치대학교 교수 홍황야오와 컬럼비아대학교 교수 린샤오동은 이 사실에 입각하여 다음과 같은 실험을 실시했다. 10학년생(한국의 고등학교 2학년—옮긴이) 중 일부에게 갈릴레이, 뉴턴, 아인슈타인의 고난을 이야기해주고 나머지 학생들에게는 이 과학자들의 놀라운 업적만 이야기했다.[6] 그런 다음 양쪽 학생들에게 동일한 물리학 수업을 세 번 듣게 했다.

놀랍게도 위대한 과학자들의 고난 이야기를 들은 학생들은 그들의 주요 업적만 들은 학생들에 비해 수업이 끝난 후에도 과학에 더 흥미를 보였다. 게다가 세 번의 수업에서 배운 핵심 개념을 이후에도 대조군 학생들보다 더 잘 기억했다. 또한 전자는 갈릴레이, 뉴턴, 아인슈타인도 열심히 노력해야 했다고 생각한 반면 후자는 그들이 타고난 천재였다고 생각했다. 과학자들이 겪은 고난을 알게 된 학생들은 그들 자신의 고난도 당연하게 받아들일 수 있었을 것이다. 마치 똑똑한 아이들도 대학교 1학년 때면 힘들어한다는 걸 알게 된 듀크대학교 학생들처럼 말이다. 과학자들의 고난에 관한 가르침은 전반적으로 고등학생들의 수업 참여도와 성적을 높였다. 윌슨과 린빌의 중요한 1982년 논문 이후로 비슷한 중재연구가 다양한 환경에서 수없이 진행되었다.[7]

내가 《스토리》를 읽고 배운 가장 중요한 교훈은 우리가 우리의 이야기를 통제할 수 있다는 것이다. 자신의 고난을 다른 관점에서 바라보고, 고난을 새롭게 해석하여 자기를 이해하고 이후에 변화하기 위한 기반을 다질 수 있다. 우리의 이야기를 편집하자. 기존의 자신을 버리고 새로운 자신의 서사를 믿어보자. 더 행복한 인생담을 만들기 위해 나쁜 경험은 전부 편집해야 한다는 말이 아니다. 오히려 그 반대다. 나쁜 경험을 전부는 아니더라도 대부분 남겨두되, 이후에 인생담의 방향을 전환하고 변화하기 위한 발판으로 활용해야 한다.

안온 무사한 삶을 정신적으로 풍요롭게 만들 수는 없다. 버지니아 울프가 오더라도 그럴 수는 없을 것이다. 그러나 지진, 허리케인 등의 특이한 경험을 했거나 살아오면서 힘든 시기를 겪었다면 이를 자신과 다른 사람들에게 더욱 흥미로워 보이게 편집할 수 있다. 그런 경험은 당신 인생담과 정체성의 일부가 될 것이다. 정신적으로 풍요로운 삶의 핵심은 경험 그 자체다. 흥미로운 경험으로 충만하지 않은 삶은 정신적으로 풍요로운 삶이 될 수 없다. 하지만 당신이 능숙한 '이야기 편집자'가 된다면 인생 경험에서 가장 흥미로운 측면을 추출하여 자신의 사연을 정신적으로 더욱 풍요롭게 만들 수 있다. 게다가 이야기 편집에는 또 다른 장점이 있는데, 잘 편집된 이야기는 기억하기도 쉽다는 것이다.

4. 당신의 인생담에서 주인공이 되라

심리학자 댄 매캐덤스는 지난 40년 동안 '서사 정체성narrative identity', 즉 사람들이 자신의 인생담을 전달하는 양상을 연구해왔다. 그가 사용하는 방식인 '인생담 인터뷰Life Story Interview'는 다음과 같은 질문들로 시작된다. "자, 당신의 삶이 한 권의 책이나 소설이라고 생각해보세요. 그 책에는 목차가 있고 전체 이야기에서 중요한 장들의 제목이 적혀 있어요. 이제 그 중요한 장들이 어떤 내용일지 한마디로 설명해주세요. 목차는 어떻게 구성되어 있나요? 전체 장은 몇 개나 되나요? 각 장의 제목은 어떻게 짓고 싶은가요?"

인터뷰 대상자가 이런 질문에 대답하고 나면 그의 인생담에서 특별한 주요 장면을 몇 개 생각해보라고 요청한다. 인생의 최고점은 언제였고 최저점은 언제였는가? 전환점은 무엇이었는가? 어린 시절의 긍정적인 기억을 떠올릴 수 있는가? 부정적인 기억은 어떤가?

그다음에는 미래를 상상해보라고 요청한다. 당신 인생의 다음 장은 무엇인가? 당신의 꿈, 희망, 계획은 무엇인가? 이후로는 목표, 종교 및 정치 이념, 가치관에 대한 질문이 이어진다. 마지막으로 인생담을 되돌아보고 하나의 주제를 정해보라고 요청한다. 예상할 수 있듯 이런 인터뷰는 대체로 몇 시간씩 걸린다.

서사를 분류하는 방식은 다양하지만, 크게 둘로 나누면 구원 서사와 오염 서사가 있다. 조지 W. 부시의 이야기는 좋게 시작해서 나빠지다가 전환점을 거쳐 해피엔드로 끝나는 전형적인 구원 서사다. 그의 이야기가 얼마나 전형적인지 맥캐덤스는《조지 W. 부시와 구원의 꿈George W. Bush and the Redemptive Dream》이라는 책까지 썼을 정도다.[8] 또 다른 원형은 처음에는 좋게 시작하지만 특정 시점 이후로 나빠지는 이야기인 오염 서사다.

서사 정체성, 즉 우리가 인생담을 전달하는 방식은 다양한 성격특성과 연결된다. 예를 들어 구원 서사를 채택하는 사람은 그러지 않는 사람보다 스스로 성실하고 유쾌하며 외향적이고 신경성이 덜하다고 평가한다.[9] 유쾌하고 성실하며 신경성이 없는 사람은 까다롭고 불성실하며 신경성이 있는 사람보다 자신의 인생을 더 긍정적으로 서술한다. 경험에 대한 개방성이 높은 사람은 개방성이 낮은 사람보다 인생담이 더 복잡한 편이다.[10] 다시 말해 개인의 성격은 그가 인생담을 전달하는 방식에 영향을 미친다.

최근 연구에 따르면 사람들이 이야기를 전달하는 방식에 따라 인생담의 관점도 달라진다고 한다. 예를 들어 미국 보스턴대학 조교수 벤저민 로저스와 동료들은 참가자 집단 절반에게 다음과 같이 질문했다.[11] "당신을 당신답게 만드는 것은 무엇인가요?" "지금의 당신을 만들어준 것은 어떤 환경 변화나 새로운 경험이었나요?" "지금의 당신은 어떤 목표를 위해 노력한 결과물인가요?" "천적이나 라이벌, 나쁜 경험 등 당신의 여정을 방해한 난관이나 장애물이 있었나요?" "지금의 당신이 되어가는 여정에서 개인적으로 어떻게 성장했나요?" "그 여정에서 어떤 결실이 남았나요?" 참가자가 스스로를 자기 인생담의 주인공으로 생각하도록 유도하는 질문들이다. 나머지 참가자 절반에게는 "직장과 가정 등 당신 삶의 다양한 측면을 이야기해보세요"와 같은 평범한 질문들만 주어졌다. 사람들은 주인공이 되어 자신의 인생담을 이야기함으로써 삶이 더욱 의미 있고 풍요로워짐을 느꼈다. 결국 삶에서 자신의 역할을 바라보는 방식에 따라, 즉 자신을 이야기의 주인공으로 보느냐 아니면 관찰자로 보느냐에 따라 이야기를 전달하는 방식이 달라질 뿐 아니라 자신의 삶이 한층 더 만족스럽고 의미 있고 정신적으로 풍요롭게 느껴질 수 있다.

5. 정신적 풍요로움의 포트폴리오를 구축하라

정신적으로 풍요로운 삶의 비결은 기억이다. 과거의 사건을 잊어버리면 그 경험을 정신적 자산의 포트폴리오에 추가할 기회를 놓친다. 하지만 기억은 어떻게 이루어지는가? 인지과학은 심층 처리deep processing,[12] 시연rehearsal,[13] 응고화consolidation[14]가 핵심임을 밝혀냈다. 다시 말해 지금 일어나는 일을 기억하려면 주의를 기울여 관찰하고 이후에도 자주 돌이켜 보면서 상세히 정리해야 한다.[15]

어떤 사람들은 남들보다 더 사색적인 성격을 타고난다. 밤마다 그날 있었던 일들을 돌아보는 사람은 그러지 않는 사람보다 그 일들을 기억할 가능성이 훨씬 높다. 감각을 추구하는 사람이 그러지 않는 사람보다 더욱 다양하고 새로운 경험을 추구하지만 반드시 더 정신적으로 풍요롭게 사는 것은 아닌데, 어쩌면 자신의 경험을 성찰하지 않아서일 수도 있다. 한 연구에 따르면 감각을 추구하는 사람들은 그러지 않는 사람들에 비해 단기기억 및 작업기억 관련 과제 성적이 낮았다.[16] 사색 없는 경험은 순간의 스릴로 끝난다. 감각을 추구하는 사람들은 얼마 지나지 않아 더 많은 자극을 찾아 나선다. 이들은 돈을 버는 대로 전부 파티에 써버리는 백만장자와 비슷하다. 그때그때 모험을 즐길 뿐 정신적으로 풍요로운 경험을 쌓아두지 않는다.

그렇다면 사색적인 성격을 타고나지 못한 사람은 어떻게 해야 할까? 일상생활에서 기억을 확인해줄 사람을 곁에 두는 것도 한 가지 방법이다. 한번은 아내가 내게 이렇게 물었다. "여보, 구겐하임미술관에서 열렸던 전시회 기억나? 스웨덴 여성 화가였는데… 이름이 뭐였지?" "무슨 얘긴지 모르겠어. 그게 언제였는데?" "우리가 뉴욕에 온 첫해 겨울. 엄청 추상적인 그림이었어." "어… 거대한 분홍색 그림 말이야? 무슨 아프 클린트 아니었나?" "그래, 힐마!" 여기까지 오면 힐마 아프 클린트가 피트 몬드리안이나 바실리 칸딘스키보다 먼저, 주요 아방가르드 예술가들과 직접 교류하지도 않고서 놀라운 추상회화를 작업했다는 사실을 떠올릴 수 있다. 예술가 대부분과 달리 그는 사망할 때까지 자신의 작품을 대중에 공개하지 않으려 했다.

아내가 그런 질문을 하지 않았다면 나는 클린트의 그림을 기억하기는커녕 그의 전시회를 떠올리지도 못했을 것이다. 그러니 우리의 지난 경험에 관해 질문하는 사람들은 매우 고마운 존재다. 내 경우 아내와 아이들, 학생들이 그런 역할을 해주었다. 더구나 내 말에 귀 기울여주기까지 한다. 열성적인 청중이 있으면 매일 있었던 일을 이야기할 가능성이 훨씬 더 높아진다. 그리고 이렇게 다시 이야기하다 보면 일어난 일을 기억하는 데 도움이 된다(설사 그 이야기가 일어난 일을 정확히 서술한 것이 아니더라도 말이다).[17]

귀 기울여주는 사람은 경청하고 적절한 질문을 던질 뿐 아니라 이야기를 가다듬고 그 요지를 파악하는 데 도움을 준다. 예를 들어 토니 모리슨의 소설《빌러비드》에 등장하는 식소는 여자친구를 만나려고 거의 50킬로미터를 걸어가는 이유를 이렇게 설명한다. "그 여자는 내 마음의 친구야. 내가 정신을 차리게 해줘. 산산조각 난 나를 그러모아서 제대로 짜맞춰준다고. 마음의 친구인 여자가 있으면 정말 좋아."[18] 좋은 치료사는 어지러운 파편들을 한데 모으도록 도와줄 수도 있다. 과거의 경험을 정기적으로 이야기할 수 있는 상대를 찾으면 그 경험을 소화하고 기억하고 축적하는 데 유익하다.

남들과 어울리기를 싫어하는 사람도 있을 것이다. 영화〈데어 윌 비 블러드〉의 대니얼 플레인뷰(배우 대니얼 데이루이스가 연기했다)처럼 "내겐 인간들의 가장 나쁜 면만 보여. … 충분히 돈을 벌어서 인간들로부터 벗어나고 싶어"라고 말하는 사람도 있다. 혼자서 해결하는 쪽을 선호한다면 일기를 쓰고 다시 읽어보는 것

도 좋은 경험 기록 방법이다. 어니스트 헤밍웨이는 1920년대를
파리에서 보내며 자세한 일기를 남겼다. 그리고 1930년에 파리
를 떠나면서 일기를 트렁크에 넣어 리츠 호텔 지하실에 보관했
다. 1956년 헤밍웨이는 리츠 호텔 지배인과 점심식사를 하던 중
트렁크가 여전히 지하실에 있다는 이야기를 들었다! 지하실로
가서 트렁크를 꺼내보니 정말로 1920년대에 쓴 일기장이 들어
있었다. 그는 자신의 옛 일기를 읽고 훗날 회고록《파리는 날마
다 축제A Moveable Feast》에서 파리 시절에 관해 이렇게 썼다. "젊은
시절 파리에서 살 수 있을 만큼 운 좋은 사람이라면, 남은 평생
어디를 가든 마음속에 파리라는 축제가 함께할 것이다."[19] 헤밍
웨이는 1, 2차 세계대전과 스페인 내전에 이르기까지 온갖 특별
한 인생 경험을 쌓았다. 그는 일기 쓰는 습관을 통해 이런 특별
한 경험들을 오래도록 떠올리고 되새길 수 있었으며, 따라서 마
음속에 수많은 축제를 간직할 수 있었다.

　나는 일기를 쓰기엔 너무 게으른 사람이지만, 일기가 미래의
정신적 풍요로움을 위한 주춧돌이라는 건 분명하다. 하지만 일
기 쓰기가 기억에만 도움이 되는 것은 아니다. 미국 사회심리학
자 제임스 페니베이커는 글을 쓰면 생각을 정리하고 외상 사건
traumatic event을 극복할 수 있다는 것을 발견했다.[20] 내가 왜 그랬
는지, 어쩌다 그런 일이 일어났는지, 그 모든 게 어떤 의미였는지
깨달을 수 있다. 비슷한 방식으로 오래된 사진첩을 넘겨 보며 기

억을 되살릴 수도 있다.

요컨대 이야기를 편집하면 동일한 일련의 사건을 다양한 방식으로 서술하여 더욱 흥미롭게 만들 수 있다. 고난과 도전을 강조함으로써 서사에 구조를 부여하고 변화를 줄 수 있다. 위기와 극복 방법에 초점을 맞춰 같은 이야기를 영웅의 여정처럼 만들 수도 있다. 앞서 4장에서 소개한 앨리슨 고프닉의《애틀랜틱》에서 이는 돌연한 위기에서 시작하여 예상 밖의 기나긴 지적 여정으로 이어진다는 점에서 흥미롭다. 토니 모리슨의《솔로몬의 노래》가 탁월한 이유는 독자가 주인공인 메이컨 데드 3세, 일명 '밀크맨'과 함께 단서가 전혀 없는 상태로 출발하여 서서히 그의 가족 미스터리와 '솔로몬의 노래'에 숨은 진짜 의미를 밝혀내기 때문이다.[21] 중요한 것은 이야기를 전달하는 방식 자체가 아니다. 실제로 어떤 경험을 했는가, 그 경험을 성찰하고 정신적 보물 상자에 간직할 수 있는가 하는 것이다.

13장 | 마지막 두 개의 질문
풍요로움이 지나칠 수도 있을까?
익숙한 것에서 풍요로움을 찾을 수 있을까?

너무 많은 미스터리는 성가실 뿐이다. 너무 많은 모험
은 사람을 지치게 한다. 그리고 일말의 공포가 파국으
로 치달을 수도 있다.

_ 딘 쿤츠[1]

이 책을 끝내기 전에 남은 두 가지 질문을 짚어보려
한다. 지금쯤이면 당신도 탐험과 호기심, 정신적 풍요로움으로
이뤄진 삶이 중요하다는 데 동의할 것이다. 그러나 첫째로, 어쩌
면 정신적 풍요로움이 지나칠 수도 있을지 궁금할 것이다. 나 역
시 궁금한 문제다. 둘째로, 지금까지 살펴본 정신적 풍요로움은
대부분 '남기'보다는 '떠나기'의 결과물이다. 우리는 남음으로써,
다시 말해 익숙한 사물과 사람을 통해서도 정신적 풍요로움에

도달할 수 있을까?

1. 어린 시절 너무 자주 이사를 하면 불행해질까?

많은 사람이 지나친 물질적 부유함이란 없다는 데 동의할 것이다. 하지만 지나치게 정신적으로 풍요로운 삶도 있을까? 나는 1장 도입부에서 더 클래시의 노래 가사를 인용했다. 남는 것보다 떠나는 것이 정신적으로 더 풍요로운 경험이라는 전제하에 말이다. 그런데 어린 시절에 열 번도 넘게 이사를 다닌 사람이라면 어떨까?

심리학자 울리히 시마크와 나는 1995년과 2005년에 수집된 '미국의 중년' 데이터를 분석했다.[2] 저명한 웰빙 연구자 캐럴 라이프가 주관한 이 조사 자료에는 다양한 웰빙 지표와 함께 응답자들의 유년기 이사 횟수 정보도 포함되어 있었다. 우리는 어린 시절에 너무 자주 이사하면 어른이 되어 불행할 가능성이 있는지 알아보고 싶었다.

우리 논문의 요지는 다음과 같다. 내성적인 사람의 경우 유년기 이사가 잦으면 성인기의 주관적 웰빙에 부정적 여파를 남길 수 있다. 내성적인 사람은 새로운 곳에 가서 인간관계를 맺기 어려워하며, 그러다 보면 성인이 되어서도 친구가 얼마 없을 수 있기 때문이다.

우리 논문은 2010년 6월에 발표되었고 《뉴욕타임스》 2010년 7월 9일 자에 보도되었다.[3] 이후로 《뉴욕타임스》 독자뿐 아니라 온갖 사람에게 무수한 메일이 왔다. 그때는 아직 정신적 풍요로 움이라는 개념이 명확하게 정의되지 않았다. 따라서 어린 시절 의 잦은 이사가 정신적 풍요로움에 영향을 미치는지 확인해볼 수 없었다. 하지만 독자들이 보내준 개인적 경험은 행복과 관련 하여 매우 유익한 정보였다. 어린 시절 자주 이사를 다닌 사람들 상당수가 성인기에도 계속 어려움을 겪었다고 보고했다. 다음은 메리가 보낸 메일이다.

《뉴욕타임스》 7월 11일 일요판 기사를 매우 흥미롭게 읽었습니다. 이 기사가 흥미로웠던 건 저도 수년 동안 심리치료를 받으면서 매번 똑같은 문제로 되돌아온다는 걸 깨달았기 때문이에요. 제가 1학년에서 12학년까지 열두 번 이사하고 전학을 다녔다는 사실 말이지요. 이사 따위가 제 삶에 그렇게 큰 영향을 미쳤을 리 없다고 생각해왔기에 이런 이야기를 꺼내는 것조차 민망스러울 때도 있어요. 진짜 트라우마와는 비교할 수 없겠지만 그래도 떨쳐버리기가 쉽지 않네요. 선생님의 검증과 이해에 깊이 감사드립니다. 메리 드림 그 외에도 여러 사람이 비슷한 어려움을 토로했다. 메리처럼 다양한 국가에서 학교 열한 곳을 다닌 리즈는 자신이 "맨날 이사 다니는 많은 아이 중 하나"였다고 썼다. 리즈 역시 정신과에 자주 드나들었지만 의사들은 그에게 아무 문제도 없다고 말했다. 그럼에도 리즈는 한곳에 정착하거나 뿌리내릴 수 없었으며 평생 만족감을 느껴본 적이 없었다. 스무 살 거스도 비슷한 상황이었다. 유치원부터 8학년까지 해마다 다른 학교로 전학을 다닌 그는 누구와도 친하게 지낸 경험이 없었다. 그의 메일 말미에는 "길을 잃어버린 것만 같아요"라고 적혀 있었다. 세 자녀를 둔 예순세 살 페기는 어린 시절 열세 번이나 이사를 다녔는데, 자신이 어디서도 적응하지 못하는 게 이처럼 불안정했던 유년기 때문인지 궁금하다고 했다. 마지막으로 예순한 살 짐은 초등학교 여덟 곳과 고등학교 세 곳을 전전했다. 그는 친구가 거의 없고 마약과 싸움으로 감방을 들락거렸으며 "남들과의 애착 관계에 문제가 있다"라고 말했다. "이사를 다니느라 어릴 때 누려야 했을 모든 걸 놓쳤다는 분노를 이제 떨쳐내고 싶습니다. 저 말고도 비슷한 사람들이 있다는 걸 알아요."

이들의 고통은 어느 정도는 부모 때문에 이사를 다녀야 했다는 사실에서 비롯한다. 그들은 남을지 떠날지 스스로 결정하지 않았는데도 이사에 따른 결과를 감당해야 했다. 메리와 리즈가 언급했듯이 이들에게 딱히 진단 가능한 정신적 문제가 있는 것은 아니다. 메일을 보내준 독자 대다수의 결정적 문제는 타인과 관계를 맺기가 어렵다는 점으로 보인다. 이들은 너무 자주 옮겨 심은 나무와도 같다. 익숙한 토양에서 뽑혀 나와 새로운 토양에 뿌리를 내리는 것도 어려운데 몇 번이고 거듭 뿌리를 뽑힌다면 어떻겠는가. 그런데도 이들은 이런 고통을 자기 탓으로 돌린다.

나는 임상심리학자가 아니니 내 제안이 적확하지 않을 수도 있다. 하지만 유년기의 불안정으로 괴로워하는 사람을 위해 몇 가지 제안을 해보겠다. 첫 번째 단계는 이런 상황이 궁극적으로 당신 탓이 아니라는 사실을 받아들이는 것이다. 두 번째 단계는 당신의 처지를 이해해줄 사람을 찾는 것이다. 계속 함께 이사를 다닌 형제자매나, 군인 또는 외교관 가족의 성인 자녀처럼 유년기에 비슷한 어려움을 겪은 사람이 어떨까. 일단 어린 시절과 그 이후의 고통을 이해하고 공감해줄 사람을 만나고 나면 다양한 환경에서 살아온 경험의 긍정적 측면에 집중할 수 있지 않을까.

실제로 내가 받은 몇몇 메일이 이를 잘 보여준다. 다음은 톰이 보낸 메일이다.

오늘 아침에 (버지니아대학교 뉴스레터를 통해) 자주 이사하는 아이들에 관한 선생님의 최근 논문을 흥미롭게 읽었습니다. 저는 이 주제에 꽤 오래전부터 관심이 있었습니다. 해군 가정에서 자라며 유년기 내내 2~3년마다 이사를 다녔으니까요. 한번은 같은 집에서 4년을 살기도 했지만, 그사이에 세 번이나 전학을 다녔습니다. …

제가 자라면서 의식적으로 깨달은 점이 있습니다. 새로운 학교와 동네에 도착할 때마다 최대한 빨리 또래집단의 존경을 받는게 중요하다는 겁니다. 제게 가장 확실한 최선의 방법은 우수한 학업성적을 거두는 것, 반에서 1등을 하는 것이었습니다. 새 학년 첫날부터 전학생이 얕볼 수 없는 경쟁자라는 사실을 알려야 합니다. 그리고 어느 학교에서나 최상위권 학생들 사이에는 경쟁이 존재하게 마련입니다. … 저 개인의 경험에서 나온 정보가 선생님께 얼마나 가치 있을지는 모르겠지만, 언제든 기꺼이 의견을 나누고 싶습니다.

마찬가지로 에린은 "자주 이사를 다녀서 단짝이 없는 게 아쉽다"라면서도 "다양한 곳에서 온 사람들과 다양한 경험을 할 기회"와 "미국을 단순히 방문하는 것이 아니라 제대로 보고 몰입할 기회"를 준 부모에게 고맙다고 썼다.

마지막으로 D.J.는 평생 마흔다섯 번 넘게 이사를 했고 12년 동안 학교 열한 곳을 다녔다. 그는 자신의 삶을 초등학교 3학년 시절 콜로라도주에서 사귄 친구의 삶과 비교했다. 친구는 공군에서 복무한 몇 년을 빼고 평생 같은 지역에 살았다. 친구는 너무 자주 이사를 다니는 D.J.가 미쳤다고 생각하고 그는 한곳에만 머무르는 친구가 미쳤다고 생각한다. D.J.는 양쪽 모두 장단점이 있다는 것을 안다. 친구는 특정한 연도나 어떤 사건이 일어난 시기를 잘 기억해내지 못한다. 반면 D.J.는 당시 살던 지역을 기준으로 쉽게 연도를 떠올릴 수 있다. "저는 몇 번이나 스스로를 재창조했고 저에 대한 사람들의 인식을 바꿀 기회를 누렸습니다." 그는 자신의 생각을 단적으로 이렇게 요약한다. "두 가지 생활 방식 모두 만족스러울 수 있다고 생각합니다. 제게는 한곳에 머무르는 것이 고문이었을 테고, 그[콜로라도 친구]에게는 이사가 상상할 수 없는 일이었겠지요."

D.J.는 여러 번 이사했지만 그에게 너무 많은 이사나 너무 풍요로운 삶이란 존재하지 않는다. 반면 메리, 리즈, 거스, 페기, 짐에게 여덟 번이나 열세 번의 이사는 지나쳤던 것이 분명하다. 정신적 풍요로움이 지나칠 수 있는지는 개인의 성격이나 가족 상태, 그 밖의 여러 맥락과 상황에 달린 문제다.

2. 감당하기 어렵지만 풍요로운 경험

극단적인 것에 관해 더 이야기해보자. 혹시 24시간 콘서트라는 걸 들어보았는가? 원할 때 언제든지 재생할 수 있는 녹화 영상이 아니라 정말로 하루 24시간 동안 펼쳐지는 라이브 콘서트다! 2016년 미국 브루클린의 세인트앤 웨어하우스에서 '대중음악 24년사' 콘서트를 개최한 테일러 맥은 토요일 정오부터 일요일 정오까지 24시간 내내 노래와 춤을 선보였다. 평론가 웨슬리 모리스는《뉴욕타임스》를 통해 이 콘서트를 극찬했다. "맥 씨는 내 평생 손꼽히게 훌륭한 경험을 선사했다. … 단지 신체적 위업 정도가 아니라 … 가사를 전부 외워 상상할 수 있는 모든 창법과 템포, 그의 얼굴이 지을 수 있는 모든 표정, 유려하고 변화무쌍한 목청이 구사할 수 있는 모든 음역대로 노래했다."[4]

처음에는 말도 안 된다고 생각했다. 누가 자발적으로 하루 종일 잠도 안 자고 불편한 의자에 앉아 있겠는가? 그런데 놀랍게도 돈을 내고 콘서트에 온 관객이 850명이나 있었다. 그리고 이 콘서트는 모리스에게 놀라운 변화의 경험이 되었다. "콘서트 초반에 맥은 민요 〈Yankee Doodle(양키 두들)〉에 나타난 영국인의 동성애 혐오에 관해 놀라운 주장을 펼쳤고, 그 노래가 미국의 송가로 자리 잡은 것이 미국 역사 초기의 재전유re-appropriation 사례라고 암시했다. 어쨌든 이 노래가 다시는 예전처럼 들리지 않으리라는 건 분명하다." 관객은 전쟁 장면을 비롯한 여러 무대에 적극적으로 참여하도록 요청받았고, 인종차별주의자나 동성애 혐오자처럼 행동하면서 혐오하는 것이 어떤 느낌인지 실감했다. 그들은 사랑과 공감을 느꼈고, 모리스의 표현에 따르면 "수치심을 갈기갈기 찢어버리는" 기분이 들었다.

모리스만 그런 것이 아니었다. 예술 분야 기자 앨릭스 니덤은 같은 일자 영국 일간지 《가디언》에 이렇게 썼다. "이렇게 오래 잠을 못 자고 깨어 있으면 정신상태가 이상해진다. 나는 미국의 흑인 여성 트리오 슈프림스의 〈You Keep Me Hangin' On(넌 날 붙잡아두기만 해)〉을 듣고 감동한 적이 없지만, 1963년 흑인민권운동의 일환이었던 워싱턴 행진에 참여하려고 버스에 오른 가상의 동성애자들이 부른다는 설정인 맥의 노래를 들으니 문득 눈시울이 촉촉해진다. … 아침 7시, 맥이 아프리카계 미국인의 자부심과 자기결정권을 찬미한 싱어송라이터 커티스 메이필드의 〈Move on Up(계속 나아가라)〉을 부르는데 분홍색 모자를 쓴 흑인 소년들로 이루어진 브루클린연합악단이 무대에 올라와 북을 마구 두드리며 요란하게 종지부를 장식한다. … 사운드와 스펙터클, 불의에 맞서는 즐거운 행동주의 정신의 강렬하기 이를 데 없는 조합은 공연장 지붕이 날아갈 정도의 호응을 이끌어낸다. 관객의 함성이 5분 가까이 이어지자 맥은 웃으며 '아직 다섯 시간 남았다'라고 말한다. 테일러 맥의 콘서트에 참석한 관객은 비일상적인 행동을 하고 생소한 감정을 느꼈으며, 그로 인해 관점 변화를 경험했다."[5]

정신적으로 풍요로운 경험의 완벽한 사례다. 하지만 누가 밤새도록 그런 경험을 하고 싶을까? 나도 정신적 풍요로움을 추구하지만 24시간 콘서트에 갈 엄두는 나지 않는다. 콘서트가 보통 몇 시간 만에 끝나는 건 그럴 만한 이유가 있어서다. 다시 말하지만 웨슬리 모리스나 앨릭스 니덤에게 24시간 콘서트는 매우 풍요로운 경험이었다. 그러나 다른 사람에게는 감당하기 어렵고 건강에 해로울 수도 있다.

그럼에도 불구하고 감당하기 어려운지 확인하려면 결국은 직접 부딪혀보아야 한다. 인간에게는 위험으로부터 도피하고자 하는 본능이 있으며 이는 생존에 도움이 된다. 그렇지만 자꾸 도피하다 보면 너무 소심해져서 제대로 살아갈 수 없다. 가끔은 우리의 안전지대를 벗어나 도전할 필요가 있다. 캐나다 영화감독이자 작가인 세라 폴리는 저서 《위험을 향해 달리다》에서 자신이 경험한 이런저런 비극과 위험한 상황을 묘사했다.[6] 다음번에 위험한 상황이 닥치면 과감히 위험을 무릅쓰고 도전하는 것도 고려해보자.

3. 부부 관계에서도 풍요로움을 찾을 수 있을까?

남은 질문은 낯선 것만이 아니라 익숙한 것에서도 풍요로움을 찾을 수 있느냐는 것이다. 쇠렌 키르케고르의 1843년 저서 《이것이냐 저것이냐》는 한마디로 안정과 불안정, 권태와 흥분, 장기와 단기, 합리성과 열정, 계획과 즉흥성의 갈등에 관한

이야기다.[7] 앞서 언급했듯이 이 책은 저자 A(청년으로 추정된다)와 저자 B(은퇴한 판사로 추정된다)를 나란히 보여준다. A는 미적 삶, 즉 아름다움과 모험의 삶을 옹호하는 반면 B는 헌신하는 삶을 옹호한다. 지금까지 나는 A의 우선순위인 새로움, 열정, 즉흥성, 자연스러움을 포용해야 한다고 주장했다. 실제로 우리는 인생에서 새로운 것을 시도함으로써 끊임없이 배우고 성장할 수 있다. 하지만 이것이 정신적으로 풍요롭게 사는 유일한 길일까? B가 주장하듯 한 사람이나 사물을 깊이 파고듦으로써 정신적으로 풍요로워질 수도 있을까?

익숙한 사람, 사물 또는 장소에서 새로운 것을 발견하는 일은 인생의 가장 풍요로운 경험에 속한다. 나는 1991년에 아내를 만나 1999년에 결혼하기 전까지 많은 시간을 아내와 함께 보냈다. 그럼에도 불구하고 결혼 후에도 몰랐던 점이 많았다. 예를 들어 오랫동안 우리 집 벽을 대부분 비워둔 채로 지냈던 나는 아내를 만난 지 거의 20년 만인 2010년에야 거실 벽에 그림을 걸고 싶어졌다. 내가 "어떤 그림을 사야 할까?"라고 묻자 아내는 "나 그림 그릴 수 있어"라고 대답했다. "뭐?" 나는 아내가 그림을 그리는 줄도 몰랐는데, 놀랍게도 잘 그리기까지 했다. 이후로 그림을 얼마나 많이 그렸는지 이제는 집 안 거의 모든 벽에 아내의 그림이 걸려 있다.

아내는 상냥하지만 불안이 많다. 살면서 잘못될 수 있는 온갖 일을 염려하는 편이다. 게다가 꼼꼼하며 매사를 순서대로 차근차근 처리하는 성격이다. 간단한 메일 답장을 보내는 데 30분 넘게 걸리기도 한다. 아내는 그런 사람이다. 그래서 나는 아내의 그림이 차분한 분위기일 것이고 완성하는 데 오래 걸릴 거라고 예상했다. 그런데 아내가 눈 깜짝할 사이에 분홍색과 하늘색으로 배梨를 칠하고 파스텔 톤으로 몬드리안 느낌의 유화를 완성해서 깜짝 놀랐다. 아내의 그림은 정말로 경쾌했고 쓱쓱 자신감 있게 그려졌다. 아내는 본질적으로 매우 행복한 사람인 게 분명하다. 하지만 내가 거실 벽에 그림을 걸고 싶다는 생각을 안 했더라면 아내의 이런 면모를 끝까지 몰랐을 수도 있다. 결혼한 지 20년이 넘은 아내에게서 새로운 점을 발견한 것은 우리 둘 모두에게 풍요로운 경험이었다. 한 사람을 오래도록 알고 지내야만 깨달을 수 있는 것들이 있다.

《이것이냐 저것이냐》의 B는 결혼이라는 제도 내에서 새로움, 열정, 즉흥성, 심지어 모험까지 지속될 수 있다고 주장한다. "내게 이것은 우리의 첫사랑을 꾸준히 회춘시켜야 한다는 문제다. … 이 회춘은 … 과거에의 서글픈 회고나 경험에 대한 시적 윤색이 아니다. … 이것은 활동이다." 그렇다면 그 활동이란 무엇일까? 그는 신에 대한 감사를 포함한 내적 행동, 다시 말해 성찰이라고 답한다. "모든 기도가 그렇듯, 이런 종류의 감사는 외적인 것이 아니라 내적인 행동의 요소와 결합된다. 이 경우에는 우리의 첫사랑을 지켜나가기 위한 행동이다."[8] B에 따르면 종교적 맥락에서 감사하고 성찰하는 행위는 파트너에 대한 사랑을 유지하는 데 도움이 된다.

첫사랑의 꾸준한 회춘이라는 B의 주장을 증명할 수 있을까? 심리학자 프랭크 핀첨과 동료들은 연애의 맥락에서 기도에 관한 흥미로운 연구를 실시했다.[9] 한 연구에서는 현재 일대일 연애 중인 참가자들을 모집했다. 참가자를 둘로 나누어 한 집단은 무작위로 기도 조건에 배정했다. 이들에게는 4주 동안 하루에 한 번 이상 파트너의 안녕을 위해 기도하도록 요청했다. 다른 집단에게는 매일 시간을 내어 그날 하루 무엇을 했는지 생각하도록 요청했다. 4주 후 참가자 전원이 외도 여부와 관계 만족도에 관해 보고했다. 무작위로 기도 조건에 배정된 집단은 대조 조건에 배정된 집단보다 외도를 할 가능성이 낮았다. 게다가 기도 조건에 속한 사람들은 대조 조건에 속한 사람들보다 자신의 연애를 더 고결하고 정결하게 느꼈다.

《이것이냐 저것이냐》에서 B는 역사라는 요소, 다시 말해 함께한 경험의 기억은 첫사랑에는 없되 부부간의 사랑에는 있다고 주장하기도 한다. "부부간의 사랑이 역사적이라는 점은 그것이 동화 과정이라는 데에서 확연히 드러난다. 부부간의 사랑은 그들이 경험하는 것을 건드리고 그 경험을 다시 뒷받침한다. … 사랑은 이런 움직임을 통해 시험되고 정화되며 서로의 경험을 동화시킨다."[10] 커플들은 종종 서로에게 같은 이야기를 들려준다. 아내와 나는 우리 큰아이가 세 살 때 핼러윈에 꼬마 기관차 토마스로 분장했던 이야기를 서로 들려주곤 한다. 아내는 판지에 파란색 펠트와 노란색, 빨간색 테이프를 붙여 토마스 의상을 만들었고, 나는 굴뚝 모양 모자를 만들었다. 아이는 정말 귀여워 보였다. 우리는 아이를 데리고 버지니아대학교 캠퍼스에서 열린 핼러윈 과자 받으러 다니기trick-or-treat 행사에 데려갔다. 아들이 작은 사고를 당하기 전까지는 모든 게 즐거웠다. 자세한 이야기는 넘어가자.

《이것이냐 저것이냐》에서 B는 동지애의 성장에 관해 이야기한다. 부부간의 사랑은 열정과 설렘을 넘어 역경의 기억을 나누는 것이기도 하다. 동지애는 오랜 기간 거듭하여 경험을 공유함으로써 형성된다. 아이를 가진 부부는 육아를 통해 유대감을 다지고 아이를 키우면서 새로운 것을 배울 수 있다. B가 말하듯 "우리의 삶 전체가 아이들을 통해 되살아난다. 그제야 우리는 자신의 삶을 어느 정도 이해하게 된다."[11] 아이가 초등학교에 들어가면 부모 입장에서 자신의 초등학교 시절을 다시 경험한다. 아이가 고등학교에 들어가면 고등학교 시절을 다시 경험하면서 비슷한 점과 달라진 점을 모두 깨달을 것이다. B는 부부간의 사랑을 음악의 시적 재현에 비유한다. "음악에서 규칙적인 템포는 단조롭긴 해도 매우 아름답고 효과적일 수 있다."[12] 다시 말해 부부간의 사랑도 단조로워질 수 있지만 그 규칙적인 템포를 적절하게 연주하면 아름답고 매우 효과적일 수도 있다. 키르케고르의 B에 따르면 부부간의 사랑은 프랑스 작곡가 모리스 라벨의 〈볼레로〉와 미국 작곡가 필립 글래스의 〈Metamorphosis(변신)〉처럼 언뜻 듣기에 지극히 단조롭지만 본질적으로는 풍부하고 아름다울 수 있다.

4. 열정을 유지하는 방법

키르케고르의 B가 암시하듯이 결혼의 단조로움은 아름다울 수 있다. 그러나 키르케고르의 A가 주장하듯이 대부분의 경우 지루할 수도 있다. 기도 말고 오래된 연애를 회춘시킬 방법은 없을까? 심리학자 아서 에런과 동료들의 역사적으로 유명한 연애 실험은 이 질문에 대한 대답이 될 것이다.[13] 연구진은 데이트 중이거나 결혼한 커플을 두 조건 중 하나에 무작위로 배정했다. '새로운 각성' 과제 조건에 배정된 커플은 함께 손, 팔, 치아를 쓰지 않고 베개를 나르면서 요가 매트 몇 장(길이 약 9미터) 위를 기어갔다가 출발점으로 돌아와야 했다. 게다가 도중에 장애물(높이 약 90센티미터로 말아둔 요가 매트)도 통과해야 했다. 참가자들은 1분 내에 이 과제를 세 번 수행하도록 요청받았다. 대조군에 배정된 커플은 차례로 공을 굴리기만 했다.

에런의 예측대로, '새로운 각성' 과제를 완료한 커플은 활동 후 일반 과제를 완료한 커플보다 관계가 훨씬 더 좋아졌다고 보고했다. 그다음에 연구진은 부부 예순세 쌍으로 이루어진 새로운 참가자 집단을 모집하여 재연 실험을 했다. 최종 연구에서는 활동 전후에 두 가지 토론 과제가 추가되었다. '새로운 각성' 과제를 수행한 부부는 일반 조건의 부부보다 관계가 더 좋아졌다고 보고했을 뿐 아니라 이후 토론 과제에서도 서로 더 많은 애정을 표현했다.

에런과 동료들은 커플이 함께 새롭고 도전적인 활동을 하면 애정만이 아니라 열정까지 되살릴 수 있다는 것을 발견했다. 그들의 또 다른 연구에서는 결혼한 지 10년 넘은 참가자들의 40퍼센트가 "사랑에 푹 빠져 있다"라고 응답했다.[14] 오랜 시간이 지나도 계속 사랑하는 것이 가능하다고 밝혀진 것이다. 또 다른 연구에서 연구진은 신경 영상 기술을 사용하여 참가자들에게 파트너와 친한 친구, 낯선 사람의 얼굴 영상을 보여주었다.[15] 참가자들은 결혼한 지 평균 21.4년이 되었지만, 여전히 친구나 낯선 사람보다 파트너의 영상을 볼 때 배쪽 피개부와 등쪽 줄무늬체 등 도파민이 풍부하게 분비되는 보상 시스템과 관련된 뇌 영역이 훨씬 강하게 활성화되는 것으로 나타났다. 열정은 오래도록 지속될 수 있다고 주장한 키르케고르의 B가 옳았다.

에런의 유명한 '자기 확장 이론self-expansion theory'에 따르면 두 사람은 연애 초기에 스스로를 많이 드러내며 열심히 대화를 나누고, 시간이 지나면서 파트너를 자신의 일부로 받아들여 본질적으로 자기 자신을 확장한다. 그러나 초기의 상호 자기 노출 단계가 지나면 확장의 기회는 제한된다. 에런의 이론에 따르면 결혼한 부부의 만족도가 시간이 지날수록 감소하기 쉬운 이유 중 하나는 자기 확장의 새로운 기회가 없기 때문이며, 부부가 함께 새로운 활동에 참여함으로써 이런 기회를 늘릴 수 있다. 이를 통해 부부는 '꾸준한 회춘'을 경험한다.

에런은 인터뷰에서 그와 일레인 부부가 이 연구 결과를 가슴에 새겼다고 말했다.[16] 두 사람은 일본, 이탈리아, 세르비아, 뉴질랜드로 도보 여행을 떠났다. 서로의 초상화를 그리고, 경마에 참가하고, 그랜드캐니언에서 콜로라도강을 따라 래프팅을 하고, 고래도 관찰하러 갔다. 새로움은 오래된 커플에게 함께하는 성찰만큼 효과적이다.

5. 초밥 장인 지로: 평생의 헌신이라는 예술

〈스시 장인: 지로의 꿈〉은 일본 도쿄의 여든다섯 살 초밥 요리사 오노 지로에 관한 데이비드 겔브의 2011년 다큐멘터리 제목이다. 지로는 초밥에 열중하며 부단히 기술을 향상하려고 노력한다. 그는 초밥에 사용할 쌀밥의 온도를 가지고도 안달복달하는데, 생선의 맛을 극대화할 온도를 완벽하게 맞추기 위해서다. 문어를 더 연하게 만들려고 마사지하기도 한다. 처음에는 문어를 30분 정도 마사지했는데, 그보다 더 오래 마사지해 보니 손님들이 초밥을 더 맛있게 먹는 것 같았다. 지로는 문어를 30분 마사지해서 미쉐린 가이드 별 세 개를 받았지만, 이제는 문어를 요리하기 전에 45분이나 마사지한다. 자신이 이미 개발하여 요리 예술의 정점에 도달한 방식에 만족할 수도 있겠지만, 항상 더 나아질 비법을 찾는다. 그는 손님이 초밥을 한입 먹은 후 짓는 표정 하나하나를 꼼꼼하고 세심하게 살피며, 생선도 그만큼 신중하게 고른다. 쉰 살 넘은 그의 아들이 쓰키지 시장에 가서 모든 재료를 전문 상인에게 사 온다. 새우는 언제나 같은 믿음직한 새우 상인에게, 장어도 언제나 같은 믿음직한 장어 상인에게 구입한다. 재료 준비와 조리는 모든 면에서 정확하고 날마다 평가되며 시간이 지날수록 개선된다. 지로는 손님이 오른손잡이인지 왼손잡이인지도 신경 써서 오른손잡이 손님이 왼손잡이 손님 옆에 앉지 않게 하고, 왼손잡이 손님은 편하게 왼손을 쓸 수 있도록 왼쪽 끝자리에 앉힌다.

지로는 전쟁과 가난으로 아홉 살에 집을 떠났다. 수십 년간 초밥 식당에서 일하다가 마흔 살에야 자신의 가게를 열었다. 그때부터 항상 3~5명씩 수습생을 교육하기 시작했다. 수습생은 식당 청소와 설거지부터 시작한다. 10년 동안 청소를 하고 나서야 지로에게 계란초밥 만들기를 허락받는다. 지금은 뉴욕에서 유명한 초밥 요리사가 된 나카자와도 수습생 시절 계란초밥 200개를 만들고 나서야 마침내 지로에게 괜찮은 초밥 하나를 만들었다고 인정받을 수 있었다. 일본의 다른 장인과 마찬가지로 초밥 요리사의 세계에도 항상 길고 고된 수습 기간이 존재한다. 사람들이 이 힘겨운 수습 과정을 감내하는 것은 결국 자기 식당을 열고 성공하기를 원해서다.

앞서 7장에서는 각각 수영과 체조에서 역대 최고의 선수로 손꼽혔던 마이클 펠프스와 시몬 바일스가 우울증에 걸려 그들의 주 종목에 흥미를 잃은 경위를 이야기했다. 그렇다면 지로는 어째서 60년 넘게 날마다 같은 일을 하면서도 번아웃에 빠지지 않은 걸까? 첫째, 지로의 완벽 추구는 사적이고 내밀하게 이루어졌지만 펠프스와 바일스는 다른 선수들과의 공개 경쟁을 통해 완벽을 추구해야 했다. 엘리트 운동선수의 삶에서 가장 힘든 점은 패배 하나하나가 객관적으로 기록되고 공개된다는 것이다. 지로에게도 많은 경쟁자가 있었지만, 지로의 수행이 면밀히 분석되고 다른 요리사들의 수행과 비교된 것은 아니다. 둘째, 일본의 모든 초밥 요리사가 그렇듯 지로도 시간이 지나면서 예상치 못한 여러 난관을 겪었다. 도쿄만에서 인기 있던 생선이 사라지면서 그는 오랫동안 내오던 초밥 종류를 바꿔야 했다. 이와 같은 환경 변화로 메뉴 개발 방식을 바꾸지 않을 수 없었다. 게다가 경제적인 문제에도 꾸준히 대처해야 한다. 엘리트 운동선수 상당수는 날마다 자신의 성적을 반추하며 열심히 훈련할 동기를 찾아야 하지만, 지로는 날마다 온갖 결정을 내리고 요구에 맞추느라 자신의 실수를 곱씹을 시간이 없었다(대가도 가끔 실수를 저지르긴 할 테니까). 셋째, 7장의 주제로 돌아가자면 지로는 장난기 많은 사람이다. 다큐멘터리에 나온 초등학교 친구들과의 인터뷰에 따르면 그는 어린 시절 엄청난 장난꾸러기였고, 여든 넘어서도 여전히 손님들과 농담을 주고받으며 유쾌한 마음을 유지하고 있다.

결국 초밥 요리는 창의적인 예술이다. 지로는 기존 메뉴가 지겨워지면 얼마든지 새로운 초밥을 만들거나 새롭게 장어를 요리할 방법을 궁리할 수 있다. 그는 초밥 요리사로서 자신이 아직도 발전할 여지가 있다고 생각한다. 지로가 '스키야바시 지로'를 개점한 것은 1965년이었다. 그 오랜 세월을 같은 자리에서 한 식당의 수석 요리사로만 일한 것이다. 하지만 오랜 세월이 흘렀음에도 그는 식당 문을 닫아야 하는 휴일을 싫어하고 식당에서 일하는 날을 기다리곤 한다. 수십 년간 매일 같은 일을 하더라도 꾸준히 새로운 것을 시도할 수 있기 때문이다.

지로 같은 장인의 일은 평생을 바쳐야 하는 만큼 아마추어의 일과는 다르다. 장인의 일은 시간이 지남에 따라 새로운 기술과 관점을 습득하면서 변화한다. 지로는 어떻게든 초밥에 대한 첫 사랑을 꾸준히 회춘시킬 방법을 찾아낸다. 지로처럼 살아가는 것도 정신적 풍요로움에 도달하는 하나의 방법이다. 평생 탐구할 수 있을 만큼 심오한 직업을 택했다면 그 한 가지에만 헌신하는 것이다.

6. 왜 비틀스의 음악은 영원한가?

비틀스가 비치 보이스보다 훨씬 더 인기 있는 이유는 무엇일까? 이 글을 쓰는 현재 스포티파이에서 비치 보이스의 월별 청취자는 1186만 1427명이지만, 비틀스의 월별 청취자는 3056만 1926명이다. 비치 보이스의 세 배에 달하는 놀라운 수치다. 두 밴드 모두 1960년대에 세계적으로 큰 인기를 누렸다. 활동 기간도 비슷했고 발표한 음반 수도 비슷하다. 하지만 오늘날 대학생들은 비치 보이스보다 비틀스의 음악을 더 많이 듣는 것 같다. 왜 그럴까?

이렇게 설명해볼 수도 있겠다. 비틀스의 인기곡은 매우 다양하다. 〈All You Need Is Love(사랑만 있으면 돼)〉 〈I Want to Hold Your Hand(네 손을 잡고 싶어)〉처럼 단순한 사랑 노래부터 〈Yesterday(지난날)〉 〈Hey Jude(헤이 주드)〉처럼 회고적이고 차분한 노래, 〈Let It

Be(내버려둬)〉〈Nowhere Man(어디에도 없는 사람)〉〈Across the Universe(우주를 가로질러)〉처럼 철학적이고 영적인 노래, 〈Revolution(혁명)〉〈Come Together(함께 가자)〉처럼 반항적인 노래까지 아우른다. 비틀스는 초기의 반듯한 보이 밴드를 넘어서서 반문화 단계, 영적 단계, 사회비판 단계에까지 이르렀다. 존 레논, 폴 매카트니, 조지 해리슨 세 명이 골고루 작곡을 했기에, 브라이언 윌슨 혼자 작곡을 하던 비치 보이스보다 더 다양한 음악을 선보이기도 했다. 윌슨은 혁신적이고 실험적인 작곡가로 알려진 만큼 비치 보이스의 곡도 다양한 편이다. 하지만 일반적인 팝 청취자에게 비치 보이스는 흔히 〈Surfin' U.S.A(서핑 유에스에이)〉와 동일시된다. "다들 서핑을 하러 갔네, 미국은 서핑 중이야." 〈Pet Sounds(펫 사운즈)〉가 〈서핑 유에스에이〉보다 더 자주 재생되는 음반이었다면 더 많은 사람이 비치 보이스에 관심을 가졌을지도 모른다.

2020년 여름, 팬데믹이 쉽게 끝나지 않으리라는 것이 분명해지자 나는 탈출구가 없다는 막막한 기분에 빠져 하루 종일 집에 틀어박혀 있었다. 언제쯤 외식을 하고 사람들과 어울릴 수 있을까? 언제쯤 일본에 돌아가서 연로하신 부모님을 만나뵐 수 있을까? 집에 갇혀 있는 동안 우리는 많은 영화를 보았다. 그중 하나가 2019년 개봉한 〈예스터데이〉였다. 무명 가수였던 주인공이 온 세상에서 자기 혼자만 비틀스를 기억하고 있음을 깨닫고 비틀스의 노래를 부르기 시작하면서 유명해진다. 괜찮은 영화였다. 그러나 내가 이 영화를 기억하는 것은 줄거리가 아니라 전혀 다른 이유 때문이다. 주인공이 〈The Long and Winding Road(길고 구불구불한 길)〉를 부르는 동안 나는 하염없이 울었다. 아내와 두 사춘기 아이도 함께 영화를 보고 있었기에 창피하긴 했다. 하지만 그 노래 가사는 내가 코로나19 팬데믹 기간에 느꼈던 감정을 그대로 담아내고 있었다.

비틀스, 밥 딜런, 어리사 프랭클린의 음악 세계는 풍성하고 다채로운 만큼 깊이 파고들면 항상 새로운 것을 발견할 수 있다. 그렇지만 노스탤지어와 정신적 풍요로움은 구분할 필요가 있다. 노스탤지어 때문에 똑같은 뮤지션의 음악을 계속 듣는 사람이 닳다. 이 경우 과거를 재현하고 익숙한 안전지대로 돌아가는 데 탕점이 찍힌다. 과거를 그리워하는 감정인 노스탤지어도 여러모르 이로운 것은 분명하다. 과거와 현재를 연결시키고 사회적 유대감을 다지며 삶의 의미를 찾아낼 수도 있다.[17] 하지만 노스탤지어를 느끼려고 똑같은 뮤지션 음악만 듣는다면 정신적 풍요로움이 증진되지 않는다. 반면 미처 몰랐던 무언가를 꾸준히 발견하면서 똑같은 뮤지션의 음악을 듣는다면 이는 익숙한 대상에서 풍요로움을 찾아내는 정신적으로 풍요로운 경험이 된다.

비틀스와 마찬가지로 버지니아 울프에게도 세대를 초월한 열성팬들이 있다. 소설가 제니 오필은 《뉴요커》에 〈평생에 걸쳐 《댈러웨이 부인》을 읽으며〉라는 에세이를 발표했다.[18] 《댈러웨이 부인》을 여러 번 읽어도 매번 여러모로 새로운 점을 발견하는 이유를 요약한 글이다. 오필이 최초로 이 책을 읽은 것은 열일곱 혹은 열여덟 살 때였다. 당시 그는 심각한 트라우마를 입은 참전 용사 셉티머스 워런 스미스에 매혹되었다. 울프가 그를 "서른 살 남짓, 창백한 얼굴에 매부리코"로 소개하며 "세상이 채찍을 높이 들었으니 어디로 내려칠 것인가?"라고 덧붙이자 오필은 '그래, 바로 이거야'라고 생각한다. 오필은 30대에 다시 이 책을 읽었다. 이번에는 "우스꽝스러운 털북숭이 반려견을 내달리게 하며 깔깔 웃는 여자아이들"을 관찰하는 클러리사 댈러웨이에게 관심이 갔다. 그리고 마지막으로 "막 쉰두 살이 된" 댈러웨이 부인과 같은 나이에 또다시 이 책을 읽는다. 이번에는 클러리사의 옛 연인 피터 월시가 남들로부터 거리를 두려 하며 매사를 덜 개인적으로 받아들이는 모습에서 깊은 인상을 받는다.

나는 클러리사 댈러웨이와 피터 월시의 나이가 되어 《댈러웨이 부인》을 읽었다. 그 덕분에 그들에게 쉽게 공감할 수 있었다. 일상의 온갖 의무, 권태, 과거에 대한 집착과 강박. 피터 월시는 자신의 실패에 관해 이렇게 말한다. "그렇다. 그는 어떤 의미에서 실패한 사회주의자였다. 하지만 여전히 문명의 미래는 30년 전 자신과 같은 젊은이들, 추상 이론을 사랑하고, 런던에서 히말라야 산봉우리까지 책을 보내달라고 요청하고, 과학서와 철학서를 읽는 젊은이들의 손에 달려 있다고 생각했다."[19] 파티가 끝날 무렵, 클러리사의 사춘기 시절 단짝으로, 그의 남편 리처드가 멍청하다며 헐뜯던 샐리는 이렇게 말한다. "리처드가 많이 나아졌네. 네 말이 맞아. 저이한테 가서 말을 걸어볼게. 잘 자라고 인사해야겠어. 뇌가 뭐 중요해? … 심장이 중요하지." 결말에서 늙은 피터는 상념에 빠진다. "이 공포는 무엇일까? 이 황홀감은 무엇일까? … 내 마음을 특별한 흥분으로 채우는 것은 무엇일까?"라고 묻는다.[20] 그의 대답은 옛사랑 클러리사다.

피터는 고등교육을 받고 여기저기 여행한 사람이었지만 자기가 삶에서 무엇을 원하는지 전혀 모른다. 젊을 때에는 자신이 작가가 될 것이라고 생각했다. 샐리가 "글은 써봤어요?"라고 묻자 쉰두 살의 피터는 "한 줄도 안 썼어요!"라고 대답하며 웃는다. 소설 내내 그는 클러리사를 생각한다. 어린 시절의, 청소년기의, 어른이 된 클러리사를. 그는 인도에서 새로운 연인을 찾았음에도 클러리사에게서 눈을 뗄 수가 없다. 클러리사의 매력은 무엇일까? 나로서는 알 수 없다. 하지만 여기 옛 연인을 아직도 열렬히 사랑하는 쉰두 살 남성이 있다. 그는 권태가 아니라 한 여성에 대한 순수하고 진실하고 끝없는 호기심을 느낀다. 오필이《댈러웨이 부인》에서 평생에 걸친 교훈을 얻듯, 피터도 클러리사에게서 계속 익숙한 매력과 새로운 매력을 발견한다.

8. 옛것에서 새로운 것을 배우는 이유

온고지신溫故知新이라는 말은 다들 알 것이다. 첫 번째 글자는 '따뜻한', 두 번째 글자는 '오래된', 세 번째 글자는 '지식', 마지막 글자는 '새로운'이라는 뜻이다. 오래된 것을 따뜻하게 덥히면 새로운 것을 배울 수 있다. 우리는 아주 오래된 것을 공부하면서 전혀 새로운 것을 배우곤 한다.

키르케고르의《이것이냐 저것이냐》에서 B는 결혼의 신성함을 믿으며, 누구나 제대로 감사할 줄만 안다면 자신과 파트너에 관해 더 많은 것을 배울 수 있다고 말한다. 아서 에런의 연구에 따르면 장기 연애를 계속 지켜나가는 비결은 이따금 참신함을 불어넣는 것이다. 오노 지로는 미쉐린 가이드 별 세 개를 받은 후에도 60년 동안 열심히 초밥 기술을 갈고닦았다. 비틀스, 밥 딜런, 어리사 프랭클린, 마일스 데이비스, 파블로 피카소, 구사마 야요이, 힐마 아프 클린트, 케라 워커 등은 모두 실험을 시도하고 새로운 양식을 도입하며 시간의 흐름에 따라 진화해왔다. 이런

예술가들의 작품을 오랜 시간에 걸쳐 점점 더 깊이 파고들면 새
로운 것을 배울 수 있다. 새로운 것을 읽고 듣고 배울 기분이 나
지 않는다면 오랫동안 잊고 있던 과거의 애착 대상을 되돌아보
자. 새롭고 풍요로운 무언가를 발견할지도 모른다.

14장

후회 없는 좋은 삶
3차원의 삶에 관한 마지막 생각

나는 익숙한 것을 훨씬 선호한다. 자랑스러운 이야기는 아니지만 내가 그런 걸 어쩌겠는가. 아마도 나와 비슷한 사람이 많을 거라고 생각한다. … 내게는 정말 유익한 프로그램이었다. 안전지대를 벗어나서 내가 꺼렸던 많은 것을 직면할 수 있었으니까.

_ 배우 유진 레비, 자신이 출연한 프로그램 〈여행 혐오자의 일탈 여행 The Reluctant Traveler〉에 관하여[1]

나는 이 책에서 정신적으로 풍요로운 삶이라는 새로운 개념을 소개했다. 다들 아는 두 가지 좋은 삶, 즉 행복한 삶과 의미 있는 삶에 하나를 더 추가한 것이다. 이제 행복한 삶, 의미 있는 삶, 정신적으로 풍요로운 삶의 요소를 파악했으니 3차원의 삶이라는 새로운 관점에서 세상을 바라볼 수 있을지 확인해보자.

1. 내 마음대로

토니 모리슨의 소설《재즈》끝부분에서 주인공 바이올렛은 미용사와의 대화를 떠올린다. 미용사는 "세상을 다 가진대도 그걸 내 마음대로 바꿀 수 없다면 무슨 소용이 있겠어요?"라고 말한다. 바이올렛은 그 질문에 깜짝 놀란다. 그런 생각을 해본 적이 없기 때문이다. "왜 그런 말을 하세요? 어차피 세상을 바꿀 순 없잖아요." 미용사가 대답한다. "바로 그거예요. … 내 삶만큼은 내 것이라는 사실을 잊고 있었거든요."[2]

세상을 우리가 원하는 방식으로 생각하지 않으면 이 삶이 우리의 것임을 잊게 된다. 그러니 이것이 우리의 삶이고 우리가 지금보다 더 많은 것을 원한다는 사실을 잊지 말자. 더 많은 행복, 더 많은 의미, 어쩌면 더 많은 정신적 풍요로움을. 죽는 순간까지 기다리지 말고 삶의 고비마다 지나온 길을 돌아보자. 고등학교를 졸업할 때 고등학교 생활에 관해 뭐라고 말하겠는가? 대학을 졸업할 때 대학 생활에 관해서는? 첫 직장을 그만둘 때에는? 자녀가 고등학교를 졸업했을 때 그간의 양육에 관해서는? 행복, 의미, 정신적 풍요로움이라는 좋은 삶의 세 요소가 우리의 경험을 평가할 세 가지 차원을 제공한다.

2. 좋은 직업이란 무엇인가?

윌리엄 제임스는 1890년 저서 《심리학의 원리》에서 다음과 같은 자존감 방정식을 고안했다. "자존감=성공÷허세."[3] 여기서 제임스가 말하는 허세란 열망을 의미한다. 따라서 열망하는 것을 대부분 이룬 사람은 자존감이 높아지고, 그러지 못한 사람은 자존감이 낮아진다. 이 공식에 따르면 자존감을 높이는 방법은 두 가지다. 하나는 더 크게 성공하는 것이다. 다른 하나는 더 적게 열망하는 것이다. 제임스의 자존감 방정식은 행복에도 적용될 수 있다. 극단적으로 단순화하자면 행복은 '(개인적·인간관계적·사회적) 성공÷열망'이라는 두 요소의 함수라고 할 수 있다. 우리는 성공을 늘리거나 열망을 줄임으로써 더 행복해질 수 있다. 예를 들어 미국 문화에서는 더욱 노력하여 성공을 늘리는 것을 강조하는 반면, 덴마크 문화에서는 열망을 최소화하는 것을 강조한다.

여기서 말하는 성공이란 어떤 것일까? 지크문트 프로이트는 인간의 두 가지 주요 과제가 일과 사랑이라고 말했다.[4] 일과 사랑에 성공했다면 삶에서도 성공했다고 볼 수 있다. 그럼 이제 일에서의 성공을 살펴보자. 직업에서의 성공을 정의하는 방법은 다양하지만, 직업인에게 자신의 일에 얼마나 만족하는지 물어보는 것도 한 가지 방법이다. 자신의 직업에 만족한다고 응답한 사람

은 성공한 사람이다. 나는 임금 정보 분석 업체 페이스케일Payscale
이 502개 직종에 종사하는 200만 명 이상을 대상으로 실시한 설
문조사를 분석했다.[5] 이 데이터로 어떻게 직업 만족도를 예측할
수 있을까? 더 정확히 말하면 어떤 노동자가 평균보다 높은 직업
만족도를 보일까?

예를 들어 보험계리사의 80퍼센트는 자신의 직업에 만족한다
고 응답했다. 마찬가지로 컴퓨터 및 정보 과학자의 78퍼센트가
자신의 직업에 만족한다고 응답했다. 반면 경찰관은 65퍼센트만
이 자신의 직업에 만족한다고 응답했다. 사회복지사는 만족도가
더 낮아서 59퍼센트에 불과했다. 보험계리사와 컴퓨터과학자가
사회복지사와 경찰관보다 직업에 더 만족하는 이유는 무엇일
까? 임금이 한 가지 이유일 수 있다. 사회복지사와 경찰관이 매
일 힘든 일을 한다는 걸 고려하면 이들의 임금은 적은 편이다.
어쩌면 이들은 자신의 일이 제대로 보상받지 못한다고 생각할지
모른다. 실제로 502개 직종에서 평균임금은 평균 직업 만족도와
높은 상관관계를 보였다.

행복해지는 것만이 좋은 삶의 방식은 아니듯, 직업 만족도만
이 직업적 성공을 정의하는 방법은 아니다. 직업의 의미에 있어
서는 어떨까? 흥미롭게도 페이스케일 설문조사에서는 이 요소
도 측정했다. 보험계리사와 컴퓨터과학자 대다수가 자신의 직업
에 만족하지만 그중 상당수가 의미 있는 직업은 아니라고 생각

하는 것으로 나타났다. 예를 들어 보험계리사의 36퍼센트와 컴퓨터 및 정보 과학자의 45퍼센트만이 자신의 직업이 의미 있다고 생각했다. 반면 사회복지사와 경찰관은 자신의 직업이 불만족스럽지만 의미 있다고 생각하는 것으로 나타났다. 실제로 사회복지사의 73퍼센트와 경찰관의 81퍼센트가 자신의 직업이 의미 있다고 생각했다.

만족도가 낮거나 의미가 없지만 좋은 직업도 있을까? 페이스케일 데이터는 흥미로운 패턴을 보여준다. 편집자의 65퍼센트는 자신의 직업에 만족했지만 42퍼센트만이 의미 있는 직업이라고 응답했다. 마찬가지로 아트 디렉터의 67퍼센트는 자신의 직업에 만족했지만 35퍼센트만이 의미 있는 직업이라고 응답했다. 작가와 저술가 역시 만족도 67퍼센트, 유의미함 30퍼센트로 아트 디렉터와 매우 비슷한 수치를 나타냈다. 장례지도사는 흥미로운 비교군이다. 장례지도사의 68퍼센트가 자신의 직업에 만족한다고 했으니 직업 만족도에서는 앞의 직업들과 비슷한데, 87퍼센트가 자신의 직업이 의미 있다고 응답했다.

좋은 직업의 기준이 만족도와 의미뿐이라면 아트 디렉터, 편집자, 작가에게 장례지도사가 되는 것을 고려해보라고 말할 수 있다. 하지만 우리는 그러지 않을 것이다. 아트 디렉터, 편집자, 작가는 장례지도사와 달리 자기 자신을 표현하고 창의성을 발휘할 수 있다는 것을 알기 때문이다. 페이스케일 설문조사에 응답자의 직업이 얼마나 흥미로운지, 직업에서 창의성이 얼마나 중요한지 등 정신적 풍요로움과 관련된 질문은 포함되지 않았다. 추측하건대 많은 아트 디렉터, 편집자, 작가가 자신의 직업이 흥미롭고 창의적이며 정신적으로 풍요롭다고 응답했을 것이다. 그렇기 때문에 이런 직업을 유지하는 것이 아닐까. 좋은 삶에 관한 3차원 프레임워크는 직업의 영역에 적용했을 때 진가를 드러낸다. 만족도나 유의미성이 떨어지는 일도 정신적으로 풍요롭고 좋은 일일 수 있는 이유를 설명해준다.

3. 좋은 휴가란 무엇인가?

다음 휴가에는 올인클루시브all-inclusive(모든 비용이 포함된—옮긴이) 호화 여행을 떠나고 싶은가, 아니면 소박한 배낭여행을 떠나고 싶은가? 올인클루시브 여행은 간편하다. 여행사에서 계획을 세우니 비용을 지불하고 나가기만 하면 된다. 아침부터 저녁까지 여행사가 즐겁게 해줄 테니 편히 앉아서 즐기면 된다. 배낭여행은 훨씬 더 힘들다. 어떤 숙소에 묵을지 알 수 없다. 거의 모든 것을 알아서 계획해야 한다. 멋진 경험이 될 수도 있지만 악몽이 될 수도 있다.

팟캐스트 〈두 심리학자의 맥주 네 잔Two Psychologists Four Beers〉

진행자인 요엘 인바와 알렉사 털렛은 행복한 삶과 정신적으로 풍요로운 삶을 여행에 빗대어 이렇게 설명했다.[6] 행복한 삶은 카리브해 크루즈와 같다. 매사가 계획되어 있다. 매 끼니를 먹여주고 일일이 보살펴준다. 우리가 아홉 개국 참가자에게 이상적인 삶을 묘사해달라고 요청했을 때 미국인 상당수는 호화 크루즈를 연상시키는 응답을 내놓았다. 예를 들어 열여덟 살짜리 버지니아대학교 학생은 이렇게 썼다. "부유하고 행복한 가정을 이루어 바닷가에서 살고 싶다. 일 걱정은 하지 않을 것이다. 이미 충분히 성공해서 더는 일할 필요가 없을 테니까."[7] 많은 사람에게 휴가는(그리고 이상적인 삶은) 푹 쉬며 활기를 되찾는 것, 대접받으면서 즐기는 것이다.

정신적으로 풍요로운 여행은 배낭여행과 같다. 매사를 직접 계획해야 한다. 뭐든 하고 싶은 일을 선택할 수 있는 반면 어떤 일이 일어날지 알 수 없다. 문제가 생길 수도 있다. 내가 도쿄에 살던 대학교 1학년 때 친구와 미국으로 배낭여행을 떠났다. 우리는 LA행 최저가 항공권(말레이시아항공, 약 700달러)과 장거리 버스 30일 승차권(약 250달러)을 구입했다. LA에서 샌프란시스코, 시애틀, 사우스다코타주 러시모어산, 시카고, 나이아가라폭포, 뉴욕, 워싱턴D.C.까지 30일간 장거리 버스를 타고 여행했는데, 워싱턴 D.C.에 도착했을 때 기한이 다 되어간다는 걸 깨달았다. 마지막 사흘간은 LA로 돌아가기 위해 거의 쉴 새 없이 버스를 타야 했다. 70시간 동안 버스를 타는 건 별로 즐겁지 않았다.

숙소도 미리 예약하지 않았기 때문에 LA, 샌프란시스코, 시애틀 현지에 도착하자마자 잘 곳을 찾아야 했다. 우리가 감당할 수 있는 숙소는 유스호스텔뿐이었다. 장거리 버스 터미널은 거의 항상 도심에 있었는데 1988년 당시 미국의 도심은 그리 안전하지 않았다. 한정된 예산과 형편없는 영어 실력 때문에 오싹한 순간도 많이 겪었다. 뉴욕 40번가에서는 유스호스텔을 나서자마자 웬 남자가 다가와 20달러만 빌릴 수 있냐고 물었다. 마침 그곳에 씨티은행이 있었다. 그는 은행에서 현금을 찾아서 갚겠다고 말했다. "나만 따라와." 그래서 나는 그를 따라 은행에 가서 줄을 섰다. 잠시 후 그는 사라졌다. 그렇게 타임스퀘어에서 내 하루치 예산이었던 20달러를 사기당했다!

뉴욕에서 출발한 버스는 새벽 무렵 워싱턴D.C.에 도착했고, 우리는 결국 백악관 근처 공원 벤치에서 잠들었다. 얼마 지나지 않아 기마경찰 한 무리가 나타났다. 그들은 우리를 노숙자로 생각하고 문자 그대로 발로 차서 내쫓았다. 하지만 같은 날 우리는 백악관 내부 투어에 참가할 수 있었고 국회의사당도 무료로 돌아볼 수 있었다.

시카고에 갔을 때는 그랜트 파크에서 성대한 축제가 열리고 있었다. 친구는 화이트삭스의 야구 경기를 보러 갔지만 나는 축제에 가고 싶었다. 그래서 혼자 갔다가 다른 젊은이 세 명을 만났다. 그 친구들이 내게 사진을 찍어달라고 해서 찍어줬다. 그리고 이야기를 나누기 시작했다. 얼마 후 그들은 친절하게도 나를 자기네 집에서 열리는 파티에 초대해주었다. 그 집이 어디쯤인지도 몰랐고 갈아입을 옷도 없었지만 나는 가겠다고 했다. 내가 미국 배낭여행 중에 술을 마신 건 그날뿐이었다. 나는 파티 도중에 잠들어버렸다. 다음 날 아침, 파티에서 만난 사람이 나를 숙소였던 시내 YMCA까지 태워다주었다. 알고 보니 전날 밤에 갔던 집은 위스콘신주에 있었다!(차로 서너 시간 거리―옮긴이) 믿기 어려운 일이었다.

장거리 버스를 타는 것이 추천할 만한 미국 일주 방식은 아니다. 몇 시간씩 계속 앉아 있다 보니 엉덩이가 얼얼했다. 하지만 나는 기억에 남는 30일을 보냈고 미국의 다양한 면모를 목격할 수 있었다.

즐거움보다는 의미가 중요한 휴가도 있다. 조너선 사프란 포어의《모든 것이 밝혀졌다》에서 주인공(그의 이름 역시 조너선 사프란 포어다)은 2차 세계대전 중 할아버지의 목숨을 구해준 여성 어거스틴을 찾아 우크라이나로 여행을 떠난다.[8] 이런 여행의 주된 목적은 가족의 역사를 더 깊이 배우는 것이다. 그들이 어디서 어떻게 살았고 그들의 생애에 어떤 일이 일어났는지 알아보는 것이다. 가족의 역사를 알면 나 자신에 관해서도 알게 된다. 또한 내가 물려받은 것들을 명확히 이해함으로써 삶에 의미를 부여하는 두 가지 핵심 요소인 일관성과 중요성을 인식할 수 있다.

네팔 여성 교육 지원, 과테말라 의료봉사, 케냐 야생동물 보호 같은 목적의 자원봉사 여행을 떠나는 사람도 있다. 흔한 봄방학 바다 여행 대신 해비타트 건축 활동을 선택하는 대학생도 있다. 직업과 마찬가지로 휴가에서도 행복이나 의미, 정신적 풍요로움의 증진을 목표로 삼을 수 있다.

요약하자면 거의 모든 것을 행복, 의미, 정신적 풍요로움의 측면에서 평가할 수 있다. 학업은 행복하거나 의미 있거나 정신적으로 풍요로운 과정일 수 있다. 함께 있으면 즐거운 친구도 있고 유익하거나 도움이 되는 친구도 있다. 시야를 넓혀주는 친구도 있다. 디즈니랜드처럼 모든 고민을 잊고 즐거워지게 해주는 곳도 있고, 예루살렘이나 로마처럼 과거를 기억하고 삶의 의미를 생각해보게 하는 곳도 있다. 탐험을 통해 정신적으로 풍요로워지도록 촉구하는 곳도 있다. 예를 들어 제이지와 얼리샤 키스의 노래 〈Empire State Of Mind(마음속의 뉴욕)〉에 따르면 뉴욕은 "불가능이라곤 없는 곳/ … 이 거리를 거닐면 새로운 사람이 된 듯해/ 거대한 불빛들이 마음을 감동시키네." 행복, 의미, 풍요로움 중에 무엇을 극대화하고 싶은지 알면 삶을 구조화하고 목표에 부합하는 경험을 선택할 수 있다.

이 책에서 나는 좋은 삶에 이르는 새로운 방법, 즉 정신적 풍요로움을 소개했다. 분명히 말하지만 정신적으로 풍요로운 삶이 최고의 삶이라거나, 행복한 삶이나 의미 있는 삶보다 무조건 낫다는 것은 아니다. 그보다는 정신적 풍요로움을 우선시하는 것도 좋은 삶에 이르는 길일 수 있다는 것이다.《나르치스와 골드문트》의 골드문트처럼 행복하지 않고 삶의 의미를 찾을 수 없더라도, 다양하고 흥미롭고 관점을 바꿔주는 경험을 쌓다 보면 좋은 삶에 이를 수 있다. 게다가 앞에서 살펴보았듯이 좋은 삶의 방식 중 하나만을 선택해야 하는 것은 아니다. 예를 들어 올리버 색스는 만년에 매우 행복해 보였다. 많은 환자와 간병인의 삶을 감동시키고 변화시킨 그의 삶은 큰 의미가 있었을 뿐 아니라 많은 이야깃거리를 남겼다. 결국 색스는 3차원의 좋은 삶을 모두 누린 셈이다. 4장에서 소개한 택시 운전사 린다 역시 모든 것을 다 가진 사람이다. 평생 여러 특별한 경험을 쌓으면서 세상을 변화시켰고 이제는 은퇴 생활을 즐기고 있으니까.

이쯤 되면 좋은 삶에 이르는 또 다른 방법은 없을지 궁금해질 것이다. 좋은 삶에 관한 실증연구는 1980년대에 들어서야 본격적으로 시작되었음을 명심하자. 처음 30년간의 연구를 통해 좋은 삶의 두 가지 차원, 즉 행복과 의미가 발견되었다. 이제는 세 번째 차원인 정신적 풍요로움이 발견된 것이다. 새로운 연구에서 조만간 네 번째(혹은 더 많은) 차원이 드러날지도 모른다. 앞으로의 연구를 통해 좋은 삶에 이르는 길의 문화적 차이가 밝혀질 수도 있다. 결국 이 책은 좋은 삶에 이르는 다양한 방법에 대한 이야기다. 자신이 누구이고 무엇을 중요시하는지 이해하면 그에 맞게 살아가는 데 도움이 될 것이다.

4. 정신적 풍요로움의 교훈

정신적으로 풍요로운 삶은 우여곡절이 있는 삶, 멈춤과 우회와 전환점이 있는 삶이다. 익숙하고 아늑한 삶이 아니라 극적이고 다사다난한 삶, 복잡성과 다양성이 있는 삶이다. 저울질하는 삶이 아니라 언제든지 떠날 준비가 된 즉흥적인 삶, 단순하고 직선적인 여정이 아니라 길고 구불구불한 여정이다. 존 스튜어트의 〈더 데일리 쇼The Daily Show〉 이전에 데이비드 레터맨의 〈레이트 쇼Late Show〉가 있었다. 나는 레터맨의 엉뚱한 유머 감각을 좋아했고 특별히 그의 '10대 목록Top Ten lists'을 좋아했다. 그래서 장난스러운 마음으로 내가 선정한 정신적 풍요로움의 10대 목록을 제시하며 이 책을 마무리하도록 하겠다(다른 버전의 요약본은 부록 3 참조).

10. 후회 없이 살자: 사람들은 만년에 할 수 있었지만 하지 않았던 일들을 후회하곤 한다.[9] 일자리 제의를 거절했거나, 기회가 생겼을 때 보스턴으로 이사하지 않았거나, 복학하지 않았던 일들

을. 행동하지 않는 이유를 변명하기는 쉽다. 하지만 '남아야 할까 떠나야 할까?'라는 질문에 직면했을 때 이렇게 자문해보자. '지금 남는다면 10년 후에 후회할까?' 인간은 단기적으로는 저지른 일을 후회할 수도 있지만 장기적으로는 저지르지 않았던 일을 가장 후회한다는 점을 명심하자.

9. 안정보다는 자유를: 시인 에이다 캘훈은 《뉴욕타임스매거진》에 실린 에세이에서 어린 시절 부모가 이렇게 말하곤 했다고 회상한다. "대부분의 선택은 결국 안정 혹은 자유의 문제인데, 항상 자유를 선택하는 편이 낫단다." 그는 부모의 조언에 따라 복리후생 혜택이 없지만 좀 더 자유로운 직업을 선택했고, 육아 보조를 받을 수 없는 상황에서도 아기를 낳기로 결정했다. 이제는 "명확한 마음의 소리를 들으며 멀쩡한 수족으로 활동하는 것보다 더 큰 안정은 없다"라고 느낀다.[10] 궁극적으로 안정보다는 자유를, 책임보다는 가능성을, 편안함보다는 도전을 선택할 수 있어야 정신적으로 풍요롭게 살 수 있다.

8. 스페셜리스트가 되지 말고 제너럴리스트가 되자: 우리는 고도로 전문화된 정교한 분업 체제 속에서 살아간다. 직업상의 전문화는 많은 경우 성공으로 이어진다. 하지만 전문화가 지나치면 나무 한 그루에 집착하느라 숲의 아름다움을 놓칠 수 있다. 호기

심을 품은 채 살자. 제너럴리스트가 되자. 가끔은 DIY를 시도하는 것도 좋다!

7. 열두 가지 선택지: 비둘기와 인간 모두 충분히 탐색하지 않는다. 익숙한 것이 너무나 편안하고 매력적이다 보니 우리는 탐험의 기쁨을 잊어버린다. 항상 똑같은 간식을 먹고, 똑같은 체인점에 가고, 출퇴근길에도 가만히 앉아만 있는다. 하지만 이런 편견은 일단 인식하면 극복이 가능하다. '열두 가지 선택지' 추론법을 명심하면 아파트, 식당 등을 선택하기 전에 최소 열두 가지 후보를 탐색하는 습관이 생긴다. 더 많이 탐색할수록 더 나은 결정을 내릴 수 있다.

6. 익숙한 것에서 풍요로움을 찾자: 하지만 대니얼 플레인뷰("충분히 돈을 벌어서 인간들로부터 벗어나고 싶어")나 유진 레비("나는 익숙한 것을 훨씬 선호한다") 같은 사람이라면 익숙한 것에서 풍요로움을 찾을 수 있다. 좋아하는 밴드, 작가, 책, 영화 또는 인물로 되돌아가면 온고지신을 실천할 수 있다.

5. 부정적인 사건을 두려워하지 말자: 많은 사람이 행복의 함정에 빠진다. 우리는 부정적인 사건을 두려워하고 어떻게든 피하려고 하며, 불만감을 느끼는 자신을 책망한다. 하지만 어찌 됐든

간에 나쁜 일은 일어나게 마련이다. 실패해도 괜찮다. 부정적인 감정을 느껴도 괜찮다. 니체의 말을 기억하자. 이런 난관을 거치고 나면 더 현명한 사람이 될 것이다. 제임스 조이스의 말을 기억하자. **고난을 뚫고 별을 향하여.** 이 모두가 당신의 인생담에 포함될 것이다. 고난에 따르는 풍요로움을 받아들이고 정신적 면역계에 스스로를 맡기자.

4. **쓰고 말하자**: 풍요로움은 흥미로운 이야기의 축적이다. 그 이야기를 기억하는 것이 중요한데 그러려면 글쓰기만큼 좋은 방법이 없다. 남들에게 이야기를 들려주는 것도 좋은 기억법이다. 이렇게 쓰고 이야기하면서 인생담을 편집할 수 있다. 나쁜 내용도 숨기지 말되 성장의 발판으로 삼자. 헤밍웨이가 말한 마음속 축제를 떠올리며 자기만의 이야기를 찾아보자. 부의 대물림으로 다음 세대가 물질적 부자가 될 수 있듯이. 당신의 이야기는 다음 세대에 전달되어 그들의 정신이 풍요로워지게 해줄 것이다.

3. **즉흥성을 발휘하자**: 우리는 고도로 계획된 시대에 살고 있다. 친구들을 만나려면 십중팔구 사전에 약속을 해야 한다. 심심해지면 친구에게 혹시 지금 시간 있냐고 불쑥 문자를 보내보자. 가끔은 일상에서 탈출해보자. 《이상한 나라의 앨리스》 속 앨리스가 되어보자! 미지의 세계를 탐색하자. 갤러리, 헌책방, 중고품 매장

에 들러보자. 무엇을 발견할지 아무도 모른다.

2. 장난기를 발휘하자!: 우리 모두는 설거지부터 세금 신고까지 많은 의무를 짊어지고 있다. 의무를 처리하는 데 집중하다 보면 많은 일이, 특히 소설 읽기 같은 유희적 경험이 시간 낭비로 느껴지기 쉽다. 하지만 장난스러운 순간, "사회적이고 경제적인 현실을 벗어나 잠시 휴가를 떠나는" 때야말로 예상치 못한 것을 발견하고 새로운 것을 배우며 다른 관점에서 자신의 목표를 통찰할 수 있다. "마음을 활짝 열고 바보짓을 해보자!"

1. 그냥 한번 해보자!: 정신적으로 풍요로운 마음가짐은 일생일대의 결단뿐 아니라 일상에서의 소소한 결정에도 도움이 된다. 새로운 전시회를 보러 갈까 아니면 집에 있을까? 하이킹을 떠나야 할까? 당신이 안전지대에 머무르기를 선호한다 해도 한 번쯤 짬을 내서 새로운 것을 그냥 시도해보자! 우리는 새로운 일을 한 날이면 더 행복하고 의미 있을 뿐 아니라 정신적으로 더 풍요로운 하루를 보냈다고 느낀다.[11]

루이스 심프슨의 시 〈에드Ed〉[12]에 나오는 청년 에드는 도린이라는 식당 종업원과 사랑에 빠진다. 에드의 가족과 친구들이 도린을 싫어하자 그는 다른 여자와 결혼한다. 몇 년 후 아내는 에드를 떠난다. 에드는 가족과 친구들에게 도린과 결혼했어야 했다고 불평을 늘어놓는다. 그들은 "근데 왜 안 했어?"라고 대꾸한다. 나 역시 심프슨의 시구를 빌려 이 책을 끝내려 한다. "근데 왜 안 했어?"

책을 쓴다는 건 초대형 DIY 프로젝트와 같다. 처음에는 간단해 보인다. 다섯 단계를 따르면 된다. 1. 기획안을 작성한다. 2. 에이전트를 찾는다. 3. 출판사를 찾는다. 4. 글을 쓴다. 5. 나온 책을 보고 깜짝 놀란다! 그러나 DIY 프로젝트가 항상 그렇듯 현실은 예상보다 훨씬 더 복잡하다. 슬럼프가 찾아온다. 이런 일을 벌인 스스로를 책망한다. 한참 동안 진전이 보이지 않는다. 그러다 문득 전환점이 찾아온다. 갑자기 해낼 수 있을 것 같다. 그리고 어느 날 마법처럼 정말로 모든 과정이 끝나고 눈에 보이는 결과물과 매우 풍요로운 경험이 남는다.

글쓰기는 대체로 꽤나 외로운 과정이다. 하지만 우리 가족이 적극적으로 참여해준 덕분에 덜 외로웠다. 온 식구가 이 책에 적당한 자료를 찾아 나섰다. 카이는 책 4000권을 읽은 모로코 서점 주인 이야기를 발견했다. 진은 레이먼드 카버의 시 〈행복〉을 찾

아주었다. 재는 국립공원 애호가 조이 라이언 이야기를 찾아냈
다. 그러니 이 책은 온 가족 프로젝트라고 하겠다.

　나는 2015년 여름부터 정신적 풍요로움을 연구하기 시작했
다. 당시 우리 연구팀 전원이 정신적 풍요로움 프로젝트의 기반
을 닦았다. 에린 웨스트게이트, 최혜원, 리즈 길버트, 제인 더크
(결혼 전 터커), 조던 액스트, 닉 버트릭, 서맨사 하인첼만, 코스타
쿠슈레브, 찰리 에버솔, 브랜던 응 외에 여러 버지니아대학교 학
부생들도 있다. 또한 이들이 알려준 자료를 이 책에 활용하기도
했다. 예를 들어 헤르만 헤세의《나르치스와 골드문트》는 제인
더크가 추천했다. 앨리슨 고프닉의《애틀랜틱》에세이는 리즈
길버트가 추천했다. 리베카 솔닛의《이 폐허를 응시하라》는 닉
버트릭이 추천했다. 제이미 커츠, 차영재 등 전현직 대학원생들
이 이 책에 소개된 풍요로움 연구에 참여했다. 동료들과 친구들
도 격려와 제안을 아끼지 않았다. 티머시 윌슨과 제리 클로어는
2017년 9월 정신적 풍요로움에 관한 내 첫 번째 강연을 듣고 사
려 깊은 조언을 해주었다. 학술지《심리학 리뷰Psychological Review》
에 관련 기사를 실어준 편집자 마이클 모리스는 내게 키르케고
르의《이것이냐 저것이냐》와 제임스 조이스의《젊은 예술가의
초상》을 읽어보라고 권했다.

　2023년 여름에는 여러 사람에게 완성된 초고를 읽어달라고
요청했다. 티머시 윌슨이 가장 먼저 읽고 조언을 해주었다. 조던

액스트, 린지 후아레스, 리즈 길버트, 제인 더크가 뒤를 이었다. 이들의 유익한 피드백(잡다한 내용은 줄이고 길잡이와 해결책을 더 많이 제시해라)은 책을 현재 형태로 개선하는 데 결정적 역할을 했다. 그 덕분에 적어도 초고와 비교하면 가독성이 상당히 높아졌다고 생각한다.

나는 1995년 일리노이대학교 어배너-샘페인 캠퍼스에서 에드 디너 교수의 지도하에 경력을 시작했다. 그분은 행복 연구를 창시한 심리학자이며 놀라운 조언자이자 멘토이자 협력자였다. 내가 어른이 된 후로 인생의 모든 분기점을 함께한 분이기도 하다. 박사과정 4년 차였던 1999년 결혼식에서는 신랑이 좋은 곳에 취직할 거라고 덕담을 해주셔서 장인·장모님이 기뻐하셨다. 뛰어난 과학자Distinguished Scientist로 선정되어 시카고에서 강연을 한 2006년에는 강연 후 부인인 캐럴과 함께 우리 아이들을 링컨파크동물원에 데려다주셨다. 내가 성격 및 사회 심리학 학회에서 중견 과학자상을 받은 2018년에도 찾아와서 축하해주셨다. 교수님은 2021년 4월에 세상을 떠났다. 그분이 그립다. 그분의 삶은 행복하고 의미 있으며 정신적으로 풍요로웠다. 이 책을 그분께 바친다.

다행히도 더블데이 출판사의 담당 편집자인 크리스 푸오폴로는 이미 정신적으로 풍요로운 삶에 관한 내 연구를 잘 알았고 출간할 의사도 있었다. 그래서 내 이론을 홍보할 필요가 없었다. 크리스는 이미 그 가치를 이해하고 있었으니까. 하지만 그렇다고 내가 쓴 글을 무비판적으로 받아들여준 것은 아니다. 크리스는 정말로 질문이 많았다! 그 덕분에 정신적으로 풍요로운 삶의 주요 특징을 명확히 정리할 수 있었다. 담당 에이전트 에즈먼드 함스워스는 내 기획안을 읽고 핵심 메시지를 가다듬는 걸 도와주었다. 그들의 도움이 아니었다면 이 프로젝트는 끝나기는커녕 시작되지도 못했을 것이다. 운 좋게도 (댄 헤이브론을 통해) 존 템플턴 재단과 템플턴 세계 자선 재단의 정신적 풍요로움 연구 지원금을 받을 수 있었다. 게다가 시카고대학교(학장 케이티 킨즐러와 학과장 어맨다 우드워드)에서 2022~2023학년도에 안식년을 주어 이 프로젝트를 크게 진전시킬 수 있었다. 이 책의 교정은 카이 오이시, 이재, 크리스틴 유, 신시아 장, 샬럿 기프, 몰리 래스번, 개브리얼라 코넬리, 노라 아부시, 김새가 도와주었다. 마지막으로 독자 여러분께 가장 큰 감사를 드린다. 읽어주셔서 고맙습니다!

정신적으로 풍요로운 삶 질문지[1]

정신적으로 풍요로운 삶이란 다양성과 깊이가 있으며 흥미로운 삶이라고 정의한다. 다양하고 흥미로운 경험을 하거나 다양하고 깊은 감정을 느끼고 인식한다면 정신적으로 풍요롭게 사는 것이다. 직접경험뿐 아니라 소설, 영화 또는 TV 스포츠 중계를 통한 대리경험도 유효하다. 정신적으로 풍요로운 삶 질문지로 당신의 정신적 풍요로움 점수를 확인해보자!

아래 1점에서 7점까지의 척도를 기준으로 각 문항에 동의하거나 동의하지 않는 정도를 표시한다. 문항 옆에 응답(점수)을 기입한다.

1	2	3	4	5	6	7
전혀 동의하지 않는다	동의하지 않는다	다소 동의하지 않는다	동의하지도 반대하지도 않는다	다소 동의한다	동의한다	매우 동의한다

_______ 1. 내 삶은 정신적으로 풍요로웠다*

_______ 2. 내 삶은 경험적으로 풍요로웠다*

_______ 3. 내 삶은 감정적으로 풍요로웠다*

_______ 4. 나는 흥미로운 경험을 많이 했다*

_______ 5. 나는 새로운 경험을 많이 했다*

_______ 6. 내 삶은 독특하고 비범한 경험으로 가득했다*

_______ 7. 내 삶은 풍요롭고 강렬한 순간들로 이루어졌다*

_______ 8. 내 삶은 드라마틱했다

_______ 9. 나는 여행이나 공연 참여와 같은 직접경험을 통해 다양한 감정을 느낀다*

_______ 10. 내게는 다른 사람들에게 들려줄 사연이 많다*

_______ 11. 나는 죽을 때 '내 삶은 흥미진진했다'라고 말할 수 있을 것이다*.

_______ 12. 나는 죽을 때 '나는 많은 것을 보고 배웠다'라고 말할 수 있을 것이다*

_______ 13. 내 삶은 좋은 소설이나 영화가 될 것이다*

_______ 14. 내 삶은 단조로웠다 (r)

_______ 15. 종종 내 삶이 따분하다고 느낀다 (r)

_______ 16. 내 삶은 평온무사했다 (r)

_______ 17. 마지막으로 새로운 일을 해보거나 겪은 때가 기억나지 않는다 (r)

참고: 열두 개 문항 버전은 별표(*)가 붙은 문항으로만 구성되며, r 표시는
역방향을 나타낸다.

점수 매기기

1단계: 14∼17번 문항(역방향)의 점수는 다음과 같이 계산한다. 1은
7점, 2는 6점, 3은 5점, 4는 4점, 5는 3점, 6은 2점, 7은 1점.

2단계: 1∼13번 문항의 점수 합계에 1단계에서 나온 (역방향) 점수 합
계를 더한다.

3단계: 총점을 17로 나눈다.

예시: 1∼13번 문항의 점수가 6, 5, 5, 4, 6, 6, 7, 5, 4, 5, 5, 6, 7이고
14∼17번 문항의 점수가 2, 2, 3, 1이라면 다음과 같이 계산한다. 1단
계: 14∼17번 문항의 점수는 6, 6, 5, 7이다. 2단계: 1∼13번 문항의
점수 합계(즉 6+5+5+4+6+6+7+5+4+5+5+6+7=71)에 1단계에서 나온
점수, 즉 14∼17번 문항의 (역방향) 점수 합계(즉 6+6+5+7=24)를 더한
다. 3단계: (71+24)÷17=5.59. 따라서 결과는 5.59점이다.

아래는 미국 성인 1213명(평균연령 38.21세)의 설문지 응답 결과다.

기술 통계	정신적 풍요로움
총 인원	1213
평균	4.584
표준편차	0.971
최솟값	1.176
최댓값	7.000
하위 10퍼센트	3.412
하위 20퍼센트	3.881
하위 30퍼센트	4.063
하위 40퍼센트	4.353
하위 50퍼센트	4.588
하위 60퍼센트	4.882
하위 70퍼센트	5.176
하위 80퍼센트	5.382
하위 90퍼센트	5.741

평균 점수는 4.58점이며 점수 범위는 1.18~7.00점이다. 백분위 점수는 위의 표와 같다. 점수가 3.41점 이하라면 정신적 풍요

로움에 있어서 미국인 가운데 하위 10퍼센트에 속한다. 점수가 4.35점이라면 미국인 가운데 대략 하위 40퍼센트이자 상위 60퍼센트다. 점수가 5.75점 이상이라면 미국인 가운데 상위 10퍼센트에 속한다.

정신적으로 풍요로운 삶 설문조사 점수 분포(총인원=미국인 1213명)

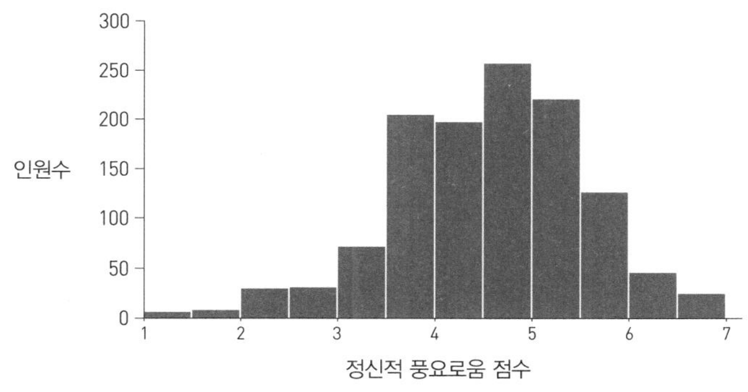

좋은 삶과 빅 파이브 성격특성의 상관관계 메타분석[2]

	풍요로움	행복	의미
개방성	**0.47**	0.08	0.21
외향성	0.44	0.32	0.39
신경성	-0.18	**-0.39**	-0.45
우호성	0.27	0.20	0.28
성실성	0.30	0.27	0.50

참고: 좋은 삶의 각 차원과 상관관계가 가장 높은 성격특성은 굵은 글씨로 표시했다. 정신적 풍요로움에 대한 상관관계는 Oishi and Westgate (2022)에서, 행복과 의미(삶의 목적)에 대한 상관관계는 Anglim et al. (2020)에서 가져왔다.

아들과 아빠의 대화로 보는 핵심 요약

다음은 키르케고르의 《이것이냐 저것이냐》를 패러디하여 아들(A)과 아버지(B)의 가상 서신 형식으로 만든 글 〈이도 저도 아닌Neither/Nor〉이다.

아빠, 노스필드는 끔찍하게 추워요! 10월인데 벌써 영하로 떨어졌다니까요! 강의는 괜찮아요. 저는 플라톤의 동굴에 관한 에세이를 아주 잘 썼다고 생각했는데, 교수님은 이렇게 평가하시더라고요. "내 평가가 가혹해 보일 수도 있겠지만 … 플라톤에 이의를 제기하지 말라는 것이 아니라, 자신의 주장을 펼치는 과정에서 그의 분석을 언급해야 한다는 것이다. 그런 참여 없이는 번다한 설교만 남을 뿐 논쟁과 설득은 사라져버린다." 윽! 느낌이 안 좋네요. 전 아마 B를 받을 것 같아요. 적어도 B는 받으면 좋겠어요….

야구도 잘하고는 있지만 워낙 바빠서요. 팀원들은 정말 대단해요. 구속이 150킬로미터를 넘는 애도 하나 있어요! 다들 공도 잘 치고요. 그래도 제가 수비수로서는 우수하다고 생각해요. 공만 좀 잘 칠 수 있다면 좋겠는데요. 선배들은 하나같이 우등생이에요. 루크는 아직 한 번도 B를 받은 적이 없대요. 다들 자기가 뭘 하고 있는지 잘 아는 것 같아요. 한 명은 스웨덴 카롤린스카 대학원에 진학할 예정이고, 두 명은 로스쿨에 갈 거예요. 한 명은 컴퓨터공학 학위를 취득하는 중이라 취직 걱정은 없고요. 전 뭐가 되고 싶은지 모르겠어요. 참, 그런데 부잣집 아이들이 왜 이렇게 많을까요? 이탈리아 카프리섬에 별장이 있는 애도 있더라고요! 며칠 전에는 투자 포트폴리오가 어쩌니 주식 종목이 어쩌니 이야기하던데요. 전 하나도 못 알아듣겠어요. 고민을 해봐야 할까요?

아들아, 노스필드가 춥다는 건 지구가 둥글다는 것만큼이나 뻔한 이야기야. 그러니 그런 얘기는 관두자꾸나. 나도 미네소타에서 4년을 살았어! 멋진 곳이지만 안타깝게도 날씨는 온화하지 않지. 너희 학교 아이들은 대체로 우리보다 부유한 집 출신이야. 그래서 네가 장학금 지원을 받는 거지! 게다가 대부분 아주 똑똑한 애들일 거다. 하지만 존슨 선생님의 기숙사 이사 이야기를 떠올려봐. 남들과 달라도 괜찮아! 소냐 류보미르스키의 연구에 관해서도 이야기했지? 사회 비교는 해로운 거야. 사회 비교를 피하고 티머시 윌슨의 방향 전환을 명심하렴.

대학교에 가면 행복의 함정에 빠지기 쉬워. 다른 애들은 전부 나보다 잘하고 있는 것처럼 보이지. 다들 나보다 재미있게 지내는 것 같고. 대학에서는 의미의 함정에 빠지기도 쉬워. 다른 애들은 전부 자기가 뭘 하는지 아는 것처럼 보이고, 다들 세상을 바꾸려고 하는데 혼자서만 그러지 못하는 것 같겠지. 하지만 행복과 의미만이 좋은 삶에 이르는 길은 아니야. 첫째, 인생은 길어. 열여덟 살에 네가 뭘 하고 있는지 정확히 알 필요는 없어. 서른, 마흔, 심지어 쉰이나 예순이나 일흔에도 중요한 무언가를 발견하고 세상을 바꿀 수 있단다.

둘째, 어쩌다 한 번씩 실패해도 괜찮아. B 하나 받았다고 죽진 않아. 물론 가능하다면 전 과목 A를 받으면 좋겠지. 결국 나도 어쩔 수 없는 호랑이 아빠tiger dad구나. 하지만 사실 내 대학교 첫 학기 성적도 형편없었어(이미 말했던가?) C 둘에 D 하나였던 것 같아. 물론 당시 일본 대학에서는 성적이 중요하지 않았지만. 내 첫 학기 성적을 본 지도교수 나카노 선생님은 "너도 꽤나 낮게 나는구나"라고 말하며 웃었지. 여기서 중요한 부분은 뭘까? "너도." 나만 그런 게 아니었어. 다른 학생들도 애를 먹고 있었지. 나는 그 말에서 희망을 찾았어. 나카노 선생님은 유쾌한 분이었어. 내 이륙은 순조롭지 못했지만 결국에는 제트기류를 탈 수 있었단다. 참고 견디렴. 적절한 바람이 불기를 기다려. '얼간이에서 챔피언으로' 가는 거야.

아빠, 1학년이 끝나간다니 믿을 수가 없네요. 야구 경기에 많이 나가지 못한 게 놀랍진 않지만 그래도 실망스럽긴 해요. 2월에 부상을 입었을 때에는 정말로 아팠어요… 가을 학기 수강 신청을 해야 하는데요. 뭘 들으면 좋을까요? 사회심리학 입문은 쉬울까요? 경제학? 정치학?

참, 지난 금요일에 야구팀 친구들과 미니애폴리스에 가서 프로레슬링 경기를 봤어요. 처음에는 농담인 줄 알았는데 가보니까 정말로 많은 팬들이 왔더라고요. 아이들뿐 아니라 부모들도요. WWE에서 대대적인 학교폭력 방지 캠페인을 벌인다는 걸 알고 계셨어요? 그 근처 베트남 식당에도 갔는데 정말 맛있었어요. 그렇게 맛있는 쌀국수는 1년 만에 처음 먹었어요!

아들아, 1학년을 거의 마쳤다니 믿을 수가 없구나. 부상 말인데, 세상과 너 자신을 또 다른 관점에서 바라보는 데 도움이 될 거야. 니체의 말을 명심하렴. "병자의 관점에서 더욱 건강한 개념과 가치를 바라보고, 거꾸로 충만하고 자신감 넘치며 풍요로운 삶의 관점에서 퇴폐적 본능의 은밀한 작용을 바라보는 것 … 이제 나는 관점을 뒤집는 방법을 터득했다." 너를 죽이지 못하는 것은 너를 더 강하게 만든다고 맨 처음 말한 사람은 켈리 클라크슨이 아니라 니체였단다. 오타니는 팔꿈치 인대 수술을 받고서도 예전 모습 그대로 돌아왔지. 다르빗슈도 그랬고. 칠전팔기, 일곱 번 넘어져도 여덟 번 일어서는 자세가 중요해. 앨리슨 고프닉의 《애틀랜틱》기사는 받았니? 매혹적인 지적 탐험 이야기야. 읽어봐! 사회심리학 입문이라면 너한테는 쉬울 거다. 쉬운 강의를 하나 신청해두면 어려운 강의도 들을 여유가 생기겠지.

너희가 시내에서 재미있게 놀았다니 기쁘구나. 계획에 없던 즉흥적 여행만큼 재미난 게 없지!! 세상에 대한 관점도 바뀌었다니 잘된 일이야. 내가 열두 살쯤 됐을 때 할아버지와 여자 프로레슬링 경기를 보러 간 적이 있어. 지금까지도 할아버지가 어쩌다 날 데려갔는지, 애초에 왜 경기를 보러 갔는지 모르겠구나. 사실 네가 WWE 얘기를 꺼내기 전까지는 까맣게 잊고 있었어! 처음엔 누가 그런 걸 보러 가나 싶었어. 할아버지가 프로레슬링을 좋아한다니 충격적이었지. 할아버지는 그 세대치고는 상당히 마음이 열린 사람이었어. 할아버지가 노숙자를 집에 데려와 음식과 돈 500엔(6달러쯤 된단다)을 준 기억도 나는구나. 할아버지가 노숙자를 데려왔다고 아버지는 엄청 화를 내셨어. 네 증조할아버지는 정말 좋은 분이었어. 장난기가 많고 스모를 무척 좋아하셨지. 나도 TV로 스모 경기를 보면서 자랐단다. 다음에 일본에 가면 스모를 보러 가자꾸나.

아빠, 덴마크 코펜하겐에 왔어요! 아름답고 걸어 다니기 편한 도시예요. 룸메이트들은 좀 너저분하긴 하지만 무척 친절해요.

강의는 재미있고 칼턴대학교보다 훨씬 쉬워요! 드디어 자전거 타는 법을 배워서 정말 기뻐요. 여기서는 다들 자전거를 타요. 도시를 자전거로 돌아다니는 현장학습이 몇 번 포함된 강의도 있어요.

다음 주말에는 노르웨이에 갈 거예요. 칼턴에서 온 친구가 가고 싶어 해서 나도 따라가려고요. 재미있을 거예요. 참, 지난 주말에 프리츠 랑이라는 사람이 만든 옛날 영화 〈M〉을 봤어요. 로저 이버트도 추천한 영화예요. 보셨어요? 주인공 M은 정말 기분 나쁘고 지켜보기 불쾌한 인물이에요. 하지만 마지막에는 좀 불쌍하더라고요. 무척 묘하고 흥미로운 영화였어요!

여기 와서는 야구를 한 적이 없어요. 여기서 야구를 할 수 있는지도 모르겠어요. 근처에 야구장이 없거든요. 이 문제를 반드시 해결해야 해요. 인턴십도 신청해야 하고… 할 일이 너무 많아요. "반드시, 반드시, 반드시—끔찍한 단어." 버지니아 울프였던가요?

아들아, 유학 생활이 지금까지는 마음에 든다니 다행이다. 내 베이츠대학 시절 이야기 기억나지? 거기서도 힘든 일들이 있긴 했지만 지금은 다 좋은 추억이야. 끔찍했던 여름날 닷새 동안이나 데데의 자전거를 끌고 다닌 보람이 있구나! 첫째 날과 둘째 날은 암담했지. 자전거를 2초 이상 탈 수가 없었잖니! 기억나지?

네가 더 어렸을 때 자전거 타는 법을 가르쳐줬어야 했는데….

일단 야구 걱정은 잊어. 덴마크가 주는 모든 것을 빨아들이렴. 아, 그래도 인턴십 신청은 지금 해야겠지? 잘되길 빈다!

"반드시, 반드시, 반드시—끔찍한 단어."《댈러웨이 부인》인가? 아닌데,《파도》에 나오는 문장이지? 버나드의 말이었나? 알려주렴. 그는 나 같은 인물이지. 넌 버나드가 되기엔 아직 젊어. 장난을 쳐. 가끔은 사회나 경제의 현실은 잊고 휴가를 떠나렴. 마음을 활짝 열고 바보짓도 해봐.

랑의 〈M〉은 걸작이지. 나도 좋아해. 어둡지만 정신적으로 풍요로운 영화지! 소설과 영화는 많은 것을 가르쳐준단다. 랑은 이야기를 전달하는 법을 알아. 이야기 편집의 천재야.

어니스트 헤밍웨이는 파리에서 보낸 20대 시절을 회상하며 이렇게 썼단다. "젊은 시절 파리에서 살 수 있을 만큼 운 좋은 사람이라면, 남은 평생 어디를 가든 마음속에 파리라는 축제가 함께할 것이다." 코펜하겐을 너만의 마음속 축제로 만들어봐.

곧 보자!

사랑한다,

아빠로부터

주

1장

---

1. Donna Tartt, *The Goldfinch* (New York: Little, Brown, 2013); 도나 타트, 허진 옮김,《황금방울새》(은행나무, 2015).

2. Donna Tartt interview, *Charlie Rose,* February 7, 2014.

3. Keiko Otake, Satoshi Shimai, Junko Tanaka-Matsumi, Kanako Otsui, and Barbara Fredrickson, "Happy People Become Happier Through Kindness: A Counting Kindness Intervention," *Journal of Happiness Studies* 7, no. 3 (2006): 361–75; Oliver Scott Curry, Lee Rowland, Casper Van Lissa, Sally Zlotowitz, John McAlaney, and Harvey Whitehouse, "Happy to Help? A Systematic Review and Meta-Analysis of the Effects of Performing Acts of Kindness on the Well-Being of the Actor," *Journal of Experimental Social Psychology* 76, no. 5 (2018): 320–29; Kristin Layous, S. Katherine Nelson, Jaime Kurtz, and Sonja Lyubomirsky, "What Triggers Prosocial Effort? A Positive Feedback Loop Between Positive Activities, Kindness, and Well-Being," *Journal of Positive Psychology* 12, no. 4 (2017): 385–98; Bryant Hui, Jacky Ng, Erica Berzaghi, Lauren Cunningham-Amos, and Aleksandr Kogan, "Rewards of Kindness? A Meta-Analysis of the Link Between Prosociality and Well-Being," *Psychological Bulletin* 146, no. 12 (2020): 1084–116, https://doi.org/10.1037/bul0000298.

4. June Gruber, Iris Mauss, and Maya Tamir, "A Dark Side of Happiness?

How, When, and Why Happiness Is Not Always Good," *Perspectives on Psychological Science* 6, no. 3 (2011): 222–33.

5. Elizabeth Dunn, Lara Aknin, and Michael Norton, "Spending Money on Others Promotes Happiness, *Science* 319, no. 5870 (2008): 1687–88; Lara Aknin, Elizabeth Dunn, Jason Proulx, Iris Lok, and Michael Norton, "Does Spending Money on Others Promote Happiness? A Registered Replication Report," *Journal of Personality and Social Psychology* 119, no. 2 (2020): e15–e26, https://doi.org/10.1037/pspa0000191; Iris Lok and Elizabeth Dunn, "Under What Conditions Does Prosocial Spending Promote Happiness?," *Collabra: Psychology* 6, no. 1 (2020): 5.

6. Martin Seligman, Tracy Steen, Nansook Park, and Christopher Peterson, "Positive Psychology Progress: Empirical Validation of Interventions," *American Psychologist* 60, no.5 (2005): 410–21, https://doi.org/10.1037/0003-066X.60.5.410; Christina Armenta, Megan Fritz, Lisa Walsh, and Sonja Lyubomirsky, "Satisfied Yet Striving: Gratitude Fosters Life Satisfaction and Improvement Motivation in Youth," *Emotion* 22, no. 5 (2022): 1004–1016, https://doi.org/10.1037/emo0000896; Kathryn Adair, Larissa Rodriguez-Homs, Sabran Masoud, Paul Mosca, and J. Bryan Sexton, "Gratitude at Work: Prospective Cohort Study of a Web-Based, Single-Exposure WellBeing Intervention for Health Care Workers," *Journal of Medical Internet Research* 22, no. 5 (2020): e15562.

7. Barry Schwartz, Andrew Ward, John Monterosso, Sonja Lyubomirsky, Katherine White, and Darrin Lehman, "Maximizing Versus Satisficing: Happiness Is a Matter of Choice," *Journal of Personality and Social Psychology* 83, no. 5 (2002): 1178–97, https://doi.org/10.1037/0022-3514.83.5.1178; Sheena Iyengar, Rachael Wells, and Barry Schwartz,

"Doing Better but Feeling Worse: Looking for the 'Best' Job Undermines Satisfaction," *Psychological Science* 17, no. 2 (2006): 143–50.

8. Thomas Gilovich and Victoria Husted Medvec, "The Temporal Pattern to the Experience of Regret," *Journal of Personality and Social Psychology* 67, no. 3 (1994): 357–65, https://doi.org/10.1037/0022-3514.67.3.357; Thomas Gilovich and Victoria Husted Medvec, "The Experience of Regret: What, When, and Why," *Psychological Review* 102, no. 2 (1995): 379–95, https://doi.org/10.1037/0033-295X.102.2.379; Neal Roese and Amy Summerville, "What We Regret Most··· and Why," *Personality and Social Psychology Bulletin* 31, no. 9 (2005): 1273–85

9. Jean-Paul Sartre, "Bad Faith and Falsehood," *Essays in Existentialism*, translated by Wade Baskin (New York: Citadel Press, 1965), 147–86.

10. Toni Morrison, *Sula* (New York: Knopf, 1973); 토니 모리슨, 송은주 옮김, 《술라》(문학동네, 2015).

11. Oliver Sacks, *On the Move: A Life* (New York: Knopf, 2015); 올리버 색스, 이민아 옮김, 《온 더 무브》(알마, 2017).

12. Ed Diener, "Subjective Well-Being," *Psychological Bulletin* 95, no. 3 (1984): 542–75, https://doi org/10.1037/0033-2909.95.3.542.

13. Ed Diener and Robert Emmons, "The Independence of Positive and Negative Affect," *Journal of Personality and Social Psychology* 47, no. 5 (1984): 1105–117, https://doi.org/10.1037/0022-3514.47.5.1105; Ed Diener and Randy Larsen, "Temporal Stability and Cross-Situational Consistency of Affective, Behavioral, and Cognitive Responses," *Journal of Personality and Social Psychology* 47, no. 4 (1984): 871–83, https://doi.org/10.1037/0022-3514.47.4.871; Robert Emmons, "Personal Strivings: An Approach to Personality and Subjective Well-Being,"

Journal of Personality and Social Psychology 51, no. 5 (1986): 1058-68.

14. Martin Seligman and Mihaly Csikszentmihalyi, "Positive Psychology: An Introduction," *American Psychologist* 55, no. 1 (2000): 5-14, https://doi.org/10.1037/0003-066X.55.1.5.

15. Carol Ryff, "Happiness Is Everything, or Is It? Explorations on the Meaning of Psychological Well-Being," *Journal of Personality and Social Psychology* 57, no. 6 (1989): 1069-81, https://doi.org/10.1037/0022-3514.57.6.1069.

16. Richard Ryan and Edward Deci, "Self-Determination Theory and the Facilitation of Intrinsic Motivation, Social Development, and Well-Being," *American Psychologist* 55, no. 1 (2000): 68-78, https://doi.org/10.1037/0003-066X.55.1.68.

17. Daniel Kahneman, Ed Diener, and Norbert Schwarz, eds., *Well-Being: The Foundations of Hedonic Psychology* (New York: Russell Sage Foundation, 1999), 대니얼 카너먼, 에드 디너, 노르베르트 슈바르츠, 임종기 옮김, 《행복의 과학》(아카넷, 2020); Daniel Gilbert, *Stumbling on Happiness* (New York: Knopf, 2006), 대니얼 길버트, 최인철, 김미정, 서은국 옮김, 《행복에 걸려 비틀거리다》(김영사, 2006); Sonja Lyubomirsky, Kennon Sheldon, and David Schkade, "Pursuing Happiness: The Architecture of Sustainable Change," *Review of General Psychology* 9, no. 2 (2005): 111-31.

18. Roy Baumeister, Kathleen Vohs, Jennifer Aaker, and Emily Garbinsky, "Some Key Differences Between a Happy Life and a Meaningful Life," *Journal of Positive Psychology* 8, no. 6 (2013): 505-16.

19. Karoline Hotslett Kopperud and Joar Vittersø, "Distinctions Between Hedonic and Eudaimonic Well-Being: Results from a Day Re-

construction Study Among Norwegian Jobholders," *Journal of Positive Psychology* 3, no. 3 (2008): 174–81.

20. Barbara Fredrickson, Karen Grewen, Kimberly Coffey, Sara Algoe, Ann Firestine, Jesusa Arevalo, Jeffrey Ma, and Steven Cole, "A Functional Genomic Perspective on Human Well–Being," *Proceedings of the National Academy of Sciences* 110, no. 33 (2013): 13684–89; 또한 Nicholas Brown, Douglas MacDonald, Manoj Pratim Samanta, Harris Friedman, and James Coyne, "A Critical Reanalysis of the Relationship Between Genomics and Well–Being," *Proceedings of the National Academy of Sciences* 111, no. 35 (2014): 12705–09.

21. David Disabato, Fallon Goodman, Todd Kashdan, Jerome Short, and Aaron Jarden, "Different Types of Well–Being? A Cross–Cultural Examination of Hedonic and Eudaimonic Well–Being," *Psychological Assessment* 28, no. 5 (2016): 471–82, https://doi.org/10.1037/pas0000209; B. M. L. Baselmans and Meike Bartels, "A Genetic Perspective on the Relationship Between Eudaimonic and Hedonic Well–Being," *Scientific Reports* 8 (2018): 14610.

22. Todd Kashdan, Robert Biswas–Diener, and Laura King, "Reconsidering Happiness: The Costs of Distinguishing Between Hedonics and Eudaimonia," *Journal of Positive Psychology* 3, no. 4 (2008): 219–33; Ed Diener, Derrick Wirtz, William Tov, Chu Kim–Prieto, Dong–won Choi, Shigehiro Oishi, and Robert Biswas–Diener, "New Well–Being Measures: Short Scales to Assess Flourishing and Positive and Negative Feelings," *Social Indicators Research* 97 (2010): 143–56; Martin Seligman, *Flourish: A Visionary New Understanding of Happiness and Well-Being* (New York: Free Press, 2011), 마틴 셀리그먼, 우문식, 윤상운 옮김,《마틴 셀

리그만의 플로리시》(물푸레, 2020).

23. Carol Dweck, *Mindset: The New Psychology of Success* (New York: Random House, 2006); 캐럴 드웩, 김준수 옮김,《마인드셋》(스몰빅라이프, 2017).

24. Ed Diener, Ed Sandvik, and William Pavot, "Happiness Is the Frequency, Not the Intensity, of Positive Versus Negative Affect," in *Subjective Well-Being: An Interdisciplinary Perspective*, eds. Fritz Strack, Michael Argyle, and Norbert Schwarz (Oxford: Pergamon Press, 1991), 119-39.

25. William James, *The Varieties of Religious Experience: A Study in Human Nature* (New York: Longmans, Green, 1902), 136.

26. Mohsen Joshanloo, Dan Weijers, Ding-Yu Jiang, Gyuseog Han, et al., "Fragility of Happiness Beliefs Across 15 National Groups," *Journal of Happiness Studies* 16 (2015): 1185-210.

27. Tolstoy의 말은 James, *Varieties of Religious Experience*, 154에서 인용.

28. Ronnie Janoff-Bulman, *Shattered Assumptions: Towards a New Psychology of Trauma* (New York: Free Press, 1992).

2장

1. Julie Scelfo, "Suicide on Campus and the Pressure of Perfection," *New York Times*, July 27, 2015.

2. Aristotle, *Ethics*, trans. J. A. K. Thomson (New York: Penguin Classics, 1976).

3. William James, *The Varieties of Religious Experience: A Study in Human Nature* (New York: Longmans, Green, 1902), 78.

4. Ed Diener, "Subjective Well-Being: The Science of Happiness and a Proposal for a National Index," *American Psychologist* 55, no. 1 (2000): 34-43, https://doi.org/10.1037/0003-066X.55.1.34.

5. Sonja Lyubomirsky, Laura King, and Ed Diener, "The Benefits of Frequent Positive Affect: Does Happiness Lead to Success?," *Psychological Bulletin* 131, no. 6 (2005): 803–55, https://doi.org/10.1037/0033-290913 1.6.803; Julia Boehm and Sonja Lyubomirsky, "Does Happiness Promote Career Success?," *Journal of Career Assessment* 16, no. 1 (2008): 101–16.

6. Scelfo, "Suicide on Campus."

7. "Suicide Data and Statistics," Centers for Disease Control and Prevention; 2020 National Survey on Drug Use and Health (NSDUH), Substance Abuse and Mental Health Services Administration (SAMHSA).

8. Luo Lu and Robin Gilmour, "Culture and Conceptions of Happiness: Individual Oriented and Social Oriented SWB," *Journal of Happiness Studies* 5, no. 3 (2004): 269–91, https://doi.org/10.1007/s10902-004-8789-5

9. Yukiko Uchida and Shinobu Kitayama, "Happiness and Unhappiness in East and West: Themes and Variations," *Emotion* 9, no. 4 (2009): 441–56, https://doi.org/10.1037/a0015634.

10. Condé Nast Store (online), "New Yorker, January 17th, 1929."

11. Richard Lucas, Andrew Clark, Yannis Georgellis, and Ed Diener, "Reexamining Adaptation and the Set Point Model of Happiness: Reactions to Changes in Marital Status," *Journal of Personality and Social Psychology* 84, no. 3 (2003): 527–39, https://doi.org/10.1037/0022-3514.84.3.527; Maike Luhmann, Wilhelm Hofmann, Michael Eid, and Richard Lucas, "Subjective Well-Being and Adaptation to Life Events: A Meta-Analysis," *Journal of Personality and Social Psychology* 102, no. 3 (2012): 592–615, https://doi.org/10.1037/a0025948.

12. Eunkook Suh, Ed Diener, and Frank Fujita, "Events and Subjective

Well-Being: Only Recent Events Matter,*Journal of Personality and Social Psychology* 70, no. 5 (1996): 1091-102, https://doi.org/10.1037/0022-3514.70.5.1091.

13. Timothy Wilson and Daniel Gilbert, "Explaining Away: A Model of Affective Adaptation," *Perspectives on Psychological Science* 3, no. 5 (2008): 370-86; Kennon Sheldon, Alexander Gunz, Charles Nichols, and Yuna Ferguson, "Extrinsic Value Orientation and Affective Forecasting: Overestimating the Rewards, Underestimating the Costs," *Journal of Personality* 78, no. 1 (2010): 149-78.

14. Daniel Gilbert, Elizabeth Pine, Timothy Wilson, Stephen Blumberg, and Thalia Wheatley, "Immune Neglect: A Source of Durability Bias in Affective Forecasting," *Journal of Personality and Social Psychology* 75, no. 3 (1998): 617-38.

15. Ed Diener, Ed Sandvik, and William Pavot, "Happiness Is the Frequency, Not the Intensity, of Positive Versus Negative Affect," in *Subjective Well-Being: An Interdisciplinary Perspective*, eds. Fritz Strack, Michael Argyle, and Norbert Schwarz (Oxford: Pergamon Press, 1991), 119-39.

16. Ed Diener and Martin Seligman, "Very Happy People" *Psychological Science* 13, no. 1 (2002): 81-84; Robert Emmons and Ed Diener, "Factors Predicting Satisfaction Judgments: A Comparative Examination," *Social Indicators Research* 16, no. 2 (1985): 157-67.

17. Jonathan Haidt, *The Happiness Hypothesis: Finding Modern Truth in Ancient Wisdom* (New York: Basic Books, 2006); 조너선 하이트, 권오열 옮김, 《행복의 가설》(물푸레, 2010).

18. Alex Fletcher, "Ten Things You Never Knew About Quentin Tarantino," *Digital Spy*, August 12, 2009.

19. Fritz Strack, Leonard Martin, and Sabine Stepper, "Inhibiting and Facilitating Conditions of the Human Smile: A Nonobtrusive Test of the Facial Feedback Hypothesis," *Journal of Personality and Social Psychology* 54, no. 5 (1988): 768–77, https://doi.org/10.1037/0022-3514.54.5.768.

20. Tom Noah, Yaacov Schul, and Ruth Mayo, "When Both the Original Study and Its Failed Replication Are Correct: Feeling Observed Eliminates the Facial-Feedback Effect," *Journal of Personality and Social Psychology* 114, no. 5 (2018): 657–64, https://doi.org/10.1037/pspa0000121; Abigail Marsh, Shawn Rhoads, and Rebecca Ryan, "A Multi-Semester Classroom Demonstration Yields Evidence in Support of the Facial Feedback Effect," *Emotion* 19, no. 8 (2019): 1500–1504.

21. Maarten Derksen and fill Morawski, "Kinds of Replication: Examining the Meanings of 'Conceptual Replication' and 'Direction Replication,'" *Perspectives on Psychological Science* 17, no. 5 (2022): 1490–505; Nicholas Coles, David March, Fernando Marmolejo-Ramos, Jeff Larsen, et al., "A Multi-Lab Test of the Facial Feedback Hypothesis by the Many Smiles Collaboration," *Nature Human Behaviour* 6 (2022): 1731–42.

22. William Fleeson, Adriane Malanos, and Noelle Achille, "An Intraindividual Process Approach to the Relationship Between Extraversion and Positive Affect: Is Acting Extraverted as Good as Being Extraverted?," *Journal of Personality and Social Psychology* 83, no. 6 (2002): 1409–22, https://doi.org/10.1037/0022-3514.83.6.1409; J. Murray McNiel and William Fleeson, "The Causal Effects of Extraversion on Positive Affect and Neuroticism on Negative Affect: Manipulating State Extraversion and State Neuroticism in an Experimental Approach,"

Journal of research in Personality 40, no. 5 (2006): 529–50; Mariya Davydenko, John Zelenski, Ana Gonzalez, and Deanna Whelan, "Does Acting Extraverted Evoke Positive Social Feedback?," *Personality and Individual Differences* 159 (2020): 109883.

23. Nicholas Epley and Juliana Schroeder, "Mistakenly Seeking Solitude," *Journal of Experimental Psychology: General* 143, no. 5 (2014): 1980–99.

24. Juliana Schroeder, Donald Lyons, and Nicholas Epley, "Hello, Stranger? Pleasant Conversations Are Preceded by Concerns About Starting One," *Journal of Experimental Psychology: General* 151, no. 5 (2022): 1141–53, https://doi.org/10.1037/xge0001118.

25. Iris Mauss, Maya Tamir, Craig Anderson, and Nicole Savino, "Can Seeking Happiness Make People Unhappy? Paradoxical Effects of Valuing Happiness," *Emotion* 11, no. 4 (2011): 807–15, https://doi.org/10.1037/a0022010; Emily Willroth, Gerald Young, Maya Tamir, and Iris Mauss, "Judging Emotions as Good or Bad: Individual Differences and Associations with Psychological Health," *Emotion* 23, no. 7 (2023): 1876–90, https://doi.org/10.1037/emo0001220.

26. Lucy McGuirk, Peter Kuppens, Rosemary Kingston, and Brock Bastian, "Does a Culture of Happiness Increase Rumination Over Failure?," *Emotion* 18, no. 5 (2018): 755–64, https://doi.org/10.1037/emo0000322.

27. Egon Dejonckheere, Joshua Phee, Peter Baguma, Oumar Barry, et al., "Perceiving Societal Pressure to Be Happy Is Linked to Poor Well-Being, Especially in Happy Nations," *Scientific Reports* 12, no. 1 (2022): 1514.

28. Shigehiro Oishi, Jesse Graham, Selin Kesebir, and Iolanda Costa Galinha, "Concepts of Happiness Across Time and Cultures," *Personality*

and Social Psychology Bulletin 39, no. 5 (2013): 559–77.

29. Aldous Huxley, *Brave New World* (1932; reprint. New York: Vintage, 2007), 46.

30. James Gross, "Emotion Regulation in Adulthood: Timing Is Everything," *Current Directions in Psychological Science* 10, no. 6 (2001): 214–19, https://doi.org/10.1111/1467-8721.00152.

31. Ethan Kross and Ozlem Ayduk, "Making Meaning out of Negative Experiences by Self-Distancing," *Current Directions in Psychological Science* 20, no. 3 (2011): 187–91, https://doi.org/10.1177/09 63721411408883; Ethan Kross and Orlem Ayduk, "Self-Distancing: Theory, Research, and Current Directions," *Advances in Experimental Social Psychology* 55 (2017): 81–136.

32. Emma Bruehlman-Senecal, Ozlem Ayduk, and Oliver John, "Taking the Long View: Implications of Individual Differences in Temporal Distancing for Affect, Stress Reactivity, and Well-Being," *Journal of Personality and Social Psychology* III, no. 4 (2016): 610–35, https://doi.org/10.1037/pspp0000103; Dylan Benkley, Emily Willroth, Ozlem Ayduk, Oliver John, and Iris Mauss, "Short-Term Implications of Long-Term Thinking: Temporal Distancing and Emotional Responses to Daily Stressors," *Emotion* 23, no. 2 (2023): 595–99, https://doi.org/10.1037/ emo0001140.

33. Daniel Gilbert, Elizabeth Pinel, Timothy Wilson, Stephen Blumberg, and Thalia Wheatley, "Immune Neglect: A Source of Durability Bias in Affective Forecasting," *Journal of Personality and Social Psychology* 75, no. 3 (1998): 617–38.

34. Barry Schwartz, Andrew Ward, John Monterosso, Sonja Lyubomirsky,

Katherine White, and Darrin Lehman, "Maximizing Versus Satisficing: Happiness Is a Matter of Choice," *Journal of Personality and Social Psychology* 83, no. 5 (2002): 1178-97, https://doi.org/10.1037/0022-3514.83.5.1178.

35. Sheena Iyengar, Rachael Wells, and Barry Schwartz, "Doing Better but Feeling Worse. Looking for the 'Best' Job Undermines Satisfaction," *Psychological Science* 17, no. 2 (2006): 143-50.

36. Sonja Lyubomirsky and Lee Ross, "Changes in Attractiveness of Elected, Rejected, and Precluded Alternatives: A Comparison of Happy and Unhappy Individuals," *Journal of Personality and Social Psychology* 76, no. 6 (1999): 988-1007, https://doi.org/10.1037/0022-3514.76.6.988.

37. Michael Lewis, *The New New Thing* (New York: W. W. Norton, 2000), 259; 마이클 루이스, 김승화, 서기만, 이규영 옮김,《뉴뉴씽, 세상을 변화시키는 힘》(굿모닝미디어, 2000).

38. Sonja Lyubomirsky and Lee Ross, "Hedonic Consequences of Social Comparison: A Contrast of Happy and Unhappy People." *Journal of Personality and Social Psychology* 73, no. 6 (1997): 1141-57.

39. Joar Vittersø and Yngvil Søholt, "Life Satisfaction Goes with Pleasure and Personal Growth Goes with Interest: Further Arguments for Separating Hedonic and Eudaimonic Well-Being," *Journal of Positive Psychology* 6, no. 4 (2011): 326-35, https://doi.org/10.1080/17439760.2011.584548; Tenelle Porter, Diego Catalán Molina, Lisa Blackwell, Sylvia Roberts, Abigail Quirk, Angela Lee Duckworth, and Kali Trzesniewski, "Measuring Mastery Behaviours at Scale: The Persistence, Effort, Resilience, and Challenge-Seeking (PERC) Task," *Journal of Learning Analytics* 7, no. 1 (2020): 5-18.

40. Huxley, *Brave New World*, 156.

41. Friedrich Nietzsche, *Thus Spoke Zarathustra: A Book for All and None*, trans. Walter Kaufmann (1883-1892, translated 1954; reprint, New York: Penguin, 1978), 169-70.

42. Nietzsche, *Thus Spoke Zarathustra*, 152, 155-56.

43. Jordi Quoidbach, June Gruber, Moïra Mikolajczak, Alexandr Kogan, Ilios Kotsou, and Michael I. Norton, "Emodiversity and the Emotional Ecosystem," *Journal of Experimental Psychology: General* 143, no. 6 (2014): 2057-66, https://doi.org/10.1037/a0038025.

3장

1. "You've Got to Find What You Love, Jobs Says," *Stanford Report*, June 12, 2005.

2. Francis Steegmuller, *The Letters of Gustave Flaubert: 1830-1857* (Cambridge, Mass.: Harvard University Press, 1980), 62.

3. Tony Schwartz, "Happiness Is Overrated," *Harvard Business Review*, October 5, 2010.

4. Shel Silverstein, "The Land of Happy," *Where the Sidewalk Ends* (New York: Harper and Row, 1974), accessible at https://allpoetry.com/The-Land-Of-Happy; 셸 실버스타인, 이순미 옮김,《골목길이 끝나는 곳》(보물창고, 2011).

5. Carol Ryff, "Happiness Is Everything, or Is It? Explorations on the Meaning of Psychological Well-Being," *Journal of Personality and Social Psychology* 57, no. 6 (1989): 1069-81, https://doi.org/10.1037/0022-3514.57.6.1069.

6. Sonja Lyubomirsky, Laura King, and Ed Diener, "The Benefits of Frequent Positive Affect: Does Happiness Lead to Success?," *Psychological Bulletin* 131, no. 6 (2005): 803-55, https://doi.org/10.1037/0033-2909.131.6.803.

7. Elizabeth Dunn, Lara Aknin, and Michael Norton, "Spending Money on Others Promotes Happiness," *Science* 319, no. 5870 (2008): 1687-88, https://doi.org/10.1126/science.1150952.

8. Shigehiro Oishi, Ed Diener, and Richard Lucas, "The Optimum Level of Well-Being: Can People Be Too Happy?" *Perspectives on Psychological Science* 2, no. 4 (2007): 346-60, https://doi.org/10.1ll/j.1745-6916.2007.00048.x

9. Michael Steger, Patricia Frazier, Shigehiro Oishi, and Matthew Kaler, "The Meaning in Life Questionnaire: Assessing the Presence of and Search for Meaning in Life," *Journal of Counseling Psychology* 53, no. 1 (2006): 80-93, https://doi.org/10.1037/0022-0167.53.1.80; Paul Bloom, *The Sweet Spot: The Pleasures of Suffering and the Search for Meaning* (New York: HarperCollins, 2021), 폴 블룸, 김태훈 옮김, 《최선의 고통》(알에이치코리아, 2022); Emily Esfahani Smith, *The Power of Meaning: Crafting a Life That Matters* (New York: Crown, 2017), 에밀리 에스파하니 스미스, 김경영 옮김, 《어떻게 나답게 살 것인가》(알에이치코리아, 2019).

10. Michael Steger, "Experiencing Meaning in Life: Optimal Functioning at the Nexus of Well-Being, Psychopathology, and Spirituality," in *The Human Quest for Meaning: Theories, Research, and Applications*, 2nd ed., ed. Paul Wong (New York: Routledge, 2012), 165-84.

11. David Graeber, *Bullshit Jobs: A Theory* (New York: Simon & Schuster, 2018); 데이비드 그레이버, 김병화 옮김, 《불쉿 잡》(민음사, 2021).

12. Michelle Obama, "CCNY Commencement 2016," Commencement Archive, City College of New York.

13. "Brief but Spectacular: Dr. Donna Adams-Pickett, Obstetrician and Gynecologist," *PBS NewsHour*, February 5, 2023.

14. Samantha Heintzelman and Laura King, "Life Is Pretty Meaningful," *American Psychologist* 69, no. 6 (2014): 561–74, https://doi.org/10.1037/a0035049.

15. Heintzelman and King, "Life Is Pretty Meaningful."

16. Steger, Frazier, Oishi, and Kaler, "The Meaning in Life Questionnaire."

17. Nicole Stephens, Stephanie Fryberg, Hazel Rose Markus, and MarYam Hamedani, "Who Explains Hurricane Katrina and the Chilean Earthquake as an Act of God? The Experience of Extreme Hardship Predicts Religious Meaning-Making," *Journal of Cross-Cultural Psychology* 44, no. 4 (2013): 606–19.

18. Steger, Frazier, Oishi, and Kaler, "The Meaning in Life Questionnaire."

19. John Nemo, "What a NASA Janitor Can Teach Us About Living a Bigger Lite," *Business Journals*, December 23, 2014.

20. Brent Roberts, Nathan Kuncel, Rebecca Shiner, Avshalom Caspi, and Lewis Goldberg, "The Power of Personality: The Comparative Validity of Personality Traits, Socioeconomic Status, and Cognitive Ability for Predicting Important Life Out-comes," *Perspectives on Psychological Science* 2, no. 4 (2007): 313–45.

21. David Schmitt and Jüri Allik, "Simultaneous Administration of the Rosenberg Self-Esteem Scale in 53 Nations: Exploring the Universal and Culture-Specific Features of Global Self-Esteem," *Journal of Personality and Social Psychology* 89, no. 4 (2005): 623–42, https://doi.

org/10.1037/0022-3514.89.4.623.

22. Matthew Gallagher, Shane Lopez, and Sarah Pressman, "Optimism Is Universal: Exploring the Presence and Benefits of Optimism in a Representative Sample of the World," *Journal of Personality* 81, no. 5 (2012): 429–40.

23. David Schmitt, Jüri Allik, Robert McCrae, and Verónica Benet-Martínez, "The Geographic Distribution of Big Five Personality Traits: Patterns and Profiles of Human Self-Description Across 56 Nations," *Journal of Cross-Cultural Psychology* 38, no. 2 (2007): 173–212.

24. Roy Baumeister, *Meanings of Life* (New York: Guilford Press, 1991), 로이 바우마이스터, 김성일 옮김,《인생의 의미》(원미사, 2010); Melissa Grouden and Paul Jose, "Do Sources of Meaning Differentially Predict Search for Meaning, Presence of Meaning, and Wellbeing?," *International Journal of Wellbeing* 5, no. 1 (2015): 33–52.

25. Jake Womick, Brendon Woody, and Laura King, "Religious Fundamentalism, Right-Wing Authoritarianism, and Meaning in Life," *Journal of Personality* 90, no. 2 (2022): 277–93, https://doi.org/10.1111/jopy.12665.

26. Ronnie Janoff-Bulman, "To Provide or Protect: Motivational Bases of Political Liberalism and Conservatism," *Psychological Inquiry* 20, nos. 2–3 (2009): 120–28; Jesse Graham, Jonathan Haidt, and Brian Nosek, "Liberals and Conservatives Rely on Different Sets of Moral Foundations," *Journal of Personality and Social Psychology* 96, no. 5 (2009): 1029–46, https://doi.org/10.1037/a0015141.

27. David Newman, Norbert Schwarz, Jesse Graham, and Arthur Stone, "Conservatives Report Greater Meaning in Life Than Liberals," *Social*

Psychological and Personality Science 10, no. 4 (2019): 494–503, https://doi.org/10.1177/1948550618768241.

28. Simon Cottee and Keith Hayward, "Terrorist (E)motives: The Existential Attractions of Terrorism," *Studies in Conflict and Terrorism* 34, no. 12 (2011): 963–86.

29. Lyubomirsky, King, and Diener, "Benefits of Frequent Positive Affect"; Katarzyna Czekierda, Anna Banik, Crystal Park, and Aleksandra Luszczynska, "Meaning in Life and Physical Health: Systematic Review and Meta-Analysis," *Health Psychology Review* 11, no. 4 (2017): 387–418, https://doi.org/10.1080/17437199.2017.1327325.

4장

1. Thomas Fielding, *Select Proverbs of All Nations* (London: Longman, Hurst, Rees, Orme, Brown, and Green, 1824), 216.

2. Hermann Hesse, *Narcissus and Goldmund*, trans. Ursule Molinaro (1930, translated 1968; reprint, New York: Bantam, 1971), 297.

3. Hesse, *Narcissus and Goldmund*, 214.

4. Søren Kierkegaard, *Either/Or: A Fragment of Life*, trans. Alastair Hannay (1843, translated 1992; reprint, London: Penguin, 2004), 240–41; 쇠렌 키르케고르, 임춘갑 옮김, 《이것이냐 저것이냐 1》(치우, 2012).

5. Kierkegaard, *Either/Or*, 415.

6. James Joyce, *A Portrait of the Artist as a Young Man* (1916; reprint, New York: Penguin, 2003),

7. Alison Gopnik, "How an 18th-Century Philosopher Helped Solve My Midlife Crisis: David Hume, the Buddha, and a Search for the Eastern

Roots of the Western Enlightenment," *The Atlantic*, October 2015.

8. Walter Isaacson, *Steve Jobs* (New York: Simon & Schuster, 2011), 48; 월터 아이작슨, 안진환 옮김,《스티브 잡스》(민음사, 2011).

9. Bowers의 말은 Isaacson, *Steve Jobs*, 537에서 인용.

10. "Brad Ryan and His Grandma Joy Tour National Parks Together," *Morning Edition*, NPR, August 13, 2019.

11. "Why a Grandmother and Grandson Are Visiting Every U.S. National Park," *PBS NewsHour*, October 1, 2022.

12. Abigail Marsh, "Extraordinary Altruism: A Cognitive Neuroscience Perspective," in *Positive Neuroscience*, eds. Joshua Greene, India Morrison, and Martin Seligman (New York: Oxford University Press, 2016), 143–56, https://doi.org/10.1093/acprof:oso/9780199977925.003.0010.

5장

1. "Christopher Morley, 1890–1957," Poetry Foundation.

2. Raymond Carver, "Happiness," *All of Us: The Collected Poems* (New York: Knopf, 1998).

3. Jane Kenyon, "Otherwise," *Collected Poems* (Saint Paul, Minn.: Graywolf Press, 2007); 메리 올리버, 민승남 옮김,《기러기》(마음산책, 2021).

4. Mary Oliver, *Wild Geese: Selected Poems* (Tarset, UK: Bloodaxe Books, 2004).

5. Shigehiro Oishi, Hyewon Choi, Ailin Liu, and Jaime Kurtz, "Experiences Associated with Psychological Richness," *European Journal of Personality* 35, no. 5 (2021): 754–70.

6. Shigehiro Oishi, Erin Westate, Youngjae Cha, Hyewon Choi, Samantha Heinzelman, and Nick Buttrick, "The Emotional Tone of a Happy Life, a

Meaningful Life and a Psychologically Rich Life." (2023).

7. Oishi, Choi, Liu, and Kurtz, "Experiences Associated with Psychological Richness."

8. Susan Cain, *Bittersweet: How Sorrow. and Longing Make Us Whole* (New York: Crown, 2022), xxii; 수전 케인, 정미나 옮김,《비터스위트》(알에이치코리아, 2022).

9. Oishi et al., "The Emotional Tone of a Happy Life." (2024).

6장

1. James Boswell, *The Life of Samuel Johnson* (1791; reprint, London: Verlag, 2023), 205.

2. Shigehiro Oishi and Erin Westgate, "A Psychologically Rich Life: Beyond Happiness and Meaning," *Psychological Review* 129, no. 4 (2022): 790–811, https://doi.org/10.1037/rev0000317.

3. Gordon W. Allport and Henry S. Odbert, *Trait-Names: A Psycho-Lexical Study* (Princeton: American Psychological Association and Psychological Review Company, 1936).

4. Allport and Odbert, *Trait-Names*, 19.

5. Lewis Goldberg, "An Alternative Description of Personality: The Big-Five Factor Structure," *Journal of Personality and Social Psychology* 59, no. 6 (1990): 1216–29, https://doi.org/10.1037/0022-3514.59.6.1216.

6. Robert McCrae and Paul Costa, "Validation of the Five-Factor Model of Personality Across Instruments and Observers," *Journal of Personality and Social Psychology* 52, no. 1 (1987): 81–90, https://doi.org/10.1037/0022-3514.52.1.81.

7. Paul Costa and Robert McCrae, "Four Ways Five Factors Are Basic," *Personality and Individual Differences* 13, no. 6 (1992): 653–65; Oliver John and Richard Robins, "Determinants of Interjudge Agreement on Personality Traits: The Big Five Domains, Observability, Evaluativeness, and the Unique Perspective of the Self," *Journal of Personality* 61, no. 4 (1993): 521–51.

8. Shigehiro Oishi, Hyewon Choi, Nicholas Buttrick, Samantha Heintzelman, Kostadin Kushlev, Erin Westgate, Jane Tucker, Charles Ebersole, Jordan Axt, Elizabeth Gilbert, Brandon Ng, and Lorraine Besser, "The Psychologically Rich Life Questionnaire," *Journal of Research in Personality* 81 (2019): 257–70, https://doi.org/10.1016/jjrp.2019.06.010.

9. Karl Pearson and Alice Lee, "On the Laws of Inheritance in Man: I. Inheritance of Physical Characters," *Biometrika* 2, no. 4 (1903): 357–462.

10. Julia Zimmermann and Franz Neyer, "Do We Become a Different Person When Hitting the Road? Personality Development of Sojourners," *Journal of Personality and Social Psychology* 105, no. 3 (2013): 515–30, https://doi.org/10.1037/a0033019.

11. Colin De Young, Lena Quilty, Jordan Peterson, and Jeremy Gray, "Openness to Experience, Intellect, and Cognitive Ability," *Journal of Personality Assessment* 96, no. 1 (2014): 46–52; Scott Barry Kaufman, "Opening Up Openness to Experience: A Four-Factor Model and Relations to Creative Achievement in the Arts and Sciences," *Journal of Creative Behavior* 47, no. 4 (2013): 233–55.

12. Daniel Feiler and Adam Kleinbaum, "Popularity, Similarity, and the Network Extraversion Bias," *Psychological Science* 26, no. 5 (2015): 593–603.

13. Helen Cheng and Adrian Furnham, "Personality, Peer Relations, and Self-Confidence as Predictors of Happiness and Loneliness," *Journal of Adolescence* 25, no. 3 (2002): 327-39.

14. Andrew Elliot and Todd Thrash, "Approach-Avoidance Motivation in Personality: Approach and Avoidance Temperaments and Goals," *Journal of Personality and Social Psychology* 82, no. 5 (2002): 804-18, https://doi.org/10.1037/0022-3514.82.5.804.

15. Jerry Burger and David Caldwell, "Personality, Social Activities, Job-Search Behavior and Interview Success: Distinguishing Between PANAS Trait Positive Affect and NEO Extraversion," *Motivation and Emotion* 24, no. 1 (2000): 51-62.

16. Jeromy Anglim, Sharon Horwood, Luke Smillie, Rosario Marrero, and Joshua Wood, "Predicting Psychological and Subjective Well-Being from Personality: A Meta-Analysis," *Psychological Bulletin* 146, no. 4 (2020): 279-323, htts://doi.org/10.1037/bul0000226.

17. Ed Diener, Eunkook Suh, Richard Lucas, and Heidi Smith, "Subjective Well-Being: Three Decades of Progress," *Psychological Bulletin* 125, no. 2 (1999): 276-302, http://doi.org/10.1037/0033-2909.125.2.276.

18. Ed Diener and Martin Seligman, "Very Happy People," *Psychological Science* 13, no. 1 (2002): 81-84.

19. Robert P. Abelson, "Conviction," *American Psychologist* 43, no. 4 (1988): 267-75, https://doi.org/10.1037/0003-066X.43.4.267. Linda J. Skitka, Christopher W. Bauman, and Edward G. Sargis, "Moral Conviction: Another Contributor to Attitude Strength or Something More?," *Journal of Personality and Social Psychology* 88, no. 6 (2005): 895-917, https://doi.org/10.1037/0022-3514.88.6.895. Keith J. Yoder and Jean Decety,

"Moral Conviction and Metacognitive Ability Shape Multiple Stages of Information Processing During Social Decision-Making," *Cortex* 151 (2022): 162-75.

20. Mirjam Stieger, Christoph Flückiger, Dominik Rüegger, Tobias Kowatsch, Brent Roberts, and Mathias Allemand, "Changing Personality Traits with the Help of a Digital Personality Change Intervention," *Proceedings of the National Academy of Sciences* 118, no. 8 (2021): e2017548118.

7장

1. Robert McCrae and Paul Costa, "Openness to Experience and Ego Level in Loevinger's Sentence Completion Test: Dispositional Contributions to Developmental Models of Personality," *Journal of Personality and Social Psychology* 39, no. 6 (1980): 1179-90, https://doi.org/10.1037/h0077727.

2. Erik Erikson, *Childhood and Society* (1950; reprint, New York: W. W. Norton, 1985), 212; 에릭 에릭슨, 송제훈 옮김, 《유년기와 사회》(연암서가, 2014).

3. Mitch Bowmile, "Michael Phelps: The Making of a Champion," *SwimSwam*, May 8, 2020.

4. 시몬 바일스 웹사이트, Simonebiles.com/about/.

5. Alison Gopnik, "Childhood as a Solution to Explore-Exploit Tensions," *Philosophical Transactions of the Royal Society B* 375, no. 1803 (2020): 20190502, https://doi.org/10.1098/rstb.2019.0502.

6. Brenna Hassett, *Growing Up Human: The Evolution of Childhood* (London: Bloomsbury Sigma, 2022).

7. Arne Güllich, Brooke Macnamara, and David Hambrick, "What Makes a Champion? Early Multidisciplinary Practice, Not Early Specialization, Predicts World-Class Performance," *Perspectives on Psychological Science* 17, no. 1 (2022): 6-29, https://doi.org/10.1177/1745691620974772.

8. Angela Graf, *Die Wissenschaftselite Deutschlands. Sozialprofil und Werdegänge zwischen 1945 und 2013* [Germany's scientific elite. Social profile and careers from 1945 to 2013] (Frankfurt: Campus Verlag, 2015), 출처: Güllich et al., "What Makes a Champion?"

9. Friedrich Nietzsche, *On the Genealogy of Morals and Ecce Homo*, trans. Walter Kaufmann and R. J. Hollingdale (1887 and 1908 [1888]; reprint, New York: Vintage, 1989), 287.

10. Amy Wallace, *The Prodigy: A Biography of William James Sidis* (New York: Dutton, 1986).

11. Stephanie Apstein, "Angels Star Shohei Ohtani Is a Legendary Hitter, Pitcher and Prankster," *Sports Illustrated*, May 13, 2022.

12. "Shag Opens Up About Kobe, Creating Wealth and Life," *PBD Podcast*, September 12, 2022.

13. René Proyer, "A New Structural Model for the Study of Adult Playfulness: Assessment and Exploration of an Understudied Individual Differences Variable," *Personality and Individual Differences* 108 (2017): 113-22, https://doi.org/10.1016/j.paid 2016.12011.

14. Maria Lugones. "Playfulness, "World-Travelling, and Loving Perception," *Hypatia* 2, no. 2 (1987): 17.

15. René Proyer, "The Well-Being of Playful Adults: Adult Playfulness, Subjective Well-Being, Physical Well-Being, and the Pursuit of Enjoyable Activities," *European Journal of Humour Research* 1, no. 1

(2013): 84–98, https://doi.org/10.7592/EJHR2013.1.1.proyer.

16. René T. Proyer, Fabian Gander, Kay Brauer, and Garry Chick, "Can Playfulness Be Stimulated? A Randomised Placebo-Controlled Online Playfulness Intervention Study on Effects on Trait Playfulness, Well-being, and Depression," *Applied Psychology: Health and Well-Being* 13, no. 1 (2021): 129–51.

17. Pamela Hinds and Mark Mortensen, "Understanding Conflict in Geographically Distributed Teams: The Moderating Effects of Shared Identity, Shared Context, and Spontaneous Communication," *Organization Science* 16, no. 3 (2005): 290–307.

18. Alex Williams, "Why Is It Hard to Make Friends Over 30?," *New York Times*, July 13, 2012.

19. Jason D'Cruz, "Volatile Reasons," *Australasian Journal of Philosophy* 91, no. 1 (2013).

20. Wen Jiang, Jiang Jiang, Xiaopeng Du, Dian Gu, Ying Sun, and Yue Zhang, "Striving and Happiness: Between-and Within-Person-Level Associations Among Grit, Needs Satisfaction and Subjective Well-Being," *Journal of Positive Psychology* 15, no. 4 (2020): 543–55.

21. Keiko Otake, Satoshi Shimai, Junko Tanaka-Matsumi, Kanako Otsui, and Barbara Fredrickson, "Happy People Become Happier Through Kindness: A Counting Kindness Intervention," *Journal of Happiness Studies* 7, no. 3 (2006): 361–75.

22. Victoria Reyes-Garcia, Ricardo Godoy, Vincent Vadez, Isabel Ruíz-Mallén, et al., "The Pay-Offs to Sociability: Do Solitary and Social Leisure Relate to Happiness?" *Human Nature* 20 (2009): 431–46.

23. Cristián Coo and Marisa Salanova, "Mindfulness Can Make You

Happy-and-Productive: A Mindfulness Controlled Trial and Its Effects on Happiness, Work Engagement and Performance," *Journal of Happiness Studies* 19, no. 6 (2018): 1691-711.

8장

1. Ayelet Fishbach, *Get It Done: Surprising Lessons from the Science of Motivation* (New York: Little, Brown Spark, 2022); 아옐릿 피시배크, 김은영 옮김, 《반드시 끝내는 힘》(비즈니스북스, 2022).

2. Alan B. Krueger, "Introduction," in Adam Smith, *The Wealth of Nations* (1776; reprint, New York: Bantam Classic, 2003).

3. Shigehiro Oishi, *The Psychological Wealth of Nations: Do Happy People Make a Happy Society?* (Malden, Mass.: Wiley-Blackwell, 2012).

4. Jerome Kagan, *The Three Cultures: Natural Sciences, Social Sciences, and the Humanities in the 21st Century* (New York: Cambridge University Press, 2009), vii-viii.

5. Karl Marx, *Capital: A Critique of Political Economy*, vol. 1: *The Process of Capitalist Production*, ed. Frederick Engels, trans. Samuel Moore and Edward Aveling (Chicago: Charles H. Kerr, 1906).

6. Kai Erikson, "On Work and Alienation," *American Sociological Review* 51, no. 1 (1986): 1-8.

7. Melvin Kohn, "Occupational Structure and Alienation," *American Journal of Sociology* 82, no. 1 (1976): III-30.

8. Caroline Marvin and Daphna Shohamy, "Curiosity and Reward: Valence Predicts Choice and Information Prediction Errors Enhance Learning," *Journal of Experimental Psychology: General* 145, no. 3 (2016): 266-72,

https://doi.org/10.1037/xge0000140.

9. Ashley Whillans, Elizabeth Dunn, Paul Smeets, Rene Bekkers, and Michael Norton, "Buying Time Promotes Happiness," *Proceedings of the National Academy of Sciences* 114, no. 32 (2017): 8523-27.

9장

1. Virginia Woolf, *The Waves* (1931; reprint, Hertfordshire, UK: Wordsworth Classics, 2000), 141; 버지니아 울프, 박희진 옮김,《파도》(솔, 2004).

2. "Meet Man Who Has Read Over 4,000 Books in His Library," *Reporters at Large*, January 29, 2023.

3. Marcel Proust, *In Search of Lost Time*, vol 1: *Swann's Way*, trans. C. K. Scott Moncrieff and Terence Kilmartin, revised by D. J. Enright (1913; translation, New York: Modern Library, 2003), 116-17.

4. Kazuo Ishiguro, *The Remains of the Day* (New York: Vintage, 1990), 243; 가즈오 이시구로, 송은경 옮김,《남아 있는 나날》(민음사, 2021).

5. Melanie Green and Timothy Brock, "The Role of Transportation in the Persuasiveness of Public Narratives," *Journal of Personality and Social Psychology* 79, no. 5 (2000): 701-21, https://doi.org/10.1037/0022-3514.79.5.701.

6. Immanuel Kant, *Critique of Judgment*, trans. J. H. Bernard (1790, translated 1914; reprint, Mineola, N.Y.: Dover, 2005), 111.

7. Sonny Rollins, "Art Never Dies," *New York Times*, May 18, 2020.

8. David Brooks, "The Power of Art in a Political Age," *New York Times*, March 2, 2023.

9. Martin Heidegger, *Being and Time*, trans. John Macquarrie and Edward

Robinson (1927, translated 1962; reprint, New York: Harper Perennial, 2008), 212, 216.

10. Jonathan Haidt, *The Anxious Generation* (New York: Penguin, 2024); 조너선 하이트, 이충호 옮김,《불안 세대》(웅진지식하우스, 2024).

11. Rothko cited in Maleficent Twemlow, "A Painting as an Experience," Metropolitan Museum of Art, March 18, 2013.

12. D. E. Berlyne, *Aesthetics and Psychobiology* (New Lork: Appleton, 1971).

13. D. E. Berlyne and Sylvia Peckham, "The Semantic Differential and Other Measures of Reaction to Visual Complexity," *Canadian Journal of Psychology* 20, no. 2 (1966): 125–35.

14. Samuel Turner Jr. and Paul Silvia, "Must Interesting Things Be Pleasant? A Test of Competing Appraisal Structures," *Emotion* 6, no. 4 (2006): 670–74.

15. Paul Silvia, "What Is Interesting? Exploring the Appraisal Structure of Interest," *Emotion* 5, no. 1 (2005): 89–102.

16. Nicholas Buttrick, Erin Westgate, and Shigehiro Oishi, "Reading Literary Fiction Is Associated with a More Complex Worldview," *Personality and Social Psychology Bulletin* 49, no. 9 (2022): 1408–20, https://doi.org/10.1177/01461672221106059.

17. Lionel Trilling, *The Liberal Imagination: Essays on Literature and Society* (New York: Viking, 1950).

18. Shigehiro Oishi and Erin Westgate, "A Psychologically Rich Life: Beyond Happiness and Meaning," *Psychological Review* 129, no. 4 (2022): 790–811에서 요약, https://doi.org/10.1037/rev0000317.

19. Kant, *Critique of Judgment*, 111.

20. Stephen Mumford, *Watching Sport: Aesthetics, Ethics and Emotion*

(Abingdon, UK: Routledge, 2012).

21. Marcel Proust, *In Search of Lost Time, vol. 6: Time Regained*, trans. Andreas Mayor and Terence Kilmartin, revised by D. J. Enright (1927, translated 1981; reprint, New York: Modern Library, 2003), 299.

22. Roger Ebert, "Reflections After 25 Years at the Movies," RogerEbert. com, April 8, 2016 (originally published 1992).

10장

1. Eleanor Roosevelt, *You Learn by Living* (New York: Harper, 1960).

2. Blaise Pascal, *Pensées and Other Writings*, trans. Honor Levi (1670; translation, Oxford: Oxford University Press, 1995).

3. John Krebs, Alejandro Kacelnik, and Peter Taylor, "Test of Optimal Sampling by Foraging Great Tits," *Nature* 275 (1978): 27–31.

4. Yingxue Liu, Youngjae Cha, and Shigehiro Oishi, "Exploring the Unknown: Identity Exploration Predicts Preference for a Psychologically Rich Life," Data Blitz presentation at the Society for Personality and Social Psychology meeting, Atlanta, Georgia, 2023.

5. Peter Todd and Geoffrey Miller, "From Pride and Prejudice to Persuasion: Satisticing in Mate Search," in *Simple Heuristics That Make Us Smart*, eds. Gerd Gigerenzer, Peter Todd, and the ABC Research Group (New York: Oxford University Press, 1999), 287–308.

6. Walter Herbranson, Hunter Pluckebaum, Jaidyanne Podsobinski, and Zachary Hartzell, "Don't Let the Pigeon Chair the Search Committee: Pigeons (Columba livia) Match Humans (Homo sapiens) Suboptimal Approach to the Secretary Problem," *Journal of Comparative Psychology* 136, no.

1 (2022): 3-19, https://doi.org/10.1037/com0000304.

7. Bruno Frey and Reiner Eichenberger, "Marriage Paradoxes," *Rationality and Society* 8, no. 2 (1996): 187-206.

8. Samantha Cohen and Peter Todd, "Relationship Foraging: Does Time Spent Searching Predict Relationship Length?," *Evolutionary Behavioral Sciences* 12, no. 3 (2018): 139-51, https://doi.org/10.1037/ebs0000131.

9. James H. S. Bossard, "Residential Propinquity as a Factor in Marriage Selection," *American Journal of Sociology* 38, no. 2 (1932): 219-24.

10. Ken Finkel, "Roots of Segregation in Philadelphia, 1920-1930," *PhillyHistory Blog*, February 22, 2016. 티머시 윌슨이 이 포스트를 내게 공유해주었다.

11. Karen Haandrikman, Carel Harmsen, Leo van Wissen, and Inge Hutter, "Geography Matters: Patterns of Spatial Homogamy in the Netherlands," *Population, Space and Place* 14, no. 5 (2008): 387-405.

12. Leon Festinger, Stanley Schachter, and Kurt Back, *Social Pressures in Informal Groups: A Study of Human Factors in Housing* (New York: Harper, 1950).

13. Robert B. Lajonc, "Attitudinal Effects of Mere Exposure," *Journal of Personality and Social Psychology* 9, no. 2, pt. 2 (1968): 1-27, https://doi.org/10.1037/h0025848.

14. Richard Moreland and Scott Beach, "Exposure Effects in the Classroom: The Development of Affinity Among Students," *Journal of Experimental Social Psychology* 28, no. 3 (1992): 255-76.

15. Donn Byrne, *The Attraction Paradigm* (New York: Academic Press, 1971); R. Matthew Montoya and Robert Horton, "A Meta-Analytic Investigation of the Process Underlying the Similarity-Attraction Effect," *Journal of*

Social and Personal Relationships 30, no. 1 (2012): 64-94.

16. Shigehiro Oishi, Felicity Miao, Minkyung Koo, Jason Kisling, and Kate Ratliff, "Residential Mobility Breeds Familiarity-Seeking," *Journal of Personality and Social Psychology* 102, no. 1 (2012): 149-62, https://doi.org/10.1037/a0024949.

17. Daniel Kahneman, Jack Knetsch, and Richard Thaler, "Experimental Tests of the Endowment Effect and the Coase Theorem," *Journal of Political Economy* 98, no. 6 (1990): 1325-48.

18. Itamar Simonson, "The Effect of Purchase Quantity and Timing on Variety-Seeking Behavior," *Journal of Marketing Research* 27, no. 2 (1990): 150-62.

19. Daniel Kahneman and Amos Iversky, "Prospect Theory: An Analysis of Decision Under Risk," *Econometrica* 47, no. 2 (1979): 263-91.

20. Deborah Kermer, Erin Driver-Linn, Timothy Wilson, and Daniel Gilbert, "Loss Aversion Is an Affective Forecasting Error," *Psychological Science* 17, no. 8 (2006): 649-53.

21. Nicholas Epley and Juliana Schroeder, "Mistakenly Seeking Solitude," *Journal of Experimental Psychology: General* 143, no. 5 (2014): 1980-99.

22. Angela Ka-yee Leung, William Maddux, Adam Galinsky, and Chi-yue Chiu, "Multicultural Experience Enhances Creativity," *American Psychologist* 63, no. 3 (2008): 169-81.

23. 둥커의 촛불 문제를 해결하는 법은 다음과 같다. 첫째, 상자에 든 압정을 꺼낸다. 둘째, 빈 상자를 압정으로 벽에 고정한다. 셋째, 초를 상자 위에 올려놓고 성냥으로 불을 붙인다!

24. Magdalena Rychlowska, Yuri Miyamoto, David Matsumoto, Ursula Hess, et al., "Heterogeneity of Long-History Migration Explains

Cultural Differences in Reports of Emotional Expressivity and the Functions of Smiles," *Proceedings of the National Academy of Sciences* 112, no. 19 (2015): e2429–e2436.

25. William Maddux, Jackson Lu, Salvatore Affinito, and Adam Galinsky, "Multicultural Experiences: A Systematic Review and New Theoretical Framework," *Academy of Management Annals* 15, no. 2 (2021): 345–76.

26. Salvatore Affinito, Giselle Antoine, Kurt Gray, and William Maddux, "Negative Multicultural Experiences Can Increase Intergroup Bias," *Journal of Experimental Social Psychology* 109 (2023): 104498.

27. Jackson Lu, Jordi Quoidbach, Francesca Gino, Alek Chakroff, William Maddux, and Adam Galinsky, "The Dark Side of Going Abroad: How Broad Foreign Experiences Increase Immoral Behavior," *Journal of Personality and Social Psychology* 112, no. 1 (2017): 1–16, https://doi.org/10.1037/pspa0000068.

28. Walter Isaacson, *Steve Jobs* (New York: Simon & Schuster, 2011), 570; 잡스가 인용한 밥 딜런의 노래는 〈It's Alright, Ma (I'm Only Bleeding)[괜찮아요, 엄마 (단지 피 흘리고 있을 뿐이에요)]〉(1965).

11장

1. Friedrich Nietzsche, "Why I Am So Wise," in *On the Genealogy of Morals and Ecce Homo*, trans. Walter Kaufmann and R. J. Hollingdale (1887 and 1908 [1888]; reprint, New York: Vintage, 1989), 224.

2. Friedrich Nietzsche, *Thus Spoke Zarathustra: A Book for All and None*, trans. Walter Kaufmann (1883–1892, translated 1954; reprint, New York: Penguin, 1978), 211.

3. Nietzsche, *On the Genealogy of Morals and Ecce Homo*.

4. Nietzsche, "Human, All Too Human," in *On the Genealogy of Morals and Ecce Homo*, 287.

5. Nietzsche, "Why I Am So Wise," in *On the Genealogy of Morals and Ecce Homo*, 223.

6. Amos Tversky and Daniel Kahneman, "Judgment Under Uncertainty: Heuristics and Biases," *Science* 185, no. 4157 (1974): 1124–31.

7. Daniel Kahneman, "Daniel Kahneman: Biographical" (2002), Nobel Prize website.

8. Amir Mandel, "Why Nobel Prize Winner Daniel Kahneman Gave Up on Happiness, *Haaretz*, October 7, 2018.

9. Thomas Gaffney, "After Hurricane Sandy Wreaked Havoc, a Changed Perspective," *New York Times*, November 30, 2013.

10. Courtney Gisriel, "Survivor Stories: Family Reflects on How Hurricane Katrina Brought Them Closer Together," *Today*, NBC, September 27, 2018.

11. *Visions of Compassion*, edited by Richard J. Davidson and Anne Harrington (New York: Oxford University Press, 2002). Jennifer L. Goetz, Dacher Keltner, and Emiliana Simon-Thomas, "Compassion: An Evolutionary Analysis and Empirical Review," Psychological Bulletin 136, no. 3 (2010): 351–74. Christopher Peterson and Martin E. P. Seligman, *Character Strengths and Virtues: A Handbook and Classification* (New York: Oxford University Press, 2004).

12. Shigehiro Oishi, Reo Kimura, Haruo Hayashi, Shigeo Tatsuki, Keiko Tamura, Keiko Ishii, and Jane Tucker, "Psychological Adaptation to the Great Hanshin-Awazi Earthquake of 1995: 16 Years Later Victims Still

Report Lower Levels of Subjective Well-Being," *Journal of Research in Personality* 55 (2015): 84–90.

13. Rebecca Solnit, *A Paradise Built in Hell: The Extraordinary Communities That Arise in Disaster* (New York: Penguin, 2009). Quotes on 16; 리베카 솔닛, 정혜영 옮김, 《이 폐허를 응시하라》(펜타그램, 2012).

14. Yiyuan Li, Hong Li, Jean Decety, and Kang Lee, "Experiencing a Natural Disaster Alters Childress Altruistic Giving," *Psychological Science* 24, no. 9 (2013): 1686–95.

15. Shigehiro Oishi, Ayano Yagi, Asuka Komiya, Florian Kohlbacher, Takashi Kusumi, and Keiko Ishii, "Does a Major Earthquake Change Job Preferences and Human Values?," *European Journal of Personality* 31, no. 3 (2017): 258–65

16. Sa'di, *The Gulistan of Sa'di*, story 39, https://classics.mit.edu/Sadi/guilistan.2.i.html.

17. Gianluca Grimalda, Nancy Buchan, Orgul Ozturk, Adriana Pinate, Giulia Urso, and Marilynn Brewer, "Exposure to COVID-19 Is Associated with Increased Altruism, Particularly at the Local Level," *Scientific Reports* 11 (2021): 18950.

18. Micael Dahlen and Helge Thorbjørnsen, "An Infectious Silver Lining: Is There a Positive Relationship Between Recovering from a COVID Infection and Psychological Richness of Life?," *Frontiers in Psychology* 13 (2022): 785224.

19. Sonia Ryang, "The Great Kanto Earthquake and the Massacre of Koreans in 1923: Notes on Japans Modern National Sovereignty," *Anthropological Quarterly* 76, no. 4 (2003): 731–48.

20. Solnit, *Paradise Built in Hell*, 1.

21. Ann Masten, "Ordinary Magic: Resilience Processes in Development," *American Psychologist* 56, no. 3 (2001): 227–38, https://doi.org/10.1037/0003-066X.56.3.227.

22. William James, *The Varieties of Religious Experience: A Study in Human Nature* (New York: Longmans, Green, 1902), 50.

12장

1. Julian Barnes, *The Sense of an Ending* (New York: Knopf, 2011), 104; 줄리언 반스, 최세희 옮김,《예감은 틀리지 않는다》(다산책방, 2012).

2. Timothy Wilson, *Redirect: The Surprising New Science of Psychological Change* (New York: Little Brown, 2011), 11; 티머시 윌슨, 강유리 옮김,《스토리》(웅진지식하우스, 2012).

3. Anne Wilson and Michael Ross, "From Chump to Champ: Peoples Appraisals of Their Earlier and Present Selves," *Journal of Personality and Social Psychology* 80, no. 4 (2001): 572–84, https://doi.org/10.1037/0022-3514.80.4.572.

4. Justin Kruger, "Lake Wobegon Be Gone! The 'Below-Average Effect' and the Egocentric Nature of Comparative Ability Judgments," *Journal of Personality and Social Psychology* 77, no. 2 (1999): 221–32, https://doi.org/10.1037/0022-3514.77.2.221.

5. Timothy Wilson and Patricia Linville, "Improving the Academic Performance of College Freshmen: Attribution Therapy Revisited," *Journal of Personality and Social Psychology* 42, no. 2 (1982): 367–76, https://doi.org/10.1037/0022-3514.42.2.367.

6. Huang-Yao Hong and Xiaodong Lin-Siegler, "How Learning About

Scientists' Struggles Influences Students' Interest and Learning in Physics," *Journal of Educational Psychology* 104, no. 2 (2012): 469–84, https://doi.org/10.1037/a0026224.

7. Gregory Walton and Timothy Wilson, "Wise Interventions: Psychological Remedies for Social and Personal Problems," *Psychological Review* 125, no. 5 (2018): 617–55, https://doi.org/10.1037/rev0000115; Rory Lazowski and Chris Hulleman, "Motivation Interventions in Education: A Meta-Analytic Review," *Review of Educational Research* 86, no. 2 (2016): 602–40.

8. Dan McAdams, *George W. Bush and the Redemptive Dream: A Psychological Portrait* (New York: Oxford University Press, 2011).

9. Jen Guo, Miriam Klevan, and Dan McAdams, "Personality Traits, Ego Development, and the Redemptive Self," *Personality and Social Psychology Bulletin* 42, no. 11 (2016): 1551–63.

10. Dan McAdams, Nana Akua Anyidoho, Chelsea Brown, Yi Ting Huang, Bonnie Kaplan, and Mary Anne Machado, "Traits and Stories: Links Between Dispositional and Narrative Features of Personality," *Journal of Personality* 72, no. 4 (2004): 761–84.

11. Benjamin Rogers, Herrison Chicas, John Michael Kelly, Emily Kubin, et al., "Seeing Your Life as a Hero's Journey Increases Meaning in Life," *Journal of Personality and Social Psychology* 125, no. 4 (2023): 752–78.

12. Fergus Craik and Endel Tulving, "Depth of Processing and the Retention of Words in Episodic Memory," *Journal of Experimental Psychology: General* 104, no. 3 (1975): 268–94, https://doi.org/10.1037/0096-3445.104.3.268.

13. Edward Awh, John Jonides, and Patricia Reuter-Lorenz, "Rehearsal in

Spatial Working Memory," *Journal of Experimental Psychology: Human Perception and Performance* 24, no. 3 (1998): 780-90, https://doi.org/10.1037/0096-1523.24.3.780.

14. James McGaugh, "Memory Consolidation and the Amygdala: A Systems Perspective," *Trends in Neurosciences* 25, no. 9 (2002): 456-61.

15. Fergus Craik and Michael Watkins, "The Role of Rehearsal in Short-Term Memory," *Journal of Verbal Learning and Verbal Behavior* 12 (1973): 599-607.

16. Tim Bogg and Peter Finn, "A Self-Regulatory Model of Behavioral Disinhibition in Late Adolescence: Integrating Personality Traits, Externalizing Psychopathology, and Cognitive Capacity," *Journal of Personality* 78, no. 2 (2010): 441-70.

17. Elizabeth Marsh, "Retelling Is Not the Same as Recalling: Implications for Memory," *Current Directions in Psychological Science* 16, no. 1 (2007): 16-20.

18. Toni Morrison, *Beloved* (1987; reprint, New York: Vintage, 2004), 321; 토니 모리슨, 최인자 옮김,《빌러비드》(문학동네, 2014).

19. Ernest Hemingway, *A Moveable Feast* (New York: Scribner's, 1964).

20. James Pennebaker and Janel Seagal, "Forming a Story: The Health Benefits of Narrative," *Journal of Clinical Psychology* 55, no. 10 (1999): 1243-54.

21. Toni Morrison, *Song of Solomon* (1977; reprint, New York: Vintage, 2004); 토니 모리슨, 김선형 옮김,《솔로몬의 노래》(문학동네, 2020).

1. Dean Koontz, *Odd Thomas* (New York: Bantam, 2003), 4; 딘 쿤츠, 조영학 옮김,《살인예언자》(다산책방, 2008).

2. Shigehiro Oishi and Ulrich Schimmack, "Residential Mobility, Well-Being, and Mortality," *Journal of Personality and Social Psychology* 98, no. 6 (2010): 980–94, https://doi.org/10.1037/a0019389.

3. Pamela Paul, "Does Moving a Child Create Adult Baggage?," *New York Times*, July 9, 2010.

4. Wesley Morris, "Review: Taylor Mac's 24-Hour Concert Was One of the Great Experiences of My Life," *New York Times*, October 10, 2016.

5. Alex Needham, "Taylor Mac Review: 24-Hour-Long Pop Show Is Everything," *The Guardian*, October 10, 2016.

6. Sarah Polley, *Run Towards the Danger: Confrontations with a Body of Memory* (New York: Penguin Press, 2022); 세라 폴리, 이재경 옮김,《위험을 향해 달리다》(위즈덤하우스, 2024).

7. Søren Kierkegaard, *Either/Or: A Fragment of Life*, trans. Alastair Hannay (1843, translated 1992; reprint, London: Penguin, 2004).

8. Kierkegaard, *Either/Or*, 405.

9. Frank Fincham, Nathaniel Lambert, and Steven Beach, "Faith and Unfaithfulness: Can Praying for Your Partner Reduce Infidelity?," *Journal of Personality and Social Psychology* 99, no. 4 (2010): 649–59, https://doi.org/10.1037/a0019628.

10. Kierkegaard, *Either/Or*, 435.

11. Kierkegaard, *Either/Or*, 422.

12. Kierkegaard, *Either/Or*, 455.

13. Arthur Aron, Christina Norman, Elaine Aron, Colin McKenna, and Richard Heyman, "Couples' Shared Participation in Novel and Arousing Activities and Experienced Relationship Quality," *Journal of Personality and Social Psychology* 78, no. 2 (2000): 273–84, https://doi.org/10.1037/0022-351478.2.273.

14. Daniel O'Leary, Bianca Acevedo, Arthur Aron, Leonie Huddy, and Debra Mashek, "Is Long-Term Love More Than a Rare Phenomenon? If So, What Are Its Correlates?," *Social Psychological and Personality Science* 3, no. 2 (2012): 241–49.

15. Bianca Acevedo, Arthur Aron, Helen Fisher, and Lucy Brown, "Neural Correlates of Long-Term Intense Romantic Love," *Social Cognitive and Affective Neuroscience* 7, no. 2 (2012): 145–59.

16. Kira Newman, "How Love Researcher Art Aron Keeps His Own Relationship Strong," *Greater Good Magazine*, July 23, 2018.

17. Constantine Sedikides and Tim Wildschut, "Finding Meaning in Nostalgia," *Review of General Psychology* 22, no. 1 (2018): 48–61.

18. Jenny Offil, "A Lifetime of Lessons in Mrs. Dalloway," *The New Yorker*, December 29, 170 "The world has raised its whip": Virginia Woolf, *Mrs. Dalloway* (1925; reprint, London: Macmillan Collector's Library, 2017), 17.

19. Woolf, *Mrs. Dalloway*, 57.

20. Woolf, *Mrs. Dalloway*, 216.

14장

---

1. Ellen Carpenter, "Eugene Levy Takes Viewers Around the World (Hesitantly) in The Reluctant Traveler," *Hemispheres*, February 17, 2023에

서 유진 레비의 말을 인용.

2. Toni Morrison, *Jazz* (1992; reprint, New York: Vintage, 2004), 208; 토니 모리슨, 최인자 옮김, 《재즈》(문학동네, 2015).

3. William James, *The Principles of Psychology* (New York: Henry Holt, 1890), 1: 310.

4. Erik H. Erikson, *Childhood and Society* (New York: W. W. Norton, 1950).

5. "The Most and Least Interesting Jobs," Payscale, www.payscale.com/data-packages/most-and-least-meaningful-jobs.

6. Yoel Inbar and Alexa Tullett, "The Good Life," *Two Psychologists Four Beers* (podcast), episode 71.

7. Shigehiro Oishi, Hyewon Choi, Minkyung Koo, Iolanda Galinha, Keiko Ishii, Asuka Komiya, Maike Luhmann, Christie Scollon, Ji-eun Shin, Hwaryung Lee, Eunkook Suh, Joar Vitterso, Samantha Heintzelman, Kostadin Kushlev, Erin Westgate, Nicholas Buttrick, Jane Tucker, Charles Ebersole, Jordan Axt, Elizabeth Gilbert, Brandon Ng, Jaime Kurtz, and Lorraine Besser, "Happiness, Meaning, and Psychological Richness," *Affective Science* I (2020): 107-15, https://doi.org/10.1007/542761-020-0001-z.

8. Jonathan Safran Foer, *Everything Is Illuminated* (Boston: Houghton Mifflin, 2002); 조너선 사프란 포어, 송은주 옮김, 《모든 것이 밝혀졌다》(민음사, 2009).

9. Thomas Gilovich and Victoria Husted Medvec, "The Experience of Regret: What, When, and Why," *Psychological Review* 102, no. 2 (1995): 379-95, https://doi.org/10.1037/0033-295X.102.2.379.

10. Ada Calhoun, "The Poet Who Taught Me to Be in Love with the World," *New York Times Magazine*, January 11, 2023.

11. Shigehiro Oishi, Hyewon Choi, Ailin Liu, and Jaime Kurtz, "Experiences Associated with Psychological Richness," *European Journal of Personality* 35, no. 5 (2021): 754-70.

12. Louis Simpson, "Ed," *Collected Poems* (New York: Paragon House, 1990).

부록

1. Shigehiro Oishi, Hyewon Choi, Nicholas Buttrick, Samantha Heintzelman, Kostadin Kushlev, Erin Westgate, Jane Tucker, Charles Ebersole, Jordan Axt, Elizabeth Gilbert, Brandon Ng, and Lorraine Besser, "The Psychologically Rich Life Questionnaire," *Journal of Research in Personality* 81 (2019): 257-70에서 가져왔다.

2. Shigehiro Oishi and Erin Westgate, "A Psychologically Rich Life: Beyond Happiness and Meaning," *Psychological Review* 129, no. 4 (2022): 790-811; Jeromy Anglim, Sharon Horwood, Luke Smillie, Rosario Marrero, and Joshua Wood, "Predicting Psychological and Subjective Well-Being from Personality: A Meta-Analysis," *Psychological Bulletin* 146, no. 4 (2020): 279-323.

인생은 행복으로 완성되지 않는다
우리 삶에 우여곡절이 필요하다는 과학적 증명

초판 1쇄 인쇄   2026년 3월 12일
초판 1쇄 발행   2026년 3월 25일

지은이   오이시 시게히로
옮긴이   신소희
펴낸이   최순영

출판2 본부장   박태근
지식교양 팀장   송두나
편집   남은경
디자인   김태수

펴낸곳   ㈜위즈덤하우스   **출판등록**   2000년 5월 23일 제13-1071호
주소   서울특별시 마포구 양화로 19 합정오피스빌딩 17층
전화   02) 2179-5600   **홈페이지**   www.wisdomhouse.co.kr

ISBN 979-11-7591-049-2 03180